马克思主义
社会有机体思想研究

A STUDY ON
THE SOCIAL ORGANISM THOUGHT OF
MARXIST

周建超 著

社会科学文献出版社
SOCIAL SCIENCES ACADEMIC PRESS (CHINA)

本书获 2014 年度国家社会科学基金一般项目

"马克思主义经典作家社会有机体思想研究"（14BKS004）资助

目 录
Contents

绪　论

一　问题的提出

社会有机体思想是马克思主义唯物史观的重要组成部分，也是马克思主义社会发展理论的一个重要范畴。由于受苏联哲学界的影响，国内学术界对马克思主义理论家的这一重要思想遗产曾长期忽视。改革开放以来，鉴于对苏联所建构的马克思主义哲学体系的反思，以及马克思主义中国化理论创新中对重大基础理论研究和回答社会实践问题的需要，学术界开始关注马克思主义社会有机体理论的研究，并提出了许多富有创新性的思想，主要包括马克思社会有机体理论的基本内涵、构成要素、基本特征、方法论意义、历史地位与当代价值等，这为进一步深入研究这一课题奠定了坚实的学术基础。但仍有深化的必要和拓宽的空间：一方面，以往研究成果大部分限于对马克思社会有机体思想个别文本或话语片段的研究，一些马克思主义理论家的重要文本没有纳入研究范围，还需要继续深化马克思主义理论家有关社会有机体论述的文本分析研究；另一方面，以往研究成果对列宁、普列汉诺夫、布哈林、瞿秋白、李达、毛泽东等马克思主义理论家的社会有机体思想研究较少，还没有从马克思主义发展史的宏观视野展开对这一思想发展脉络的梳理、归纳和阐释，对马克思主义理论家在社会有机体思想继承、发展和创新方面缺少探讨。这为我们深化对马克思主义理论家的社会有机体思想研究提供了广阔的学术空间和发展前景。鉴此，我们以马克思主义社会有机体思想作为研究对象，从马克思主义发展史的角度对其基本内涵、本质特征、历史地位与当代价值等进行系统全面的梳理与研究，这一方面有助于我们从整体上更完整准确地理解和把握历史唯物主义理论体系，并通过对马克思主义理论家社会有机体思想的研究深刻揭示不同历史时期社会结构、社会运行和社会变迁的全貌，从而为我们更科学地把握人类社会运动发展的规律与趋势、建构人类命运共同体提供有力的学术支撑。另一方面，探讨和分析马克思主义理论家社会有机体思想对坚持和发展中国特色社会主义，贯彻落实新发展理念、构建社会主义和谐社会，以及加快生态文明体制改革、建设美丽中国，并从整体性、系统性、有序性角度深化社会各领域综合改革、实现社会有效运行和协调发展、加强和创新社会治理、推进国家治理体系和治理能力现代化具有重要的现实意义。

二　国内外相关研究述评

1. 国内相关研究

（1）关于社会有机体理论的基本内涵。有机体本是个生物学术语，用来泛指那些能够自我生存和发展的生命体。近代一些哲学家、政治家、思想家，如黑格尔、孔德、斯宾塞等把这个概念运用到哲学社会科学领域，把人类社会比做"有机体"，从而提出了"社会有机体"思想。[①] 马克思克服了历史上有关社会有机体论述的唯心主义和机械论缺陷，从人类社会的整体性生成角度把社会有机体理论奠基于社会经济形态理论的基础上，从而揭示了社会有机体的历史唯物主义基础。因此，有学者认为马克思的社会有机体理论是历史唯物主义乃至全部马克思主义哲学极为重要的理论内容，是一个反映与反思人类社会全部社会条件的全面性联系与有机性互动的辩证而又和谐发展的整体性范畴。[②] 社会有机体的基本含义，至少应包括两点：一是社会有机体是同自然界既相联系又相区别的特殊的物质运动形态；它虽然由有意识、有目的而活动着的人所组成，但它的产生、存在和发展，同自然界一样也是客观的、不依人的意志为转移的，是遵循着

---

① 黄海东：《论马克思的社会有机体理论与社会主义和谐社会的构建》，《理论月刊》2006 年第 2 期。
② 贺祥林：《马克思社会有机体理论与全面构建和谐社会》，《江汉论坛》2006 年第 1 期。

自己所固有的客观规律。二是社会有机体是一切社会要素相互联系的统一整体，是活动着、变化发展着的辩证过程。① 但也有学者认为，社会有机体不是一个独立的基本范畴，更不是一个历史唯物主义理论体系中最高、最综合性的范畴，它是从属于"社会经济形态"这一基本范畴的，离开了"社会经济形态"，所谓"社会有机体"根本不能理解，也毫无意义。因此，社会有机体理论更多的是强调辩证的历史的方法论。②

　　针对一些人把马克思的社会有机体理论定格为社会经济形态或社会形态理论，有学者指出，社会有机体并不等同于社会经济形态或社会形态。社会形态这一范畴包括生产力、与生产力相适应的生产关系，以及在这一基础上形成的"法律的和政治的上层建筑"和"一定的社会意识形式"三个要素，它是对社会作宏观结构、制度以及类型的划分。社会经济形态从要素上看不包括上层建筑和社会意识，是纯属于生产方式内部的。它关注的是劳动者与生产资料的结合方式，以及由此所决定的社会结构的不同经济时期，从而决定着社会形态。而社会有机体则是立足于社会经济形态、社会形态理论基础上形成的总括社会一切关系有机运动的范畴。马克思的社会有机体理论揭示的是社会中各种因素、关系、方面的运动与相互影响，是一个比社会经济形态理论更为广泛的关于社会各种关系的有机系统的理论。③ 有学者通过比较分析社会有机体、社会形态、社会经济形态这三个概念的联系和区别，认为社会有机体与其他两个概念所揭示的内容和理论地位相比较，具有独特的内涵和意义。一是社会有机体是囊括全部社会生活的总体性范畴，既包括社会生活、社会关系的各基本领域，即生产力、生产关系（经济基础）、上层建筑，又包括社会生活中的人和人群共同体，还包括在社会生活中存在着并发生作用的其他社会现象；二是社会有机体范畴和理论立足于社会历史的主体和客体的统一，并从两者的辩证关系和相互作用的机制中说明社会历史；三是社会有机体范畴和理论在对人类社会进行研究时，能够把社会的共时结构和历时发展结合起来，把同一社会形态内的量的变化和不同社会形态间的质的变化结合起来，即把社

---

① 李秀林：《简论社会有机体》，《哲学研究》1980 年第 2 期。
② 罗贵秋：《谈"社会经济形态"、"社会形态"、"社会有机体" 概念》，《哲学动态》1984 年第 3 期。
③ 陈志良、杨耕：《论马克思的社会有机体理论》，《哲学研究》1990 年第 1 期。

会看作是不断运动、变化、发展着的活的机体；四是社会有机体范畴和理论揭示了社会的存在方式和运动特性，它把人类社会看作是以有机体的方式存在着，而其内部各种要素、各种关系相互作用、相互制约，它既是社会自身发展的基础、前提、动力和源泉，也具有自我调节、自我控制、不断再生的能力。① 也有学者强调，对马克思社会有机体理论的含义应从社会的总体性和人的主体性两个方面理解。一方面，社会有机体的发展过程是一个向着完整全面、自满自足的统一体系进化的总体化过程，而且这一总体化过程也是孕育着更富有生命力的新的有机体制并最终为新的有机体制所取代的过程，任何"总体"都是作为自我扬弃自我超越的过程而存在的；另一方面，社会是人的社会，人是社会的人，社会有机体总体化过程就是人的主体性在人与自然、人与人和人与自身的社会历史性关系中生成和展开的表现形式与结果。②

近来有学者还认为，马克思的社会有机体理论以人类社会的整体性存在为前提，将社会有机体思想植根于社会经济形态理论之中，以社会历史哲学体系为基础，辩证吸收各种形态的有机体理论，将康德目的论历史哲学和黑格尔有机体思想作为直接理论来源，形成了以唯物史观为理论根基，以物质生产实践为现实条件，以自然为存续的物质基础，以现实的人为主体的完整社会演进图景。社会有机体具有历史和现实两个基本层次，各种因素既彼此联结，又相互独立，构成一个以经济、政治、文化为子系统的有机统一体。③

（2）关于社会有机体理论的构成要素。马克思著作中并没有关于社会有机体内容的基本构成要素的集中论述，这也是一些学者不承认马克思具有社会有机体理论的重要原因。但实际上马克思在《德意志意识形态》《哲学的贫困》《〈政治经济学批判〉序言》《资本论》等多部唯物史观著作中，都比较明确地论述了社会有机体理论的基本构成要素。它包括物质资料的再生产、人本身的再生产和精神财富的再生产三个基本方面，这三

---

① 商志晓：《社会有机体研究与社会哲学学科建设》，《山东社会科学》1991年第4期。
② 张曙光：《社会的总体性和人的主体性——对马克思"社会有机体"思想的再研究》，《中州学刊》1993年第5期。
③ 肖林：《马克思社会有机体思想结构化解读》，《广西大学学报》（哲学社会科学版）2017年第4期。

者密切相连，任何一方面都不可能以绝对纯粹的形式孤立存在。所谓社会有机体正是由这三种再生产组成的、有着新陈代谢过程的物质运动的实体。① 但也有学者认为，马克思在实践基础上建构的社会有机体理论具有两个最基本的构成要素：一个是人，有了人才能形成社会，才能展开一系列的实践关系；另一个是自然，它是社会的前提，没有自然界，就不可能有人类的存在，更不可能形成社会。而生产关系以及竖立于其上的上层建筑可以理解为社会有机体的结构，社会生产力则可以作为社会有机体的功能的一种表现。② 有学者通过对马克思社会有机体理论的进一步解读，认为自然环境和人口因素是其前提性有机构成部分，由物质生产力与物质生产关系所组成的物质资料生产方式是其基础性有机构成部分，由政党、政权、政府等组织机构与军队、警察、法庭、监狱等设施和以宪法为根本大法的法律制度等庞大体系所组成的社会政治组织、设施与法律制度，即社会上层建筑是其上层性有机构成部分，由社会精神生产与精神生活所构成的社会意识形态是其观念性有机构成部分。③当然，社会有机体构成要素的发展变化都呈现出从简单到复杂的过程，不但有量的扩张，而且有质的变化，并且各要素的发展还表现出不同的阶段性。因此，社会作为活的机体，不是由各种社会要素机械地结合起来的东西，而是社会要素在"生长"的过程中自然形成的。社会结构就是社会要素在生长过程中产生的构架。在社会有机体中，社会要素是部分，社会结构是整体；前者是基础，它的发展变化决定着社会结构的发展变化，而后者作为整体又影响和制约着社会要素的发展变化。社会有机体就是在社会要素和社会结构的相互作用中向前发展的。④

（3）关于社会有机体理论的基本特征。由于社会有机体是以物质生产方式为基础的各种关系同时存在又相互依存所构成的整体，同生物有机体相比，一方面，人类社会是物质世界的一个有机组成部分，是在物质生产实践的基础上产生、存在和发展的，社会有机体在本质上是物质的。另一

---

① 周继旨：《论"社会有机体"的三种再生产》，《齐鲁学刊》1982 年第 4 期。
② 刘海龙：《社会有机体理论思考》，《理论与改革》2005 年第 6 期。
③ 贺祥林：《略论马克思社会有机体理论的构成内容》，《学术研究》2001 年第 6 期；高天琼、贺祥林：《论马克思关于社会有机体内容的基本构成及其现实启示》，《重庆社会科学》2006 年第 2 期。
④ 孟庆仁：《论社会有机体及其本质特征》，《齐鲁学刊》2003 年第 2 期。

方面，社会有机系统由于其内在的矛盾以及系统与环境的矛盾而处于不断发展变化之中，是一个合乎规律的辩证发展过程。因此，客观物质性和发展规律性是马克思社会有机体理论的两个重要特征。① 也就是说，社会有机体的发展既是一个不以人的主观意志为转移的客观的物质发展过程，也是一个有规律的、辩证的历史发展过程。对此，有学者认为，马克思强调整个社会有机体的运动、发展过程是一个自然历史过程，是相对自然界的发展过程而言的，指的是人类社会中所发生的一切，虽然都要通过人的意志的作用，但它仍然像自然界一样，是有其固有的客观规律的，是按这样的客观规律而发展的。② 在马克思看来，社会有机体的变化与发展有两种前提：一种是自然前提，一种是历史前提。前者是自然界运动发展的结果，后者则是社会有机体运动发展的结果。社会有机体一旦创造出历史前提，就把这种前提融化为自身的组成部分，从而使自身获得新的构成和新的前提。随着历史的发展，自然前提的地位和作用逐渐为历史前提所替代。③ 确切地说，任何一个具体的社会有机体，都是历史的，具有从低级向高级发展的动态生成性特征。它的"边界"或"皮肤"都只是历史性的，而不是固定不变的。也就是说，任何社会有机体都不是预成的，而是漫长的发育、发展和自我创造过程的产物，是一个由无序到有序、由简单到复杂、由低级到高级的演进过程，有一个从胚胎到诞生、从成长发育到成熟乃至衰老死亡的"生命"历程。同时，在人类社会发展的不同历史阶段，社会有机体的具体表现形式是不同的。历史上，人类社会有机体经历了氏族、部落、民族、国家等不同的发展阶段。④

有学者从人类实践和交往活动出发，认为马克思社会有机体理论的形成和发展是人类实践活动和交往活动的产物，是建立在人类实践活动和交往活动的基础上的。社会就是在人类实践和交往活动中形成和不断自我更新的有机体，一方面人类通过实践，使自身与自然界既有区别、又相互联系，使人与人之间以及个人与社会之间发生各种各样的关系，并使人具有

① 陶德麟、石云霞主编《马克思主义基本原理概论》，武汉大学出版社、湖北人民出版社，2006，第76~77页。

② 罗贵秋：《谈"社会经济形态"、"社会形态"、"社会有机体"概念》，《哲学动态》1984年第3期。

③ 林坚：《马克思的社会有机体理论与现代社会运行》，《中国人民大学学报》1992年第5期。

④ 郭湛、王文兵：《构建和谐的社会有机体》，《中国人民大学学报》2006年第4期。

各种各样的意识。正是通过实践，人改造了自然、改造了社会、改造了人及人的各种关系和意识，从而使社会不断变化发展。① 因此，实践性是马克思社会有机体理论的主要特征，其他各种特征都是在实践基础上产生的。只有在实践性的基础上才能科学地理解社会有机体的概念。② 这也是马克思社会有机体理论与其他社会有机体理论的本质区别。另一方面交往作为人类最基本的活动形式，它涉及政治、经济、文化、情感等各个领域，已经成为现代人生存和发展的基本条件。社会运行离不开交往，所有社会交往构成了社会有机体的横向运行。并且随着生产力的发展，人们之间的交往打破自然区域的封闭状态，开拓了世界历史的时代，形成世界范围内的普遍竞争，从而保证着生产力和文明的发展。这种交往的程度和方式的改变影响着社会的面貌及其有机程度。同时，交往过程也是一个选择过程，只有选择先进的、对自身发展有利的东西，才有可能促进自身的发展。现代社会要实行良性运行与协调发展，需要充分发挥交往的调节作用，即借助交往排除社会运行中的种种障碍，协调子系统之间的关系，实现社会的有机统一。③

有学者从"社会"范畴入手，认为社会作为宇宙进化的最高产物，既具有有机系统的一般特征，又具有自己独有的本质特征。其一般特征是整体性、统一性、复合性、确定性、自组织性和开放性。而独有的本质特征是：一是人和自然的统一，这是人类社会最基本的因素，贯穿着人类社会的始终；二是物质性与意识性的统一，社会和自然界相比，它们在物质性上是相同的，但社会不单纯是物质性的存在，更重要的具有意识性，不然就不成其为社会；三是矛盾性，社会有机体是一个多层次、复杂的矛盾体，它包含人与自然、人与人、生产力与生产关系、经济基础与上层建筑、社会存在与社会意识等；四是变动性和相对稳定性的统一，社会永远处在不断的发展和运动之中，没有变动性，社会有机体就不能发展，也就没有生命力，但它还具有相对稳定性，表现在社会发展的一定阶段上，社会结构、包括子系统在内的社会系统不发生根本质的变化。④ 还有学者从

① 杨思基：《社会有机体理论新论》，《齐鲁学刊》1991 年第 5 期
② 韩震：《怎样理解社会是一个有机体》，《教学与研究》2001 年第 1 期。
③ 林坚：《马克思的社会有机体理论与现代社会运行》，《中国人民大学学报》1992 年第 5 期。
④ 孟庆仁：《论社会有机体及其本质特征》，《齐鲁学刊》2003 年第 2 期。

前提性维度（自然环境）、关键性维度（实践）、共时性维度（社会结构）、历时性维度（社会形态）分析了社会的有机特性，认为这是系统认知我国社会主义社会建设的复杂性，从理论视域全面把握我国社会的经济、政治、文化、生态等结构的重要路径。①

（4）关于社会有机体理论的方法论意义。马克思社会有机体理论在马克思主义发展史上占有重要地位，它为我们全面理解社会的内部结构、生长机制以及运动规律提供了科学的方法论。它包括：一是"普照之光"的总体性方法，即任何社会有机体中都有一种关系支配着其他一切关系的地位和影响，这是一种普照的光，一切其他色彩都隐没其中。因此，对某一社会要素自身在总体发展过程中的地位和作用进行科学分析的方法就是一种总体性方法。二是"从后思索"方法，即从成熟的典型的社会形态入手，向"后"回溯。因为，社会有机体的发展总是把先前占主导地位的关系纳入自己的基础层次中，积淀于自身的机体之间，然后展开新的层次。因此，"从后思索"就是从高级层次出发考察低级层次，从社会发展的高级形态透视以往的形态，这是一种层次性、动态性的分析方法。三是逻辑与历史一致的同构性方法，即以历史过程为依据，具体分析每个世纪中人们的现实的、世俗的历史，强调在历史发展过程中，社会的一切要素、关系相互作用、相互影响，它们之间存在着同构性，只有看到这一点，才能认识社会有机体的结构、功能和特征。② 也有学者认为，马克思的社会有机体理论为我们从宏观整体层面把握复杂多变的社会现象提供了一系列科学的方法论原则，这就是社会的整体性原则、社会有序性和动态性原则、等级系统和发展原则、社会优化原则。③ 因此，社会有机体作为一个总体性范畴，有利于我们对全部社会生活及其过程进行整体性研究；有利于我们在对社会生活的研究中克服孤立刻板的、僵化教条式的研究方法，充分注意到社会生活各要素的具体性和彼此关系的复杂性，有利于我们从整体上确立历史唯物主义研究的对象和重心。④ 可以说，科学发展观中的全面

① 焦冉：《马克思主义社会有机体理论的多维透析》，《理论与改革》2017 年第 6 期。
② 林坚：《马克思的社会有机体理论与现代社会运行》，《中国人民大学学报》1992 年第 5 期。
③ 王瑛、高静文：《社会系统论是和谐社会的理论基础》，《新疆社科论坛》2005 年第 5 期。
④ 高天琼、贺祥林：《论马克思社会有机体范畴的形成及其意义》，《重庆社会科学》2005 年第 8 期。

发展的"四位一体"的新布局、协调发展的各种统筹兼顾的新思路以及可持续发展的"代际平等"的新理念，是社会有机体理论在方法论意义上的创造性运用。对此，有学者进一步强调，由于马克思的社会有机体理论深刻阐明了社会活动中人的实践本质，揭示了社会系统的丰富多样的复杂结构，科学地论证了社会是处于不断变化和发展的活的机体，因而从方法论上启迪我们必须始终坚持人的主体性，看到人民群众作为社会活动的主体对于推动社会有机体进步的作用，构建以人为本的和谐社会；必须始终坚持社会的整体性，将社会放到物质文明、政治文明、精神文明和生态文明等多维文明相互作用、紧密联系不可分割的宏大系统中去认识，特别加强生态文明建设，加强对生态环境的保护和治理，维护生态平衡，努力实现人与自然的和谐共处，以构建全面的和谐社会；必须清醒认识社会发展的前进性与曲折性，通过艰巨的努力，构建长期的可持续发展的和谐社会。[1]还有学者从当代中国改革实践出发，认为马克思的社会有机体理论揭示了社会有机体个性与共性、开放与自主、整体与要素、整体与层次、结构与功能、主体与客体等多层面的特性，这些特性为我们在全面深化改革过程中正确处理独特道路与普遍规律、开放发展与独立自主、整体推进与重点突破、顶层设计与基层探索、结构调整与功能释放、发展目标与改革目的等诸多辩证统一关系提供了方法论启示。[2]

（5）关于社会有机体理论的历史地位与当代价值。马克思社会有机体理论是从总体上把握人类社会的结构和功能以及其作为整体系统发展规律的科学理论，加强对这一理论的深入研究，具有极为深远的理论和现实意义。有学者认为，社会有机体理论是马克思历史观的思想制高点，是历史研究的基本单位，是把握马克思历史哲学全部丰富性、系统性、辩证性的思想基石，也是马克思历史哲学的思想主线和直接研究对象，它既是表象具体，也是思维具体，既是研究起点，也是表述终点。[3] 可以说，马克思一生的哲学生涯，就是通过社会历史，尤其是政治经济的研

---

① 方世南：《马克思社会有机体理论对于构建和谐社会的方法论价值》，《学术论坛》2006 年第 11 期。

② 罗健：《马克思社会有机体理论对全面深化改革的方法论启示》，《武汉科技大学学报》（社会科学版）2017 年第 1 期。

③ 孙承叔、王东：《论马克思社会有机体学说的理论地位》，《学术月刊》1986 年第 8 期。

究，以揭示社会有机体运动发展的一般规律和过程。因此，社会有机体理论的提出，一方面从发展、变化和不断再生的角度揭示了社会内部有机的总体性联系，另一方面确立了不同社会有机体之间相互影响、不断再生的新视角。①

首先，以实践中的人为根本而构建起来并不断发展着的社会系统，通过对社会生产的发展、社会形态的发展、人的发展及同自然环境的密切联系与不间断发展的分析，揭示了人与自然、人与人、人与社会经济、人与社会政治、人与社会精神文化等方面所发生着的有机联系与相互作用，并营造着彼此和谐的社会，由此促使社会有序生存和不断协调发展，② 从而向我们展示了社会有机体发展的实践性、人本性、整体性、系统性和连续性，这就为坚持科学发展观、构建社会主义和谐社会以及促进人的自由全面发展提供了重要的哲学依据。

其次，人类社会是一个有机系统，是在人类劳动过程中逐步形成和发展起来的，在历史发展的不同阶段具有不同的表现形式，且随着生产力和社会交往的发展，它具有日渐增强的自我意识、自主调节和自我再生能力，而任何社会有机体只有达到一定程度的内部和谐与外部和谐，才能正常生存和发展。③ 这就为我们分析社会历史提供了一种整体性思维视角，是构建社会主义和谐社会的理论基础之一，它启示我们当前构建和谐社会要大力发展生产力，走人与自然和谐发展之路；积极发展社会事业，走经济与社会协调发展之路；重视人的主体能动性，走以人为中心的发展之路；坚持改革开放，走国内外和谐发展之路。④

最后，社会有机体的发展是一个从区域性存在到世界性存在的历史过程。当人的交往处于区域发展的历史条件时，人们对社会有机体的认识是以区域为单位为背景的，而当人的交往具有世界历史性质时，人们对社会有机体的认识就具有超越某种特定国家性质的社会形态而具有"世界性""全球性"的性质。这就是说，一个民族国家为一个相对独立的社会有机

---

① 孙承叔：《关于历史单位的哲学思考——兼论马克思的社会有机体学说》，《东南学术》1999 年第 5 期。
② 贺祥林：《马克思社会有机体理论与全面构建和谐社会》，《江汉论坛》2006 年第 1 期。
③ 郭湛、王文兵：《构建和谐的社会有机体》，《中国人民大学学报》2006 年第 4 期。
④ 魏伟：《马克思社会有机体理论视阈中的和谐社会构建的路径探讨》，《理论与改革》2007 年第 1 期。

体，一国与他国或多国之间的交往实践，就是"世界性""全球性"的社会有机体的交往与互动。由此我们可以发现，当人类历史由区域一步一步走向"世界历史"时，人类社会有机体就在一个更为广阔的全球性的历史条件下运行与互动。① 当今时代只有站在全球的高度，用世界历史的眼光，才能真正把握历史演进的规律，这无疑为我们今天在经济全球化时代坚持改革开放，统筹国内国际两个大局，加强国际战略思维，善于从国际形势发展变化中把握发展机遇、应对风险挑战，营造良好的国际环境，构建和谐世界提供了坚实的哲学基础。

2. 国外相关研究

国外学术界对马克思主义理论家社会有机体思想的研究成果较少，只是在论述国家与社会、整体与部分的关系时，涉及对社会有机体的看法。如英国新自由主义理论家霍布豪斯继承了 19 世纪以来斯宾塞、达尔文有关社会有机体的思想观点，但不赞同斯宾塞的有机论，认为其学说是"建立在适者生存、自由竞争法则基础之上的"，是以个人为根本的。在霍布豪斯看来，"社会生活在任何一个阶段上多少都是依据具体情况组织起来的，而社会的进步就在于结构有组织的发展；在任何一个阶段上，无组织的法则是竞争，有组织的生活则是合作。"这里的合作就是指"人们彼此的团结互助、相互依存，而社会就是建立在这种相互依存、彼此互助基础上的有机体"。同时，"在社会生活中，没有任何一个人可以独立于社会的其他因素而存在"，各个部分的生命依赖于整体的生命。反过来，整体也离不开个人或部分，整体的生命离不开各个部分的活力。因此，社会有机体生命就是所有个人生命的总和，其本身需要通过各个部分和各个个人的自我发展而获得发展。② 另一位英国新自由主义代表人物霍布森认为，无论是个人和社会都是一个演进的有机体，但"社会不是作为一种关系，而是作为具有生命、意志、目的和自身意义的一个集体的有机体"，即社会是一个具有超越个人的生命的有机体，因此，社会"不管它以何种形式存在，诸如国家的、等级的、教会的、政党的，总存在着一个不同于个体成员同时又主宰着

---

① 高天琼、贺祥林：《论马克思社会有机体范畴的形成及其意义》，《重庆社会科学》2005 年第 8 期。

② 参见徐大同总主编《西方政治思想史》第 4 卷，天津人民出版社，2006，第 377、377 ~ 378 页。

他们的一个真正的有机整体，一个中心的或是总体的生命"。当然，霍布森同时也强调个人对于社会的重要意义，指出个人与社会是相互依赖的，社会是由个人组成的，社会存在于个人之中，社会离不开个人；个人只有参与到社会之中，个人才能获得自由，其创造性才能得到有效发挥。①

苏联学者罗森塔尔、尤金在其编写的《简明哲学辞典》中把"社会有机体"理论笼统地界定为"一种反动的资产阶级理论"，认为无论是斯宾塞的社会有机体理论，还是社会有机体理论的变种社会达尔文主义、马尔萨斯主义都是为资本主义辩护的反科学学说，因而未能正确区分马克思主义理论家的社会有机体理论与斯宾塞的社会有机体理论的内在差异，抹杀了马克思社会有机体理论与历史上机械论、唯心论社会有机体理论的本质区别，进而忽略了这一理论的价值地位。② 而苏联哲学家费·瓦·康斯坦丁诺夫在他主编的教材《马克思列宁主义哲学原理》论述物质生产是社会生活的基础、社会发展规律及其性质、社会经济形态的结构、历史过程的统一性和多样性时已涉及了社会有机体理论，③ 认为"每一种社会经济形态都是一个独特的社会机体，它同其他社会经济形态有质的区别"，"社会的历史是社会经济形态发展和更替的历史"，"社会经济形态的概念是建筑在承认历史过程的统一性和完整性的基础上的。尽管各个国家、各个民族的历史发展道路极其多式多样，但历史中总是存在着某种重复性、规则性和规律性。与此同时，历史发展的各个阶段又是性质上互不相同的社会关系体系。"因此，"社会经济形态，是一定的社会类型，是在当时的生产方式的基础上按照其特殊规律发挥作用和发展的完整的社会体系。历史上一定的生产关系是社会经济形态的经济骨架。但是社会经济形态还包括使这个骨架有血有肉的其他社会现象和社会关系。"④ 这表明作者已认识到了社会经济形态在社会有机体发展过程中的重要作用，但又无法辨别马克思社会有机体理论与其社会形态、社会经济形态理论的区别与联系。西方马克

---

① 参见徐大同总主编《西方政治思想史》第 4 卷，天津人民出版社，2006，第 424～426 页。
② 参见〔苏〕罗森塔尔、尤金主编《简明哲学辞典》，中共中央马恩列斯著作编译局译，三联书店，1973，第 283～284 页。
③ 参见〔苏〕费·瓦·康斯坦丁诺夫主编《马克思列宁主义哲学原理》，袁任达、伊尔哲译，三联书店，1976，第 260～329 页。
④ 〔苏〕费·瓦·康斯坦丁诺夫主编《马克思列宁主义哲学原理》，袁任达、伊尔哲译，三联书店，1976，第 313、314 页。

思主义创始人卢卡奇在其《历史与阶级意识》中，从"主体—客体辩证法"（不包括自然辩证法）论证了无产阶级的阶级意识对推动社会历史发展的决定性作用，并把无产阶级的阶级意识归结为把握"总体性"范畴——全面把握社会有机体的方法，即要求"对人类的社会生活进行整体全面的理解，不能以单纯的自然因素来解释历史，而是要将主体与客体的全部社会运动作为历史的基础，突出人类物质存在活动的实践性、社会性"①。卢卡奇认为，总体是具体的，是社会和历史的各种要素的辩证的统一体，它在逻辑上先于事实，只有把事实（社会的各个组成部分和各个要素）置于社会历史的总体性关联之中，才能理解其意义。他"坚持整体的具体统一"，反复强调社会和生产过程中各要素和组成部分是内在的有机的统一体，指出："总体范畴，整体对各个部分的全面的、决定性的统治地位，是马克思取自黑格尔并独创性地改造成为一门全新科学的基础的方法的本质"，"总体范畴的统治地位，是科学中的革命原则的支柱"，"马克思的辩证方法，旨在把社会作为总体来认识。"② 从有机的辩证的联系的视域来揭示社会发展过程的总体性特征无疑是正确的，但问题是，卢卡奇在强调从"总体性"范畴把握认识社会历史总体时，忽视了客观事实（经济因素）在把握认识社会有机整体中第一位或决定性的作用，把总体性与"经济的优先性"对立起来，认为总体是可以被任意割裂的一些方面，现实社会有机总体联系实际上是主体意识的产物，从而掉进了历史唯心主义的泥潭。作为研究意识形态理论的专家葛兰西在考察社会内部有机结构时，虽然强调马克思所论断的经济基础与上层建筑之间的相互作用及其对社会发展的推动作用，但他更多的是强调上层建筑对经济基础的反作用以及意识形态的相对独立性与能动性，他认为上层建筑，特别是其所理解的市民社会（由于东西方社会不同的历史发展阶段所形成的社会结构和国家特征的不同与差异，西方新兴资产阶级作为一个独立的阶级形成了独立的市民社会，不仅拥有政治上的领导权，而且获得了文化和意识形态的领导权）对经济基础的重要作用，因此，西方无产阶级革命要取得成功，必须

---

① 〔匈牙利〕卢卡奇：《历史与阶级意识》，杜章智、任立、燕宏远译，商务印书馆，2018，译序 vii。
② 〔匈牙利〕卢卡奇：《历史与阶级意识》，杜章智、任立、燕宏远译，商务印书馆，2018，第 79、80 页。

首先夺取资产阶级在文化和意识形态上的领导权，在夺取文化和意识形态领导权后夺取政治领导权，并继续掌控国家的文化和意识形态领导权。① 葛兰西依据当时西方国家社会结构的特定历史情况，强调夺取国家政权时应开展文化和意识形态的斗争，希图解答无产阶级革命在西方国家失败的原因，但他完全否定了马克思社会有机体理论关于经济基础对上层建筑的决定性作用，因而其理论是难以立脚的。法国哲学家阿尔都塞在与他人合著的《读〈资本论〉》中，汲取和借鉴结构主义所强调的结构和系统的重要性来限制个体的自主性，希图以结构主义的方法论来重新阐释马克思思想，从而使马克思主义成为一种科学的社会历史理论体系。他认为，马克思关于社会有机整体是一个复杂性结构，"它包含着许多不可还原各不相同的要素"，整体中各要素既相对独立，又共同依存于整体，整体结构对局部结构，以及局部结构对其组成要素有决定作用，反之，局部结构对整体结构、局部结构各组成要素对局部结构又保持相对自主性。② 尽管阿尔都塞在理解和把握上对马克思社会有机体思想的理解还存在片面性，但从不同的层面对这一思想中蕴含的方法论进行了阐发。哈耶克也以社会有机体的秩序和规范为基础，从本体论的高度论证了有机体与自由的互动关系。近年来，美国学者菲利普·克莱顿和贾斯廷·海因泽克鉴于对当代资本主义理论和实践上存在的内在缺陷进行了深入分析，指出当下出现的世界性生态灾难的根本原因在于"资本主义的生产方式和政治模式"，进而提出了要用"有机马克思主义"，即用"马克思主义、中国传统智慧、过程哲学有机融合而形成的一种新形态的马克思主义"来替代资本主义，使世界免遭资本主义的破坏。从"有机马克思主义"的理论出发，他们提出了"走向社会主义生态文明的发展道路，以及一系列原则纲领和政策思路"，认为"建设生态文明的目标内含于中国的马克思主义传统中，它是中国和世界马克思主义思想自然演进的一部分"，"在全球层面上，只有有机合作才可以产生一种可持续发展的生态文明"，"有机马克思主义是新生态文明的基石"。克莱顿和海因泽克提出的"有机马克思主义"为发展一种新的文明形态提出了

① 参见〔意〕葛兰西《狱中札记》，曹雷雨、姜丽、张跣译，中国社会科学出版社，2000，第191~220页。
② 参见李其庆《〈读《资本论》〉导论》，《世界社会主义研究》2017年第3期。

可以进一步研究和思考的设想。①

　　以上国内外学术界从不同层面与视角对马克思社会有机体思想展开了研究，取得了大量思想成果，但仍存在一定的不足：一是很多学者还仅仅从社会结构方面来理解马克思的社会有机体思想，缺乏对其所特别强调的社会总体"生命"及其基本特性的阐发，因而难以体现出社会有机体自我生存、自我调节的"生命"特性；② 二是对马克思社会有机体思想在当今全球化条件下对构建和谐世界和人类命运共同体所体现的哲学底蕴还缺乏必要的分析和论证；三是对列宁、普列汉诺夫、布哈林、瞿秋白、李达、毛泽东、邓小平、习近平等马克思主义理论家关于社会有机体相关范畴的爬梳和建构较少或阙如，由此对特定时空视域下马克思主义理论家社会有机体思想在理论旨向、路径选择等方面的内在差异缺乏深入探讨。

　　事实上，社会有机体作为历史唯物主义的一个总体性范畴，既是对全部社会生活的实践本质的综合展开，又是对其所做的高度抽象，具有从抽象到具体、从纲举到目张地阐发历史唯物主义一系列基本原理的方法论意义，特别是对历史唯物主义关于社会结构和功能的基本原理具有直接的阐释力，是分析人类社会发展问题的科学方法。同时，更重要的是在马克思主义发展史上，社会有机体理论并不存在所谓的"空场论"和缺失，各个时期马克思主义者关于社会有机体理论相关范畴都做了某种程度的探讨，尽管侧重点不一致，但就整体而言，构成了马克思主义社会有机体理论的一个有机的动态发展整体。这不仅为研究各"历史单元"的发展或后发展问题提供了深层的哲学底蕴，而且为进一步研究当今和谐社会和和谐世界获得了崭新的理论价值，更为包括中国在内的广大民族国家在世界性、全球性社会有机体中探索本国特色的发展道路提供了方法论指导。因此，我们有必要运用历史学、政治学、经济学、社会学等多学科的研究方法，从马克思的本真意境出发，梳理马克思社会有机体思想的生成、内涵、结构、功能、机制及发展向度，分析马克思社会有机体思想的基本框架，科学揭示其思想理论范式。同时，对列宁、普列汉诺夫、布哈林等人的社会有机体思想进行客观分析，深刻阐述俄国马克思主义者对马克思社会有机

---

① 〔美〕菲利普·克莱顿、贾斯廷·海因泽克：《有机马克思主义——生态灾难与资本主义的替代选择》，孟献丽、于桂凤、张丽霞译，人民出版社，2015，出版前言。

② 郭湛、王文兵：《构建和谐的社会有机体》，《中国人民大学学报》2006 年第 4 期。

体思想的继承发展。更为迫切的是深刻阐明以瞿秋白、李达、毛泽东、邓小平等为代表的中国共产党人关于社会有机体思想的基本内涵，努力揭示中国化马克思主义社会有机体思想的基本特征和历史价值，并结合全球化的时代背景，努力探讨以习近平同志为核心的党中央关于深入贯彻落实"四个全面"战略布局、"五位一体"总体布局、新发展理念和构建人类命运共同体对马克思社会有机体思想的创新发展，从而获得对马克思主义社会有机体思想进行历史与现实的多层面的科学的理性评价。

三 主要观点和创新

正是基于以上思考，近年来笔者一直关注马克思主义理论家社会有机体思想的文本学习与研究，其目的是希望通过系统考察各个历史时期马克思主义理论家社会有机体思想生成的社会条件、丰富内涵、本质特征、运行机制、理论价值与历史地位，以求全面揭示马克思主义理论家社会有机体思想演进的历史脉络、时代意涵、基本规律和发展向度，比较其内在的统一性、差异性，揭示其与时俱进而又一脉相承的辩证关系，从而为在世界历史背景下坚持和发展中国特色社会主义、全面深化改革、维护社会稳定发展，进而推动人类命运共同体的建构提出自己的学理思考。同时从现实社会实践出发，以当代世界发展和中国社会变革为背景，努力探寻马克思主义社会有机体思想对当代现实重大问题的阐释力，并以新时代中国特色社会主义实践经验丰富和发展马克思主义社会有机体思想。鉴此，本书阐述的主要观点如下。

第一，马克思社会有机体思想的产生是对以往哲学家、思想家、政治家社会有机体思想在社会历史认识领域所实现的革命性变革，因而在历史唯物主义理论体系中具有重要的地位与作用。

第二，历史唯物主义关于社会经济结构、政治结构和文化结构的原理，关于人与自然、人与社会、自然与社会关系的原理是社会有机体理论的具体展开。

第三，各个历史时期马克思主义理论家对社会有机体的相关范畴都做了深刻阐述，尽管侧重点不一致，但就整体而言，构成了马克思主义社会有机体思想的一个有机的动态发展历史。

第四，马克思主义社会有机体思想强调社会的和谐平衡有序是社会有机体存在和发展的内在要求，这为我们进一步推动全面深化改革，科学认识新时代我国社会主要矛盾的转变，正确处理社会改革、发展和稳定的辩证关系提供了坚实的哲学基础。

第五，人类社会的发展是一个有机整体性不断提高的过程，也是一个从区域性存在到世界历史性存在的发展过程。在全球化时代，一种更高级、更复杂的社会有机体的生成需要世界各国人民的共同努力，这为习近平新时代中国特色社会主义思想中构建人类命运共同体提供了重要的方法论启示，这也是当代中国共产党人为马克思主义理论宝库做出的重大贡献，大大丰富和发展了马克思主义社会有机体思想。

另外，本书希图的创新之处在以下三个方面。

第一，从阐述的内容看具有系统性。改革开放以来，学者们开始关注马克思主义社会有机体思想的探讨，但以往学者在论述马克思主义社会有机体思想时，主要集中在马克思文本中的社会有机体思想及其当代意义，较少从马克思主义发展史的动态角度系统考察马克思主义理论家对这一思想阐释的发展历程，特别是俄国马克思主义者和中国马克思主义者对这一思想的继承和发展的研究更少。从这个意义上说，本书立足于马克思主义发展史的宏观视野，系统展开对列宁、普列汉若夫、布哈林、瞿秋白、李达、毛泽东、邓小平、习近平等马克思主义理论家代表人物的社会有机体思想的研究，构成了马克思主义社会有机体思想一个动态的发展历程，这在学术界还是鲜见的，大大深化了这一领域的研究，具有一定的前沿性和创新性，这是本书研究的突出特色和主要建树。

第二，从采用的方法看具有独特性。本书不是纯粹用理论演绎理论（"理论—理论"范式），而是运用"理论—实践""实践—理论"研究范式。一方面，运用马克思主义理论家文本中关于社会有机体理论范畴、理论和方法对科学社会主义实践进行总结、归纳、提炼，以为中国革命、建设和改革提供坚实的哲学基础。另一方面，以科学社会主义在世界各国的生动实践，特别是以中国革命、建设和改革的伟大实践为实证基础，系统考察当代社会经济、政治、文化、社会、生态等领域深化改革的必要性和迫切性，进而为重新解读马克思主义社会有机体思想提供新的理论分析框架。

第三，从研究的视野看具有现实性。立足当今世界历史和全球化发展的高度，努力揭示马克思主义社会有机体思想的当代价值，特别是对新时代贯彻落实全面建成小康社会、"四个全面"战略布局、五大发展新理念、构建人类命运共同体、加强党的生命机体建设，以及推进全面深化改革、维护社会秩序稳定所具有的哲学意义。

人类的社会实践是永无止境的，学术领域的思想创新也是永无止境的。党的十九届四中全会强调："坚持和完善中国特色社会主义制度、推进国家治理体系和治理能力现代化，是全党的一项重大战略任务。"[1] 这一重大战略任务的提出，又为进一步深入研究马克思主义理论家的社会有机体思想提供了丰厚的现实土壤，必将激励着我们在学术创新的道路上一路前行、一路攀登。

---

[1] 《中共十九届四中全会在京举行》，《人民日报》2019 年 11 月 1 日，第 2 版。

第一章　马克思的社会有机体思想

马克思社会有机体思想是历史唯物主义的一个重要组成部分和描述人类社会发展的整体性范畴。它是一个有多种社会要素构成的、以物质资料生产方式为基础、以人的社会实践和"现实的人"为出发点、以人的自由全面发展为主线的社会发展理论。不断深化马克思社会有机体思想的研究，对于我们今天贯彻落实新发展理念、构建社会主义和谐社会、夺取新时代中国特色社会主义伟大胜利都具有重大的理论和现实意义。

一　马克思社会有机体思想的生成发展

把社会比做一个有机整体的思想自古有之。早在古希腊时代，希腊人就以"有机整体"或"共同体"的观点来观察和解释宇宙世界与现实社会。柏拉图在《理想国》中从社会分工的角度论述了城邦的起源，认为城邦的建立"是因为我们每一个人不能单靠自己达到自足，我们需要许多东西"，"由于需要许多东西，我们邀集许多人住在一起，作为伙伴和助手，这个公共住宅区，我们叫它作城邦。"① 也就是说，城邦是因人们相互需要而产生的，是一个生活共同体。在这里，农夫、瓦匠、纺织工人、鞋匠、医生等不同职业的人按照分工居住在一起，相互需要、相互联系。因此，国家立法的职责"不是为城邦任何一个阶级的特殊幸福，而是为了造成全

---

① 〔古希腊〕柏拉图：《理想国》，郭斌和、张竹明译，商务印书馆，2009，第58页。

国作为一个整体的幸福。它运用说服或强制，使全体公民彼此协调和谐，使他们把各自能向集体提供的利益让大家分享。而它在城邦里造就这样的人，其目的就在于让他们不致各行其是，把他们团结成为一个不可分的城邦公民集体"①。在柏拉图看来，最理想的国家是一个由社会分工构成的相互协调、相互补充、没有对抗，并由有德行和智慧的贤人俊杰来治理的有机整体。尽管柏拉图在《理想国》中还不可能认识到国家的起源和本质，因而把建立社会的需要来代替国家产生的缘由，使人感觉"国家（实则是社会）乃是人类生活所必须的东西"②。但他把城邦看成是一个公民相互依存的有机整体仍具有深刻的方法论意义。亚里士多德在继承柏拉图关于城邦起源于公民相互需要观点的基础上，更强调城邦内部各组成部分的相互合作所产生的整体和谐。亚里士多德并不赞同柏拉图所追求的最好的城邦应是最大限度地整齐划一，认为这将赋予国家太多的统一性，把国家弄成了一个个体，最后"不过是使城邦毁灭而已"③。他主张城邦社会结构的和谐不是绝对的整齐划一，而是建立在由农民、工匠、商人、佣工、武士、祭司、公职行政人员等不同职业阶层群体既保持自身相对独立性又相互合作的基础上的，应是高度分化基础上的和谐有序和有机统一，因而城邦不仅是一个经济利益共同体，而且还是一个具有经济、政治、伦理各要素构成的相互统一的有机共同体。

到了近代，康德较早从自然属性对有机体进行了定义："一个有机的自然产物乃是一个产物，其中所有一切部分都是交互为目的与手段的。"④黑格尔则把有机体作为一个根本原则应用于各个领域特别是国家范畴的分析上。他说，国家是一个相互作用和相互依赖的机体，"机体的本性是这样的：如果所有部分不趋于同一，如果其中一部分闹独立，全部必至崩溃"⑤。但他又认为，国家是伦理理念的体现，是以一种伦理理念或民族精神使国家凝聚成一个独立的有机整体。空想社会主义者圣西门在19世纪初也初步提出了社会有机体思想，他视社会为一个有机体，社会有机体的结

---

① 〔古希腊〕柏拉图：《理想国》，郭斌和、张竹明译，商务印书馆，2009，第279页。
② 吴恩裕：《论亚里士多德的〈政治学〉》，参见〔古希腊〕亚里士多德《政治学》，吴寿彭译，商务印书馆，2009，第8页。
③ 参见徐大同总主编《西方政治思想史》第1卷，天津人民出版社，2006，第272页。
④ 〔德〕康德：《判断力批判》（下），韦卓民译，商务印书馆，1964，第25页。
⑤ 〔德〕黑格尔：《法哲学原理》，范扬、张企泰译，商务印书馆，1961，第268页。

构与发展服从各种恒定的规律，人们可以发现这些规律，据以在实践中预测社会现象，并自觉地指导其发展路径。① 圣西门死后，他的门徒在《圣西门学说释义》中明确提出"社会是一种有机整体"，并要求分析"社会这个统一集体的各个器官"。② 曾经做过圣西门秘书的孔德第一次将有机体概念应用于社会学领域，他把社会与生物学中的"个体有机体"进行比较，认为社会同其他生命有机体一样，各个部分之间必然是协调一致的，从而构成一个和谐、团结的整体。在他看来，社会愈发展，社会的基本特征——和谐与团结——就愈益显著。③ 他把社会有机体分解成家庭、阶级或种族以及城市和社区，其中家庭是社会真正的要素或细胞，阶级或种族是社会的组织，城市和社区是社会的器官。他反对社会契约论，认为社会是一个有机的统一体，其整体大于其各个部分之和，任何部分都是相互联系的，并且只有在社会统一体内才可以被认识。尔后，斯宾塞则进一步论证了生物有机体和社会有机体的同一性和异质性。他认为，社会就像一个生物有机体，由其各个部分组成，并在相互依赖、相互联系的基础上生存和进化。而且社会有机体的进化是从量的增长开始的，随着量的增长，社会有机体会发生整体的结构进化、功能分化和相互依赖的增加。量的增长是社会有机体由小到大的规模变化，在社会有机体规模变化的同时，出现结构的进化，社会组织由简单到复杂。④ 总之，斯宾塞运用"结构""功能""分化""整体"等概念把社会有机体看作是一个自我调节自我发展的系统，突破了孔德把社会有机体的进步看作是观念与精神的发展的观点，但他在论述社会结构分化与功能分化时，并未将历史的因素如阶级等纳入其社会有机体结构模式的分析范畴之中，从而未能真正说明社会有机体的进步发展既产生结构与功能的分化，还产生了利益的分化，也就未能阐释清楚阶级利益在社会发展中的动力作用，最终陷入了反历史主义的困境之中。⑤

马克思克服了康德、黑格尔的历史唯心主义和孔德、斯宾塞的机械性

① 参见于海《西方社会思想史》，复旦大学出版社，2016，第135页。
② 参见陈志良、杨耕《论马克思的社会有机体理论》，《哲学研究》1990年第1期。
③ 徐大同总主编《西方政治思想史》第4卷，天津人民出版社，2006，第154页。
④ 张琢、马福云：《发展社会学》，中国社会科学出版社，2001，第29、39、40页。
⑤ 参见于海《西方社会思想史》，复旦大学出版社，2016，第153~154、158页。

等缺陷，从人类社会的整体性生成角度把社会有机体理论奠基于社会经济形态理论的基础上，从而揭示了社会有机体的历史唯物主义基础，为社会有机体理论指明唯一科学的方向。马克思在1842年《评奥格斯堡〈总汇报〉第335号和第336号论普鲁士等级委员会的文章》中，从"有生命的有机体"到"国家生活的有机体"，区别了有机体不同于无机体的本质特征。① 后来他在《哲学的贫困》中又提出了"社会机体"的概念，强调"谁用政治经济学的范畴构筑某种意识形态体系的大厦，谁就是把社会体系的各个环节割裂开来，就是把社会的各个环节变成同等数量的依次出现的单个社会。其实，单凭运动、顺序和时间的唯一逻辑公式怎能向我们说明一切关系在其中同时存在而又互相依存的社会机体呢?"② 在《〈政治经济学批判〉序言》中，马克思从动态发展的角度具体描绘了一幅社会有机体结构和功能的发展图景："人们在自己生活的社会生产中发生一定的、必然的、不以他们的意志为转移的关系，即同他们的物质生产力的一定发展阶段相适合的生产关系。这些生产关系的总和构成社会的经济结构，即有法律的和政治的上层建筑竖立其上并有一定的社会意识形式与之相适应的现实基础。物质生活的生产方式制约着整个社会生活、政治生活和精神生活的过程。不是人们的意识决定人们的存在，相反，是人们的社会存在决定人们的意识。社会的物质生产力发展到一定阶段，便同它们一直在其中运动的现存生产关系或财产关系（这只是生产关系的法律用语）发生矛盾。于是这些关系便由生产力的发展形式变成生产力的桎梏。那时社会革命的时代就到来了。随着经济基础的变更，全部庞大的上层建筑也或慢或快地发生变革。"③ 1867年，马克思在《资本论》第一版序言中，再次明确指出："现在的社会不是坚实的结晶体，而是一个能够变化并且经常处于变化过程中的有机体。"④ 这一结论是《资本论》创作史的结果，也是马克思对资本主义社会总体研究的思想结晶。马克思正是通过对资本主义社会有机体的全面分析，深刻揭示了资本主义生产方式的内在矛盾的不可调和性，从而指出了资本主义必然灭亡的历史趋势。

---

① 《马克思恩格斯全集》第1卷，人民出版社，1995，第333~334页。
② 《马克思恩格斯选集》第1卷，人民出版社，2012，第223页。
③ 《马克思恩格斯选集》第2卷，人民出版社，2012，第2~3页。
④ 《马克思恩格斯选集》第2卷，人民出版社，2012，第84页。

二 马克思社会有机体理论的基本内涵

马克思社会有机体理论是一个结构严谨、博大精深的社会发展理论。其基本内涵如下。

1. 社会有机体是有多种社会要素构成的相互联系、相互依存的有机统一整体

马克思认为，任何社会有机体都是一个严密的自组织系统，是各种社会要素按照一定次序建立起来的复杂的有机整体。首先，社会作为一个庞大的复杂的有机系统，是由多种要素构成的。在马克思看来，构成社会有机体的要素很多，但最基本的要素是自然环境与人。这里的自然环境是指进入人类社会的那部分自然界，而人是指介入社会关系的人、社会化的人、能动的人。在自然环境与人的构成要素中，又体现为两种关系：一是人与自然界的关系。马克思认为，人是自然界的一部分，有其自然属性。因为，"全部人类历史的第一个前提无疑是有生命的个人的存在。因此，第一个需要确认的事实就是这些个人的肉体组织以及由此产生的个人对其他自然的关系"①。但人与自然的关系并不是抽象的、被动的，人通过自己能动的活动改造自然，使自然人化，从而使人自身的能力不断发展，社会关系不断改变。二是人与人的关系。在人的社会生活中，随着物质生产活动的推进，必然要结成各式各样的人与人之间的社会关系。这种社会关系多层次、多向度地展开，从简单到复杂、从直接到间接、从局部到整体，形成有层次的严密的有机系统。因此，在这两种要素和关系中，前者是后者的基础，后者是前者的前提。它们以各种不同的方式构成各种各样的关系，如生产力与生产关系的决定作用与反作用的关系、经济基础与上层建筑诸要素之间决定作用与反作用的关系等都是从上述两种要素与关系中分化、派生和发展起来的，从而形成复杂的社会有机整体。其次，社会作为活的机体，不是由各种构成要素机械地结合起来的，而是按照一定次序建立的紧密联系的有机整体。列宁指出："马克思和恩格斯称之为辩证方法（它与形而上学方法相反）的，不是别的，正是社会学中的科学方法，这

---

① 《马克思恩格斯选集》第 1 卷，人民出版社，2012，第 146 页。

个方法把社会看做处在不断发展中的活的机体（而不是机械地结合起来因而可以把各种社会要素随便配搭起来的一种什么东西）。"① 如就社会生产机体而言，马克思指出，它作为总体是由生产、分配、交换、消费这四个环节或要素构成的。而就这四环节或四要素来说，一方面，"一定的生产决定一定的消费、分配、交换和这些不同要素相互间的一定关系"；另一方面，"生产就其单方面形式来说也决定于其他要素"。总之，"不同要素之间存在着相互作用。每一个有机整体都是这样"。② 最后，社会有机体所有各构成要素都从属于整体的社会。"这种有机体制本身作为一个总体有自己的各种前提，而它向总体的发展过程就在于：使社会的一切要素从属于自己，或者把自己还缺乏的器官从社会中创造出来。有机体制在历史上就是这样生成为总体的。生成为这种总体是它的过程即它的发展的一个要素。"③ 这表明，任何社会有机体无疑一产生就具有一定的独立性、自主性，相对于构成它自身的要素来说，它就是一个统一整体，其所以是整体，是因为社会所有各要素都从属于社会。

2. 社会有机体的发展既是一个自然历史过程，也是人类有意识参与的过程

马克思认为，社会有机体的发展同自然界一样，是客观的、必然的、不依人的意志为转移的自然历史过程。因为，"人靠自然界生活"，"自然界是人为了不致死亡而必须与之处于持续不断的交互作用过程的、人的身体。所谓人的肉体生活和精神生活同自然界相联系，不外是说自然界同自身相联系，因为人是自然界的一部分"。④ 这就是说，一个社会有机体必须与外部自然环境进行持续不断的物质和能量的交换、生产和生命活动，才能使自身不断地丰富和发展起来，实现自身的新陈代谢，从而显现为一种自然历史过程。

社会有机体发展虽然是一个自然历史过程，但也是人类有意识地参与的过程。"在社会历史领域内进行活动的，是具有意识的、经过思虑或凭激情行动的、追求某种目的的人；任何事情的发生都不是没有自觉的意

---

① 《列宁全集》第 1 卷，人民出版社，2013，第 137 页。
② 《马克思恩格斯选集》第 2 卷，人民出版社，2012，第 699 页。
③ 《马克思恩格斯全集》第 30 卷，人民出版社，1995，第 237 页。
④ 《马克思恩格斯选集》第 1 卷，人民出版社，2012，第 55～56 页。

图，没有预期的目的的。"① 这种能动性和目的性是人类社会意识性的主要表现，也是社会发展史与自然发展史根本不同的地方。但这并不是说，人类在有意识地参与社会有机体发展过程中就可以盲目地、任意地创造规律，而只能是认识和自觉地运用客观规律，从而推动社会有机体发展。

3. 社会有机体不是坚实的结晶体，而是不断发展进步的活的有机体

从历史的发展过程和趋势来看，社会有机体是一个动态的、辩证的、不断进步的历史过程。其之所以会不断变动、进步，根本原因在于社会有机体内部生产力与生产关系始终处在矛盾运动之中。在社会有机体中，生产力与生产关系是辩证统一的，生产力决定生产关系，生产关系受制于一定的生产力的发展，虽然生产关系反作用于生产力，但由于生产力是社会有机体中最活跃、最有生气的因素，生产力总是不断向前发展进步的，它要求生产关系不断与之相适应，而生产关系的变革最终引起社会有机体从低级向高级发展。马克思指出："社会生产关系，是随着物质生产资料、生产力的变化和发展而变化和改变的。生产关系总合起来就构成所谓社会关系，构成所谓社会，并且是构成一个处于一定历史发展阶段上的社会，具有独特的特征的社会。古典古代社会、封建社会和资产阶级社会都是这样的生产关系的总和，而其中每一个生产关系的总和同时又标志着人类历史发展中的一个特殊阶段。"② 因此，每一个具体的社会有机体都是处在一定历史阶段上的，它不是静止的、凝固的，或者永恒的，它有其产生、发展到灭亡的过程，最终都将被新的社会有机体所取代。也就是说，"一切依次更替的历史状态都只是人类社会由低级到高级的无穷发展进程中的暂时阶段。每一个阶段都是必然的，因此，对它发生的那个时代和那些条件说来，都有它存在的理由；但是对它自己内部逐渐发展起来的新的、更高的条件来说，它就变成过时的和没有存在的理由了；它不得不让位于更高的阶段，而这个更高的阶段也要走向衰落和灭亡。"③ 所以，任何社会有机体都是作为自我扬弃、自我超越的过程而存在的，而高级社会有机体的形成和发展总是把原来的有机系统作为根据和前提，并使之成为从属于新有机系统的因素，即辩证地扬弃它前进。正是从这个意义上，马克思指出：

① 《马克思恩格斯全集》第28卷，人民出版社，2018，第356页。
② 《马克思恩格斯选集》第1卷，人民出版社，2012，第340页。
③ 《马克思恩格斯全集》第28卷，人民出版社，2018，第324页。

"现在的社会不是坚实的结晶体，而是一个能够变化并且经常处于变化过程中的有机体"①，从而揭示了资本主义发展的历史过程性。

4. 社会有机体根源于人的物质生产实践，是按人类实践活动规律运行的有机整体

马克思要求从人的实践出发来说明社会有机体的形成和发展，从而揭示出社会有机体的运行不是按生物规律，而是按人类实践活动规律运行的。马克思指出，人类的"全部社会生活在本质上是实践的"②，生产实践是整个现存的感性世界的基础，人对"对象、现实、感性"的把握也是在实践中形成发展的。也就是说，社会有机体所包含的一切关系都是在实践中产生的关系，社会有机体来之于实践又存在于实践。实践性是社会有机体的主要特征，其他各种特征都是在实践性基础上产生的；只有在实践性的基础上才能科学地把握社会有机体的概念。这表明：第一，社会有机体根源于物质生产实践。劳动创造了人，同时也创造了社会。没有物质生产，就没有人类社会的存在和发展。因此，社会是人类在实践活动中创造的存在方式，它在本质上是实践的。第二，社会生活的基本内容是实践，物质生产是社会有机体生成、发展的基础，它制约着人类的其他活动。第三，社会有机体构成要素之间的相互关系都是由人在社会实践的基础上展开的，都是从人的关系中抽象出来的。实践是人与外部世界的本质关系，是其他关系的基石。第四，人类社会是在实践与交往中形成并在实践与交往中不断地扩大，人类自身的解放和发展也必须在实践中才能真正地实现。第五，社会有机体的运行规律离不开人的各种生产实践活动，认识、把握和利用其规律也离不开人的社会实践。随着社会实践的发展，社会内部诸要素在相互矛盾和不断协调中推动着社会有机体的运行和更替。马克思正是从实践，即从人类的历史的、现实的活动本性出发，发现了人、社会、历史的本质及其变化发展的规律。也正是通过实践，马克思将社会有机体中各构成要素生产力与生产关系、经济基础与上层建筑、社会存在与社会意识等之间的相互作用、决定与反作用得以证实，使人们认识到社会有机体的运行发展就是通过人的实践活动才得以实现的。

---

① 《马克思恩格斯全集》第 42 卷，人民出版社，2016，第 17 页。
② 《马克思恩格斯选集》第 1 卷，人民出版社，2012，第 135 页。

5. 社会有机体是以现实的人为出发点、以人的自由全面发展为主线的

从实践出发来考察社会有机体，并不排斥从"现实的人"出发去理解社会有机体。马克思把与社会和自然界发展密切关系的人确定为"现实的人"，并确定"现实的人"是人类社会存在的前提和社会的主体，也是观察和思考社会有机体的出发点。因为实践是人的本质活动和存在方式，从实践出发考察社会有机体，也就是从社会历史主体去理解社会有机体。一方面，现实的人是从事实践活动的人，是社会历史的"剧作者"，是社会历史的主体。"社会结构和国家总是从一定的个人的生活过程中产生的。但是，这里所说的个人不是他们自己或别人想象中的那种个人，而是现实中的个人，也就是说，这些个人是从事活动的，进行物质生产的，因而是在一定的物质的、不受他们任意支配的界限、前提和条件下活动着的。"① 人只有通过现实的社会实践，才能确证、丰富和发展自己的社会历史主体性。在任何社会有机体中，人都以这样或那样的方式从事物质生产活动，并从这种基本活动中产生出复杂的生产关系、社会关系和政治关系。"人们在生产中不仅仅影响自然界，而且也互相影响。他们只有以一定的方式共同活动和互相交换其活动，才能进行生产。为了进行生产，人们相互之间便发生一定的联系和关系；只有在这些社会联系和社会关系的范围内，才会有他们对自然界的影响，才会有生产。"② 这就是说，人们为了生存必须进行物质生产活动，为了进行物质生产活动必然要结成一定形式的社会有机体。另一方面，现实的人又是社会的人，是社会历史舞台的"剧中人"，是社会历史的客体。人们从事物质生产活动，必然要与他人发生这样或那样的联系，组成这样或那样的社会有机系统。个人是在社会有机体中进行自己的活动，社会也给个人以各种限制和制约，人们不能随心所欲地创造历史。当然，由于人的实践活动在深度和广度上是不断发展变化的，因而社会有机体也是处在不断生成和扩展的过程中。两者是相互作用、相互制约的。

马克思在把"现实的人"作为理解社会有机体出发点的同时，又认为社会有机体的发展是以人的自由全面发展为主线的。这是因为社会有机体

① 《马克思恩格斯选集》第1卷，人民出版社，2012，第151页。
② 《马克思恩格斯选集》第1卷，人民出版社，2012，第340页。

中唯一活的因素是人，它的一切社会关系都是由人的自主活动创造和抽象出来的。人类的历史就是不断丰富人自己的规定性、生产人自己的全面性和发展人自己的自由个性的历史。因此，要研究社会有机体的发展就必须以人的自由全面发展为主线来研究每个历史时代作为社会历史主体的人的发展状况和人的各种社会关系。为此，马克思从人的发展和解放的宏观角度考察了社会有机体发展的三个阶段，即"人的依赖关系（起初完全是自然发生的）"阶段、"以物的依赖性为基础的人的独立性"阶段和"建立在个人全面发展和他们共同的、社会的生产能力成为从属于他们的社会财富这一基础上的自由个性"①阶段。在第一阶段，人的生产能力只是在狭窄的范围内和孤立的地点上发展着；在第二阶段，已形成了普遍的社会物质变换、全面的关系、多方面的需要以及全面的能力体系，人虽有独立性，但依赖于商品、市场和货币等物；第三阶段，社会生产力获得迅速全面的发展，所有人可以自由支配的时间不断增加，真正的财富就是所有个人的发达的生产力。在这里，马克思把社会有机体的历史发展与人的自由全面发展有机结合起来，进一步强调了人在社会有机体发展过程中的地位和作用，辩证地揭示了人的发展与社会发展的一致性。

6. 社会有机体的发展是一个从地域性历史走向世界性历史的演进过程

马克思认为，社会有机体本质上作为人与人彼此发生各种联系和关系的总和而存在，因而是"人们交互活动的产物"②，或者说是人们交往的产物。交往是人类生成和发展的基本条件，它涉及政治、经济、文化、情感等各个领域，人们每天发生着的各种各样的交往活动组成为错综复杂的社会关系，由此产生了人类社会这个有机体的巨大系统。同时，随着社会生产力的发展，人们之间的普遍交往开始建立，最初的几个自然区域的封闭状态开始被打破，而且资本主义生产方式的兴起，开拓了一个世界历史的时代。这样，各民族国家、地区间的内外交往程度就不断提高，他们之间的相互作用、相互影响日益加强，因而社会有机体的规模也随之越来越大、运行的系统也越来越复杂，并逐渐形成相互依赖的同时态的世界性有机整体。此时，每个民族、国家不论落后还是先进，都是世界历史整体的

① 《马克思恩格斯文集》第8卷，人民出版社，2009，第52页。
② 《马克思恩格斯选集》第4卷，人民出版社，2012，第408页。

有机构成部分，任何民族、国家都不可能超脱它而孤立地发展。马克思在《德意志意识形态》中明确指出："各个相互影响的活动范围在这个发展进程中越是扩大，各民族的原始封闭状态由于日益完善的生产方式、交往以及因交往而自然形成的不同民族之间的分工消灭得越是彻底，历史也就越是成为世界历史。"① 在马克思看来，自近代以来，由于社会生产力的日益发展和继之而来的社会分工、商品交换和社会交往的日益发展，社会有机体的发展越来越呈现出开放性、全球性的特点。这表明：当人类历史从地域性走向世界性时，社会有机体也就在一个更为广阔的视域条件下运行与互动。那随之而来的就是人们对社会有机体的认识必将超越时空、超越某种特定民族、国家社会形态而具有"世界性"、"全球性"的特征。

三 马克思社会有机体理论的当代意义

马克思社会有机体理论是一个全面系统分析社会结构和基本特征、历时性和共时性展开各种复杂社会关系、生产关系、国际关系并归宿于最后人类获得解放和发展的社会发展理论，它对于我们今天贯彻落实新发展理念、构建社会主义和谐社会、夺取全面建成小康社会新胜利都具有重大的理论和现实意义。

第一，马克思社会有机体理论始终坚持以人的发展为主题，强调社会是人与人构成的社会，社会的发展以人的发展为动力和目的。这要求我们在深入贯彻落实科学发展观、构建社会主义和谐社会中始终坚持以人为本的原则，在经济社会全面进步的基础上促进人的自由全面发展。"以人为本"是对人在社会有机体中人的主体性地位的概括，反映了人既是历史的剧作者，又是历史的剧中人的人类社会发展基本规律。当然，这里的人不是抽象的人，而是历史的现实的具体的自觉的能动的人，是创造历史的最广大的人民群众，是推动社会发展的决定性力量。没有人和人的实践活动，也就谈不上社会有机体的存在和发展。因此，现阶段我们强调坚持"以人为本"，一方面要看到人民群众是社会主义和谐社会的实践者，要最充分地调动人民群众的积极性、主动性、创造性，激发全社会的创造力，

---

① 《马克思恩格斯选集》第 1 卷，人民出版社，2012，第 168 页。

最大限度地集中全社会全民族的智慧和力量，最广泛地动员和组织亿万群众投身中国特色社会主义伟大事业。另一方面也要看到人民群众是社会主义和谐社会的受惠者，要始终把实现好、维护好、发展好最广大人民的根本利益作为党和国家一切工作的出发点和落脚点，尊重人民主体地位，保障人民各项权益，走共同富裕的道路，做到发展为了人民、发展依靠人民、发展成果由人民共享。

当然，在积极推进经济社会全面发展的同时，我们还要努力促进人的自由全面发展。因为，人的自由全面发展不是自然的产物，而是历史的产物，是一个长期的历史发展过程，它与社会的经济、政治、文化、教育和社会制度发展进程是相一致的。这就是说，实现人的自由全面发展不能等到所有的主客观条件都具备时才开始人的自由全面发展的实践，而是在创造实现人的自由全面发展的主客观条件的同时，推进人的自由全面发展的实践；同时又以这种实践推动更多的主客观条件走向成熟，为最终实现人的自由而全面发展铺平道路。在现实的历史条件下，中国共产党把人的自由全面发展置在我国构建社会主义和谐社会的历史进程中加以考察，认为实现人的自由全面发展既是未来社会有机体，即共产主义和谐社会的理想目标，又是一个逐步实现的现实过程。这是因为社会有机体的发展始终经历着从相对到绝对的不断发展、逐步提高而又永无止境的历史过程，这一过程归根到底是人的自由解放、全面发展的过程。

第二，社会有机体各构成要素的相互依存和相互作用的整体性系统性原则，要求我们认识和利用任何一种社会现象，都必须将该现象放在社会有机体这个总的系统中来进行，分析该现象在社会机体中的作用，以及与其他社会存在和现象的相互关系，在构建社会主义和谐社会和全面建成小康社会的过程中，坚持物质文明、政治文明、精神文明、社会文明多样文明等系统全面协调发展。其中经济是基础，只有坚定不移地以经济建设为中心，调动一切积极因素，不断解放和发展社会主义社会的生产力，才能为政治、文化、社会建设提供物质基础。只有紧紧抓住发展这个党执政兴国的第一要务，以科学发展观统领全局，着力把握发展规律、创新发展理念、转变发展方式、破解发展难题，提高发展质量和效益，实现又好又快发展，通过大力发展社会生产力，才能为中国特色社会主义打下坚实基础。政治是经济的集中表现，只有积极发展社会主义民主政治，保证人民依法行使民主权利，健全社会主义法制，建设社会主义政治文明，才能为经济、文化、社会建设提供坚强的政治保证。文化是经济、政治、社会的反映，只有坚持社会主义核心价值体系，大力发展社会主义先进文化，才能为经济、政治、社会建设提供智力支持和精神动力。社会建设是经济、政治、文化建设在社会领域的综合体现，只有大力加强社会建设，构建社会主义和谐社会，才能为经济、政治、文化建设提供良好的社会环境。当然，要实现全面发展，就必须立足新的历史起点，处理好由发展的阶段性特征所伴生的新矛盾新问题，统筹好城乡发展、区域发展、经济社会发展、人与自然和谐发展、国内发展和对外开放，促进现代化建设各个环节、各个方面协调发展。

第三，马克思社会有机体理论强调人与自然环境是社会有机体诸多构成要素中最基本的前提性要素，人自身的生产和再生产是社会发展的基本要求。这表明社会有机体除了横向的发展系统性外，具有纵向发展的连续性，这是社会有机体发展的重要特点。因此，要使社会有机体保持和谐、持久的运行状态，必须树立可持续的发展观，促进人与自然的和谐相处。也就是说，我们每一代人的发展都不能以牺牲资源环境为代价，应该为下一代人的更好生存和发展留下空间和条件。正如恩格斯指出："我们决不像征服者统治异族人那样支配自然界，决不像站在自然界之外的人似的去支配自然界——相反，我们连同我们的肉、血和头脑都是属于自然界和存在于自然界之中的；我们对自然界的整个支配作用，就在于我们比其他一切生物强，能够认识和正确运用自然规律。"① 因此，我们在推进社会经济发展时，必须充分考虑资源和环境的承受能力，既重视经济增长指标，又重视环境资源指标；必须统筹考虑当前发展和未来发展，既积极满足人民群众现实的物质文化需要，又为子孙后代留下充足的发展条件和空间。一方面，要转变传统的只注重经济增长而忽视环境生态保护的发展观念，坚持可持续发展战略，走科技含量高、经济效益好、资源消耗低、环境污染少、人力资源优势得到充分发挥的新型工业化道路；另一方面，充分发挥政府的公共职能，加强对环境保护的力度。同时，不断深化对社会发展规律的认识，坚持走"生产发展、生活富裕、生态良好的文明发展道路，建

---

① 《马克思恩格斯选集》第3卷，人民出版社，2012，第998页。

设资源节约型、环境友好型社会，实现速度和结构质量效益相统一、经济发展与人口资源环境相协调，使人民在良好生态环境中生产生活，实现经济社会永续发展"①。

第四，社会有机体的发展是合规律性与合目的性的统一，也是历史决定论与主体选择论的统一。社会有机体的变化和发展，一方面具有和自然界一样的客观规律，社会历史发展要受这些规律所支配，因而人们的历史选择活动必须遵循社会发展的客观规律。也就是说，人民群众创造历史不是随心所欲的，必须尊重和服从社会发展的客观规律，只有符合社会发展规律，人民群众的历史选择才能实现。另一方面，如前所述，人同自然界动物不一样，是具有意识的、有预期目的的历史主体，尽管受到具体社会历史条件的制约，但这并不排除人们对历史进行选择的可能性。马克思社会有机体理论虽然揭示了人类社会发展规律和最终走向社会主义的趋势，但这一规律和发展趋势只是揭示了人类社会总体性的发展方向，世界上不同民族、国家走向社会主义最终目标的路径却是多线的，而不是单线的。因为人民群众创造历史的过程是一个能动的，包含了创造性、选择性的过程。在现代社会，由于受历史条件、社会制度、文化背景、国际环境等多种因素制约，不同的民族、国家选择了不同的社会发展模式。我国跨越资本主义发展阶段，选择走中国特色社会主义道路，是中国人民根据自己的国情和客观规律作出的伟大的历史选择，是合规律性与合目的性的统一。

第五，马克思社会有机体理论的一个重要旨向是从世界历史的角度揭示人类社会有机体的整体性联系和发展规律。在马克思看来，当民族、国家间的联系和交往达到一定程度，必定会对民族、国家的经济发展、社会结构变迁产生深刻影响，并且这种影响是互动的，而不是单向的。这表明，一国的发展已经离不开世界，当今时代只有站在全球的高度，用世界历史的眼光，才能真正把握社会有机体历史演进的规律。因此，马克思社会有机体理论为我们今天在经济全球化时代坚持改革开放，统筹国内国际两个大局，加强国际战略思维，善于从国际形势发展变化中把握发展机遇、应对风险挑战，营造良好的国际环境，构建和谐世界提供了坚实的哲

---

① 《十七大以来重要文献选编》，中央文献出版社，2009，第12页。

学基础。同时，由于世界性的普遍交往，较为落后的民族不必一切从头开始，而可以实现某种跨越，这为我们在世界历史环境下如何走中国特色社会主义道路、怎样建设中国特色社会主义提供了一把富有时代意义的钥匙，更为广大第三世界国家和发展中国家在世界历史背景下探索适合本民族、国家的发展路径提供了方法论启示。

第二章　列宁的社会有机体思想

　　列宁的社会有机体思想是其在探索俄国革命道路和经济文化落后的国家如何建设社会主义的历史实践中形成和发展起来的，是俄国无产阶级革命特定历史时代的产物，是马克思主义基本原理与俄国革命和社会主义建设的具体实践相结合的理论创新成果。列宁继承和发展了马克思社会有机体理论的思想观点，在阐述新唯物史观的过程中，反复强调人类社会是由生产力与生产关系、经济基础与上层建筑这一社会基本矛盾相互作用的辩证发展的有机整体。他说："按照马克思的理论，每一种这样的生产关系体系都是特殊的社会有机体，它有自己的产生、活动和向更高形式过渡即转化为另一种社会有机体的特殊规律。"① 这里的"生产关系体系"就是指一定的社会形态。而社会形态主要地是由一定历史时期的社会生产力，以及与此相适应的生产关系（经济基础）与上层建筑的矛盾统一体构成，包括社会的经济结构、政治结构和文化结构等。列宁指出："只有把社会关系归结于生产关系，把生产关系归结于生产力的水平，才能有可靠的根据把社会形态的发展看做自然历史过程。"② 总之，列宁在领导俄国革命和社会主义建设过程中运用历史唯物主义的方法论揭示了社会有机体生存发展的物质关系、基本规律、构成要素及其辩证关系。

---

① 《列宁全集》第 1 卷，人民出版社，2013，第 378 页。
② 《列宁全集》第 1 卷，人民出版社，2013，第 112 页。

一 社会有机体生存发展的物质关系

1894 年，列宁在《什么是"人民之友"以及他们如何攻击社会民主党人?》一文中，批判了自由主义民粹派思想领袖米海洛夫斯基以"人的本性"为社会学研究的根本任务的唯心史观及其主观唯心主义方法，系统阐述了物质生产力决定生产关系、生产关系的总和构成社会经济形态、物质的社会关系决定思想的社会关系、社会形态的发展是自然历史过程的观点，指出马克思得出"社会经济形态的发展是一种自然历史过程"这一基本思想，所使用的方法是与各种主观唯心主义完全不同的一种科学的方法，"就是从社会生活的各种领域中划分出经济领域，从一切社会关系中划分出生产关系，即决定其余一切关系的基本的原始的关系。"① 这种科学方法就是"把社会关系分成物质的社会关系和思想的社会关系。思想的社会关系不过是物质的社会关系的上层建筑，而物质的社会关系是不以人的意志和意识为转移而形成的，是人维持生存的活动的（结果）形式"。② 列宁强调，马克思、恩格斯之所以把社会主义从空想变成科学，就是由于他们抛弃了各种唯心主义的研究方法，运用历史唯物主义方法分析了社会有机体的构成要素及其辩证关系，正确阐释了社会有机体生存和发展的物质关系，从而科学地说明了资本主义必然灭亡、社会主义必然胜利的客观规律。1895 年，列宁在《费里德里希·恩格斯》悼念文章中进一步指出："马克思和恩格斯是唯物主义者。他们用唯物主义观点观察世界和人类，看出一切自然现象都有物质原因作基础，同样，人类社会的发展也是受物质力量即生产力的发展所制约的。生产力的发展决定人们在生产人类必需的产品时彼此所发生的关系。用这种关系才能解释社会生活中的一切现象，人的意向、观念和法律。"③ 这就是说，只有用社会的物质力量即生产力去说明社会的物质关系和思想关系，才能科学地揭示社会有机体发展的物质基础，才能说明人类社会历史同自然现象一样也是由不以人的主观意志为转移的一个客观的历史过程。

---

① 《列宁全集》第 1 卷，人民出版社，2013，第 107 页
② 《列宁全集》第 1 卷，人民出版社，2013，第 122～123 页。
③ 《列宁全集》第 2 卷，人民出版社，2013，第 6 页。

针对主观唯心主义者不能正确说明人的社会思想和目的背后的物质的社会关系，列宁以《资本论》为例，高度评价了马克思在这方面所做的巨大努力，指出马克思在深入剖析作为一种社会形态的资本主义社会有机体的本质时，"一次也没有利用这些生产关系以外的任何因素来说明问题"，虽然他"完全用生产关系来说明该社会形态的构成和发展，但又随时随地探究与这种生产关系相适应的上层建筑，使骨骼有血有肉"①。列宁还进一步肯定，《资本论》的成就之所以如此之大，是由于这部书使读者"看到整个资本主义社会形态是个活生生的形态：有它的日常生活的各个方面，有它的生产关系所固有的阶级对抗的实际社会表现，有维护资本家阶级统治的资产阶级政治上层建筑，有资产阶级的自由平等之类的思想，有资产阶级的家庭关系"，因此，"《资本论》不是别的，正是'把堆积如山的实际材料总结为几点概括性的、彼此紧相联系的思想'。"② 这就是说，分析一定历史时期的社会有机体不应在思想关系中，而要在物质关系中去寻找。列宁认为，马克思分析资本主义社会有机体内部结构和运动发展的思想具有一般的方法论意义，因为马克思"抛弃了所有这些关于一般社会和一般进步的议论，而对一种社会（资本主义社会）和一种进步（资本主义进步）作了科学的分析"③。换句话说，《资本论》这部专门研究资本主义社会有机体的著作，是对这个社会和它的上层建筑的整体结构的分析，而不仅限于对资本主义社会经济结构的分析。正是从这个意义上，列宁强调要把社会有机体理解成一种有一定规律的"社会关系体系"。这表明，社会有机体的构成要素虽然非常复杂，但并不是各种要素的简单相加或机械堆积，而是按照一定规律有序组成的有机整体。同时，在构成社会有机体的各种要素中，物质的生产关系对社会历史的发展具有决定的意义，这为我们在复杂的历史现象面前把握社会有机体发展的内在本质联系和发展规律提供了可能性。

二 社会有机体内部的结构要素

列宁充分运用历史辩证法对苏维埃共和国有机体的发展目标提出了自

---

① 《列宁全集》第 1 卷，人民出版社，2013，第 112、113 页。
② 《列宁全集》第 1 卷，人民出版社，2013，第 113 页。
③ 《列宁全集》第 1 卷，人民出版社，2013，第 116 页。

己的构想，强调社会有机体的发展应当是经济、政治、文化等内部结构要素辩证而全面的发展，其中经济是社会有机体发展的基础要素。列宁指出："马克思认为经济制度是政治上层建筑借以树立起来的基础，所以他特别注意研究这个经济制度。马克思的主要著作《资本论》就是专门研究现代社会即资本主义社会的经济制度的。"① 而在当时，列宁认为俄国电气化对于一个小农国家发展社会主义经济至关重要。因此，党的纲领应当成为领导经济建设的纲领，应当用重建整个国民经济并使它达到现代技术水平的工作计划——俄国电气化计划来补充，"没有电气化计划，我们就不能转入真正的建设"；这个电气化计划"是一个为期不下十年的、表明怎样把俄国转到共产主义所必需的真正经济基础上去的伟大的经济计划"；"共产主义就是苏维埃政权加全国电气化。"② 列宁还严厉批评了党内一些同志对全国电气化计划的错误态度，告诫共产党人应该摒弃门外汉和官僚主义者的狂妄自大，"应该学会利用我们自己的经验和我们自己的实践，有系统地从事工作"，"着力把科学的电气化计划与日常的各个实际计划及其具体实施结合起来。"③

列宁在论述经济计划对社会有机体健康有序发展重要性的同时，非常重视政治因素对社会有机体经济运行的保障作用，他批判了在资产阶级世界观概念中那种"政治似乎是脱离经济的"观点，认为"政治应该是人民的事，应该是无产阶级的事"，"我们走向战胜白卫分子的每一步都会使斗争的重心逐渐转向经济方面的政治"。而当前的主要政治就是："从事国家的经济建设，收获更多的粮食，开采更多的煤炭，解决更恰当地利用这些粮食和煤炭的问题，消除饥荒"④。因此，在制定苏维埃共和国经济政策时，应重视政治的因素，政治是经济的集中反映，没有离开政治的经济，也没有离开经济的政治。列宁说："一个阶级如果不从政治上正确地看问题，就不能维持它的统治，因而也就不能完成它的生产任务。"⑤ 1921 年，列宁在《论粮食税》一文中指出："无产阶级专政就是无产阶级对政治的

① 《列宁专题文集·论马克思主义》，人民出版社，2009，第 69 页。
② 《列宁专题文集·论社会主义》，人民出版社，2009，第 180、180~181、181 页。
③ 《列宁专题文集·论社会主义》，人民出版社，2009，第 190、191 页。
④ 《列宁专题文集·论社会主义》，人民出版社，2009，第 176、177 页。
⑤ 《列宁专题文集·论辩证唯物主义和历史唯物主义》，人民出版社，2009，第 302~303 页。

领导。无产阶级作为一个领导阶级、统治阶级，应当善于指导政治，以便首先去解决最迫切而又最'棘手的'任务。现在最迫切的就是采取那种能够立刻提高农民经济生产力的办法。只有经过这种办法才能做到既改善工人生活状况，又巩固工农联盟，巩固无产阶级专政。"① 要做到这一点，就是要用粮食税来代替特殊的"战时共产主义"时期实行的余粮收集制，并努力使在一定程度上和一定期限内不可避免的资本主义的发展纳入国家资本主义的轨道，"作为小生产和社会主义之间的中间环节，作为提高生产力的手段、途径、方法和方式"②，使无产阶级专政同国家资本主义结合起来。列宁批判了那种"试图完全禁止、堵塞一切私人的非国营的交换的发展，即商业的发展，即资本主义的发展"的幼稚的观点，强调"这种发展在有千百万小生产者存在的条件下是不可避免的"③。一个政党如果要阻止这种在特殊背景下的资本主义发展，那它就是在干蠢事，就是在自杀，必然会遭到失败。因此，列宁根据十月革命后苏维埃共和国建设的实践经验，提出了改革是完善社会主义社会有机体高效运行的强大动力。他说："目前的新事物，就是我国革命在经济建设的一些根本问题上必须采取'改良主义的'、渐进主义的、审慎迂回的行动方式。"④ 因此，苏维埃共和国建设工作还得不止一次地补做、改做或重做，"今后在发展生产力和文化方面，我们每前进一步和每提高一步都必定要同时改善和改造我们的苏维埃制度，而现在我们在经济和文化方面水平还很低。我们有待于改造的东西很多"⑤。这里列宁充分揭示了生产力发展水平、社会政治制度与社会有机体变化发展之间相互促进的辩证关系。

不仅如此，列宁对作为社会有机体重要构成要素的文化在经济和政治健康发展中的保障作用同样非常重视。1921 年 10 月，他在全俄政治教育委员会第二次代表大会上的报告中指出："在解决了世界上最伟大的政治变革的任务以后，摆在我们面前的已是另一类任务，即可称为'小事情'的文化任务。"⑥ 那就是要扫除文盲，用读与写的本领来大大提高人民的文

---

① 《列宁专题文集·论社会主义》，人民出版社，2009，第 216 页。
② 《列宁专题文集·论社会主义》，人民出版社，2009，第 225 页。
③ 《列宁专题文集·论社会主义》，人民出版社，2009，第 219 页。
④ 《列宁选集》第 4 卷，人民出版社，2012，第 610 页。
⑤ 《列宁选集》第 4 卷，人民出版社，2012，第 613 页。
⑥ 《列宁专题文集·论社会主义》，人民出版社，2009，第 262 页。

化水平，特别是对农民要增强其用读写本领来改进自己的经营和改善自己国家的状况。列宁认为，政治教育委员会"只有用提高文化的办法"，才能治好"拖拉作风和贪污受贿行为"，① 战胜官僚主义。在另一篇关于《在全俄省、县国民教育局政治教育委员会工作会议上的讲话》中，列宁坚持教育不能脱离政治经济的观点。他说：党和教育工作者的基本任务"就是帮助培养和教育劳动群众，使他们克服旧制度遗留下来的旧习惯、旧风气，那些在群众中根深蒂固的私有者的习惯和风气"②。为了做到这一点，列宁还特别强调要广泛吸收教师群众来参加到政治教育工作者的行列，尽管这些教师群众接受了资本主义文化遗产，在某种程度上不可避免地沾染了这种文化的缺点，但因为他们有知识，而没有知识苏维埃共和国有机体的政治发展和经济建设就达不到自身的目的。因此，"只有掌握教师从资产阶级那里继承来的一切知识，才能做到。否则，共产主义就不可能有任何技术成就，在这方面的一切理想就要落空。"③ 当然，列宁认为这是一个极端困难的问题，一切布尔什维克共产党员都必须战胜旧的资产阶级的偏见，严格按照党的精神进行工作，要善于领导教师群众，激发他们的热情，努力吸引更多有用的人才来为我们正在进行的共产主义教育事业服务。总之，"我们的任务是要战胜资本家的一切反抗，不仅是军事上和政治上的反抗，而且是最深刻、最强烈的思想上的反抗。我们教育工作者的任务就是要完成这一改造群众的工作。我们所看到的群众对共产主义教育和共产主义知识的兴趣和向往，是我们在这方面取得胜利的保证。"④ 上述列宁的深刻阐述表明，构成社会有机体的各种要素不是相互孤立的，任何一种要素都是以其他几种要素的存在为前提的，它们既相互依赖、相互协调，又相互矛盾、相互冲突，生动体现了社会有机体自我冲突、自我调节、自我革新和自我完善的生命特征。

三 社会有机体发展的客观规律

马克思在创立唯物史观时明确自身的一项重要任务就是探索发现社会

① 《列宁专题文集·论社会主义》，人民出版社，2009，第265页。
② 《列宁专题文集·论社会主义》，人民出版社，2009，第171页。
③ 《列宁专题文集·论社会主义》，人民出版社，2009，第174页。
④ 《列宁专题文集·论社会主义》，人民出版社，2009，第176页。

有机体发展的客观规律，"在这里也完全像在自然领域里一样，应该通过发现现实的联系来清除这种臆造的人为的联系；这一任务，归根到底，就是要发现那些作为支配规律在人类社会的历史上起作用的一般运动规律。"① 在马克思看来，每个不同形态的社会有机体都有自身独特的结构和规律，都有其生成、发展、灭亡和向新的更高社会有机体形态发展的过程，是一个具有规律的客观历史过程，人们可以运用自然科学的精确性来考察剖析人类社会及其更替，进而使人们对社会有机体的认识建立在科学基础之上。列宁继承和发展了马克思的这一观点，认为"社会是一个有机体"②，与自然界一样，都是一个有客观规律的历史过程。他说："达尔文推翻了那种把动植物物种看做彼此毫无联系的、偶然的、'神造的'、不变的东西的观点，探明了物种的变异性和承续性，第一次把生物学放在完全科学的基础之上。同样，马克思也推翻了那种把社会看做可按长官意志（或者说按社会意志和政府意志，反正都一样）随便改变的、偶然产生和变化的、机械的个人结合体的观点，探明了作为一定生产关系总和的社会经济形态这个概念，探明了这种形态的发展是自然历史过程，从而第一次把社会学放在科学的基础之上。"③ 当然，从人类社会发展的规律来看，有普遍规律，即在任何社会有机体形态中都起作用的规律，如生产力与生产关系、经济基础与上层建筑的矛盾运动规律；有特殊规律，即在阶级社会中起作用的规律，如阶级斗争是推动社会发展的直接动力；有个别规律，即在某一社会或某种社会活动独有的规律，如资本主义社会周期性爆发的经济危机等。社会有机体的运动发展就是各个层次上不同规律交互作用所形成的合力结果。列宁指出，马克思考察了各种社会经济形态的产生、发展和衰落的过程，以及"所有各种矛盾的趋向的总和"，"揭示了物质生产力的状况是所有一切思想和各种不同趋向的根源"，并且"指出了科学地研究历史这一极其复杂、充满矛盾而又是有规律的统一过程的途径"④。在这里，列宁深刻批判了以往社会学历史学理论不能透过复杂社会现象而观察其背后所隐藏的规律性，认为"他们不能发现各国社会现象中的重复性

---

① 《马克思恩格斯选集》第 4 卷，人民出版社，2012，第 253 页。
② 《列宁全集》第 59 卷，人民出版社，2017，第 71 页。
③ 《列宁专题文集·论辩证唯物主义和历史唯物主义》，人民出版社，2009，第 162~163 页。
④ 《列专题文集·论马克思主义》，人民出版社，2009，第 14、15 页。

和常规性，他们的科学至多不过是记载这些现象，收集素材。一分析物质的社会关系……，立刻就有可能看出重复性和常规性，把各国制度概括为社会形态这个基本概念。只有这种概括才使人有可能从记载（和从理想的观点来评价）社会现象进而以严格的科学态度去分析社会现象"①。列宁所指的重复性和常规性，实际上是一定历史条件下不同国家所具有的共同性和普遍性，即各个国家历史发展所具有的共同的本质，即规律性，只要抓住了这些本质的和必然的东西，就能解析出社会现象之间的内在联系，即社会有机体发展的必然规律。这说明，在各个社会有机体发展中同样存在着只要具备一定条件就会重复起作用的客观规律。

　　事实上，19 世纪当自然科学不断取得突破性进展时，人类对自身历史发展的规律仍然知之甚少，历史规律还在人们的观察视野之外，因而主观唯心主义甚嚣尘上。马克思的一个伟大贡献就是发现社会有机体运动发展的一般规律，创立了唯物主义历史观。对此，恩格斯在马克思墓前的讲话中曾高度评价这一贡献，认为"正像达尔文发现有机界的发展规律一样，马克思发现了人类历史的发展规律"②。列宁认为，马克思正是从所有的社会关系中划出生产关系，并把它作为决定其他一切关系的基本的原始的关系，才发现了一切资本主义社会形态的活动规律和发展规律，从而"证明了资本主义制度变为社会主义制度的必然性"③。这里需要说明的是，虽然历史规律决定着社会有机体的发展趋势和总体进程，但历史规律性并不排斥不同民族和国家在具体建设和发展中的特殊性，应根据具体的历史条件来推动一个民族和国家有机体的进步发展。因此，列宁非常注重从当时俄国社会发展自身条件的特殊性出发，反复强调民族国家建设社会主义要受到"地方差别、经济结构的特点、生活方式、居民的素质、实现这种或那种计划的尝试"④ 等因素的制约，因而要把社会有机体发展的一般规律与不同民族和国家的特点结合起来，"必须查明、弄清、找到、揣摩出和把握住民族的特点和特征"⑤。正是基于这一逻辑思维，列宁从理论上分析了

①　《列宁专题文集·论辩证唯物主义和历史唯物主义》，人民出版社，2009，第 161 页。
②　《马克思恩格斯文集》第 3 卷，人民出版社，2009，第 601 页。
③　《列宁专题文集·论辩证唯物主义和历史唯物主义》，人民出版社，2009，第 178 页。
④　《列宁全集》第 34 卷，人民出版社，2017，第 140 页。
⑤　《列宁选集》第 4 卷，人民出版社，2012，第 200 页。

帝国主义时代有关经济与政治的矛盾与本质，科学揭示了帝国主义形成、发展和灭亡的规律，深刻阐明了第一次世界大战的性质，为即将到来的无产阶级革命做了理论上的准备。

四 社会有机体是一个发展着的活的机体

马克思主义理论家在考察社会总体特征时，都强调社会是一个"活的有机体"。列宁从俄国革命和社会主义建设的实际出发，指出社会有机体的演进不是一成不变的，而是一个活的有机体整体。他说："马克思和恩格斯称之为辩证方法（它与形而上学方法相反）的，不是别的，正是社会学中的科学方法，这个方法把社会看做处在不断发展中的活的机体"①。列宁的这一论断，充分表明人类社会有机体的发展不是机械的单一线性向前发展的，它总是在复杂的多样性的社会历史实践中展开的，始终处于持续发展的不断革故鼎新的过程中，从一种生产方式过渡到另一种生产方式，从一种社会形态过渡到另一种社会形态，呈现出一个自然历史过程和特定时境中的跳跃性发展状态。这是历史辩证法的展现，是社会有机体发展过程中一般与个别、统一性与多样性的有机统一。从当时的社会环境来看，列宁认为，俄国不仅是一个介于西方文明国家和整个东方各国或欧洲以外各国之间的一个大国，而且是一个地道的亚洲国家，是一个最野蛮、最中世纪、最落后的亚洲国家，因而既有其自身历史发展所呈现出的不同于东西方两者之间的某些特殊性，又有其沿着人类社会有机体发展总趋势演进的整体特征。不理解或看不到这一点，就不是一个真正懂得历史辩证法的马克思主义者。

如前所述，社会有机体的运动发展虽然是一个客观的历史过程，但由于推进这一过程的主体是人，而人又是有思想、有激情、具有能动作用的现实的人，可以依据具体的历史环境、文化传统、时代条件能动地选择自身的社会发展道路，这就是人类社会有机体发展的一般与个别、统一性与多样性的特征。以此为逻辑起点，列宁根据帝国主义时代资本主义国家之间经济政治发展不平衡的新特点，创造性地提出像俄国这样经济发展落后

---

① 《列宁专题文集·论辩证唯物主义和历史唯物主义》，人民出版社，2009，第185页。

的东方大国可以不通过资本主义"卡夫丁峡谷"而进入社会主义，从而为俄国十月革命的胜利和进行社会主义建设奠定了理论基础。列宁认为，马克思的一个主要任务就是依据社会是一个活的有机体的辩证方法论来"研究资本主义的经济组织，因而严格科学地表述了对经济生活的任何精确的研究所应抱的目的。这种研究的科学意义，在于阐明调节这个社会机体的产生、生存、发展和死亡以及这一机体为另一更高的机体所代替的特殊规律（历史规律）"①。同时又指出："我们并不苛求马克思或马克思主义者知道走向社会主义的道路上的一切具体情况。这是痴想。我们只知道这条道路的方向，我们只知道引导走这条道路的是什么样的阶级力量；至于在实践中具体如何走，那只能在千百万人开始行动以后由千百万人的经验来表明。"② 因此，"在到达完全的共产主义以前，任何形式都不是最终的。"③

列宁立足19世纪下半叶以来世界历史发展的新变化，指出资本主义已从自由竞争阶段进入了垄断资本主义发展阶段，即已经到了帝国主义时代，经济垄断、金融寡头产生、资本输出、国际垄断同盟形成、列强完全瓜分世界已成为这个时代的最主要特征。④ 资本家为了获取高额垄断利润，在本国无产阶级无力购买商品而使消费无法持续增长的情况下，必然寻求开拓国外新的市场，并利用强大的军事、经济、文化手段来控制其他落后国家，并使其成为自己直接掌控的殖民地，进而剥削和压迫殖民地国家的人民，把这些殖民地变成自己商品倾销、廉价原材料和劳动力市场，以获得源源不断的财富。这一方面虽然一定程度上暂时减轻对本国无产阶级的剥削，缓和了国内阶级矛盾，但另一方面激起了世界殖民地国家人民的强烈反抗，进而形成一波波殖民地国家的民族独立和解放运动的浪潮。同时"世界经济内部的不平衡和矛盾"⑤ 必然导致帝国主义国家之间原先发展的不平衡和矛盾更加突出，并因掠夺和瓜分的不均而爆发战争。因此，帝国主义时代也就是无产阶级革命的时代。列宁正是运用资本主义社会有机体

---

① 《列宁专题文集·论辩证唯物主义和历史唯物主义》，人民出版社，2009，第187页。
② 《列宁全集》第32卷，人民出版社，2017，第111页。
③ 《列宁专题文集·论社会主义》，人民出版社，2009，第400页。
④ 参见《列宁专题文集·论资本主义》，人民出版社，2009，第294页。
⑤ 《列宁专题文集·论资本主义》，人民出版社，2009，第181页。

发展的不平衡性原理，深刻把握人类社会有机体发展的整体性与具体民族国家发展具有特殊性的辩证关系，从世界历史发展的新高度得出结论："社会主义可能首先在少数甚至在单独一个资本主义国家内获得胜利"。① 列宁强调："世界历史发展的一般规律，不仅丝毫不排斥个别发展阶段在发展的形式或顺序上表现出特殊性，反而是以此为前提的。"② 在列宁看来："既然建立社会主义需要有一定的文化水平（虽然谁也说不出这个一定的'文化水平'究竟是什么样的，因为这在各个西欧国家都是不同的），我们为什么不能首先用革命手段取得达到这个一定水平的前提，然后在工农政权和苏维埃制度的基础上赶上别国人民呢?"③ 所以，"具体的政治任务要在具体的环境中提出。一切都是相对的，一切都是流动的，一切都是变化的。"④ 在列宁的理论创新指引下，俄国取得了十月社会主义革命的胜利。

但由于苏维埃共和国有机体是建立在经济文化落后的国度基础上，并不具备马克思、恩格斯原先设想的社会主义必须建立在生产力高度发达的基础之上的条件。因此，从巩固苏维埃共和国有机体的目标出发，列宁在社会主义建设的实践中不断调整政策，把党和国家的工作重心逐步转移到国家经济建设上来。1921 年春天，随着国内战争的胜利结束，列宁毅然决然地改变"战时共产主义政策"，开始实施"新经济政策"，即采取迂回曲折的办法向社会主义过渡，并利用资本主义一切先进的文明成果来逐步恢复和发展国民经济，发展社会主义生产力。列宁指出："在一个小农生产者占人口大多数的国家里，实行社会主义革命必须通过一系列特殊的过渡办法"，⑤ 即"不是直接进行社会主义建设，而是要在许多经济领域退向国家资本主义；不是实行强攻，而是进行极其艰苦、困难和不愉快的长期围攻，伴以一连串的退却"⑥。在列宁看来，国家资本主义在共产主义制度下的领导下，通过限制、规范、引导可以为社会主义服务，这对当时的俄国而言是救星，一种历史的进步，也是过渡到社会主义的正确途径。所以，

---

① 《列宁专题文集·论社会主义》，人民出版社，2009，第 4 页。
② 《列宁专题文集·论社会主义》，人民出版社，2009，第 357～358 页。
③ 《列宁全集》第 43 卷，人民出版社，2017，第 375 页。
④ 《列宁专题文集·论辩证唯物主义和历史唯物主义》，人民出版社，2009，第 338 页。
⑤ 《列宁专题文集·论社会主义》，人民出版社，2009，第 201 页。
⑥ 《列宁专题文集·论社会主义》，人民出版社，2009，第 280～281 页。

列宁明确指出："任何一个没有丧失理智、没有被书本上的只言片语塞满头脑的人都一定会说，国家资本主义是我们的救星"；"国家资本主义在克伦斯基的民主制度下可以是走向社会主义的一个步骤，而在苏维埃政权下则会是 3/4 的社会主义"。① 从这个意义上说，列宁极力反对将资本主义和社会主义抽象地对立起来的思维方式，强调："同社会主义比较，资本主义是祸害。但同中世纪制度、同小生产、同小生产者涣散性引起的官僚主义比较，资本主义则是幸福。"② 社会主义不是凭空产生的，它必须利用资本主义的全部历史遗产，"只要我们苏维埃共和国还是紧挨着整个资本主义世界的一个孤立地区，那种认为我国经济完全可以独立和各种各样的危险已经消失的想法，就是十分可笑的幻想和空想。"③ 因此，要推进苏维埃共和国有机体的发展，就必须利用租让制等国家资本主义形式，充分学习、吸收和借鉴资本主义一切先进的文明成果和历史遗产，包括科学、技术、知识、艺术和管理经验为社会主义发展服务，以加速苏俄社会主义建设，赶上并超过西方资本主义发达国家。列宁这种实事求是的态度和方法突破了资本主义与社会主义两种意识形态的限制，在俄国十月革命胜利后面对苏维埃共和国生产力落后的实际状况而提出的有效的政策策略，这一战略思想和实践也深深影响了后来以毛泽东为代表的中国共产党人在从事新民主主义经济建设过程中所采取的允许私人资本主义在不操纵国计民生的范围内获得有益发展，进而有利于社会生产力发展的政策策略的制定。

上述列宁对社会有机体发展的认识和实践表明：社会是一个不断变化、不断变革的活的有机体，社会主义的任何具体形式都处在一个动态的历史进程中，都必须从本国的具体实际和已经日益成熟的社会历史条件出发，才能不断深化对社会主义有机体发展规律的认识。正如列宁自己所说："一切民族都将走向社会主义，这是不可避免的，但是一切民族的走法却不会完全一样……每个民族都会有自己的特点。"④

---

① 《列宁全集》第 34 卷，人民出版社，2017，第 236、237 页。
② 《列宁专题文集·论社会主义》，人民出版社，2009，第 225 页。
③ 《列宁选集》第 4 卷，人民出版社，2012，第 344 页。
④ 《列宁专题文集·论社会主义》，人民出版社，2009，第 398 页。

五 苏维埃共和国有机体的根本任务

列宁根据十月革命胜利后苏维埃共和国有机体面临的"极其苛刻和极不稳固的和平"国际环境，指出："我们必须竭尽全力利用客观条件的凑合给我们造成的喘息时机，医治战争带给俄国整个社会机体的极其严重的创伤，发展国家的经济。"[1] 在列宁看来，新生的社会主义要想最终战胜资本主义，必须竭尽全力发展国家经济，这是巩固政权、维护社会稳定、改善人民生活水平的需要，而发展国家经济的关键就是提高劳动生产率。因为"劳动生产率，归根到底是使新社会制度取得胜利的最重要最主要的东西。资本主义创造了在农奴制度下所没有过的劳动生产率。资本主义可以被最终战胜，因为社会主义能创造新的高得多的劳动生产率"[2]。在这里，列宁清醒地认识到当时苏维埃政权面临的政治局势和特点，要求苏维埃政权确定新的方针，以新的方式提出新的任务，这就是"在任何社会主义革命中，当无产阶级夺取政权的任务解决以后，随着剥夺剥夺者及镇压他们反抗的任务大体上和基本上解决，必然要把创造高于资本主义的社会结构的根本任务提到首要地位，这个根本任务就是：提高劳动生产率"[3]。这是发展社会生产和发展社会生产力最主要的手段。为此，苏维埃共和国有机体必须"用新的方式去建立千百万人生活的最深刻的经济的基础"，"造成使资产阶级既不能存在也不能再产生的条件"[4]。当然，这是社会主义革命最重要也是最困难的任务。为此，围绕要创造高于资本主义社会的劳动生产率这一目标，列宁采取了一系列的方针、政策和措施：一是从理念上使"人民的政治领导者即俄国共产党（布尔什维克）党员以及劳动群众中一切觉悟的分子，能够完全理解过去的历次资产阶级革命同现在的社会主义革命"主要任务的根本区别，现在无产阶级和它所领导的劳动群众的主要任务就是"进行积极的或者说创造性的工作，就是要把对千百万人生存所必需的产品进行有计划的生产和分配这一极其复杂和精密的新的组织系统

---

① 《列宁专题文集·论社会主义》，人民出版社，2009，第80页。
② 《列宁专题文集·论社会主义》，人民出版社，2009，第151页。
③ 《列宁专题文集·论社会主义》，人民出版社，2009，第96页。
④ 《列宁专题文集·论社会主义》，人民出版社，2009，第83、85页。

建立起来"①。二是要把苏维埃政权工作重心由过去的"直接剥夺剥夺者"转向对产品的生产和分配组织最严格的全民计算和监督，在全国范围内提高劳动生产率，使生产在事实上社会化。为此，必须组织对苏维埃共和国有机体富有成效地管理，并说服劳动群众认识到这一主要任务的迫切性。"只有解决（大体上和基本上解决）这项任务以后，才可以说，俄国不仅成了苏维埃共和国，而且成了社会主义共和国。"② 三是必须采取妥协的办法，使社会主义苏维埃共和国后退一步，用高薪聘用资产阶级知识界的"明星"，发挥资产阶级专家的作用，必须吸收资本主义在劳动组织方面的一切有价值的科学技术成果，并在这一过程中使我们的"工人农民通过利用资产阶级专家，自己愈快地学会最好的劳动纪律和高级劳动技术"③。列宁认为，"没有各种学术、技术和实际工作领域的专家的指导，向社会主义过渡是不可能的，因为社会主义要求广大群众自觉地在资本主义已经达到的基础上向高于资本主义的劳动生产率迈进。"④ 因此，"社会主义能否实现，就取决于我们把苏维埃政权和苏维埃管理组织同资本主义最新的进步的东西结合得好坏。"⑤ 在1922年1月俄共（布）中央审议通过的《关于工会在新经济政策条件下的作用和任务的提纲草案》中，列宁再次强调："我们一切领导机关，无论是共产党、苏维埃政权还是工会，如果不能做到像爱护眼珠那样爱护一切勤恳工作、精通和热爱本行业务的专家（尽管他们在思想上同共产主义完全格格不入），那么社会主义建设事业就不可能取得任何重大的成就。"所以，"我们应该使专家这个特殊的社会阶层在社会主义制度下比在资本主义制度下生活得更好，不仅在物质上和权利上如此，而且在同工农的同志合作方面以及在思想方面也如此"，"如果某个主管部门在保障专家的各种需要、鼓励优秀的专家、维护他们的利益等方面工作无计划，没有取得实际效果，那么，谁也不会承认这个部门办得还不坏。"⑥ 四是发展燃料、铁、机器制造业、化学工业的生产，确保苏维埃社会主义大工业的物质基础；同时，提高人民群众的文化教育水平，

---

① 《列宁专题文集·论社会主义》，人民出版社，2009，第80、81页。
② 《列宁专题文集·论社会主义》，人民出版社，2009，第83页。
③ 《列宁专题文集·论社会主义》，人民出版社，2009，第91页。
④ 《列宁专题文集·论社会主义》，人民出版社，2009，第88页。
⑤ 《列宁专题文集·论社会主义》，人民出版社，2009，第98页。
⑥ 《列宁专题文集·论社会主义》，人民出版社，2009，第306页。

激发人民群众的求知热情和首创精神，提高劳动者的纪律、工作技能、效率、劳动强度，改善劳动组织，以提高劳动生产率。列宁从新生的苏维埃共和国有机体建设面临的现实困境出发，找到了巩固苏维埃政权、建成社会主义的"钥匙"，那就是要大力提高劳动生产率，发展国家经济。

六　苏维埃共和国有机体的健康发展

在阶级社会里阶级和阶级斗争是一个客观存在，是社会生活的基本事实。马克思、恩格斯曾经指出："人类的全部历史（从土地公有的原始氏族社会解体以来）都是阶级斗争的历史①。在阶级社会中，社会基本矛盾首先表现为代表先进生产力发展的阶级与代表旧的落后的生产关系、阻碍生产力发展的阶级之间的斗争。此时，革命的阶级必须先夺取思想和政治上层建筑的支配权，因为革命的根本问题是夺取国家政权，只有这样，才能为新的生产关系的发展开辟道路，从而解放生产力，推动社会有机体由低级向高级发展。列宁继承和发展了马克思的阶级和阶级斗争理论，认为马克思主义"提供了一条指导性的线索，使我们能在这种看来扑朔迷离、一团混乱的状态中发现规律性。这条线索就是阶级斗争的理论"②。那么，在无产阶级对资产阶级斗争取得胜利、建立了无产阶级专政的苏维埃政权情况下，是否还存在着阶级斗争呢？列宁认为，无产阶级专政不是阶级斗争的结束，而是阶级斗争在新形式中的继续。因此，在从资本主义向社会主义过渡的时期，必须要实行无产阶级专政：一是"不无情地镇压剥削者的反抗，便不能战胜和铲除资本主义，这些剥削者的财富，他们在组织能力上和知识上的优势是不可能一下子被剥夺掉的，所以在一个相当长的期间，他们必然试图推翻他们所仇视的贫民政权"③。二是任何政治革命和社会革命，都会使社会内部的经济遭到很大破坏，甚至在国内战争中会发生千百万次动摇和倒戈事件，会造成极不明确、极不稳定、极为混乱的状态，并且旧社会数量庞大的一切有害分子不甘心失败，他们会通过种种不法活动，使社会上的犯罪行为、流氓行为、收买、投机活动及各种坏事不

---

①　《马克思恩格斯选集》第1卷，人民出版社，2012，第385页。
②　《列宁专题文集·论马克思主义》，人民出版社，2009，第15页。
③　《列宁专题文集·论社会主义》，人民出版社，2009，第103页。

断增多。要消除这种现象，就需要时间，需要铁的手腕，需要阶级斗争和无产阶级专政。列宁还分析了以前历次革命的不幸，"就在于使革命保持紧张状态并使它有力量去无情镇压有害分子的那种群众革命热忱，未能长久保持下去。群众革命热忱未能持久的社会原因即阶级原因，就是无产阶级还不强大，而唯有它才能（如果它有足够的数量、觉悟和纪律）把大多数被剥削劳动者（如果简单通俗些说，就是大多数贫民）吸引过来，并且长期掌握政权来彻底镇压一切剥削者和一切有害分子"①。列宁认为，这就是马克思总结历次革命而得出的历史经验——无产阶级专政。② 正因为十月革命后苏维埃共和国有机体还面临着资产阶级和小资产阶级来自内外两个方面的夹击和进攻，所以解决这些问题仅仅依靠宣传教育还不够，进行这些斗争还必须依靠强制，依靠阶级斗争，依靠无产阶级专政。"我们在俄国（推翻资产阶级后的第三年）还刚处在从资本主义向社会主义即向共产主义低级阶段过渡的最初阶段。阶级还存在，而且在任何地方，在无产阶级夺取政权之后都还要存在好多年。"③ 列宁还指出："无产阶级和贫苦农民把国家政权掌握在自己手中，十分自由地按公社体制组织起来，把所有公社的行动统一起来去打击资本，粉碎资本家的反抗，把铁路、工厂、土地以及其他私有财产交给整个民族、整个社会"④。这里，列宁鲜明地旗帜地指出了无产阶级专政就是无产阶级不与任何人分掌而直接依靠群众力量掌握国家政权。

列宁还通过对苏维埃共和国有机体过渡时期社会经济结构和阶级结构的分析，阐述了无产阶级专政的必然性。列宁认为，过渡时期的经济结构是生产资料公有制和生产资料私有制同时并存，前者尚未完全占据绝对优势，因此，"这个过渡时期不能不兼有这两种社会经济结构的特点或特性。这个过渡时期不能不是衰亡着的资本主义与生长着的共产主义彼此斗争的

① 《列宁专题文集·论社会主义》，人民出版社，2009，第103页。
② 1875年马克思在《哥达纲领批判》中指出："在资本主义社会和共产主义社会之间，有一个从前者变为后者的革命转变时期。同这个时期相适应的也有一个政治上的过渡时期，这个时期的国家只能是无产阶级的革命专政。"（参见《马克思恩格斯文集》第3卷，人民出版社，2009，第445页）这里的"共产主义社会"是指共产主义社会的第一阶段，即社会主义社会。
③ 《列宁专题文集·论无产阶级政党》，人民出版社，2009，第252页。
④ 《列宁专题文集·论马克思主义》，人民出版社，2009，第225页。

时期"①。与这一过渡时期资本主义、小商品经济和共产主义多种经济成分相适应，其政治上的社会基本力量就是资产阶级、小资产阶级（特别是农民）和无产阶级。其中，无产阶级作为统治阶级，掌握着国家政权，支配着已经公有化了的生产资料，镇压着剥削者的日益强烈的反抗；此时，剥削者已被击溃，但还不可能一下子消失，他们在遭到失败后反抗的劲头会更加增长，反对无产阶级的斗争会更加残酷；而农民也和任何小资产阶级一样，处于中间地位，摇摆不定、反复无常、犹疑不决。"这些都是阶级斗争的特殊任务，是无产阶级以前不曾提出也不可能提出的任务。"② 所以，在这个过渡时期阶级斗争是客观存在的，无产阶级专政是必然的。"在无产阶级专政时代，阶级始终是存在的。阶级一消失，专政也就不需要了。没有无产阶级专政，阶级是不会消失的。"③ 对此，列宁曾称赞马克思恩格斯的阶级斗争和无产阶级专政理论，指出："一个阶级的专政不仅对一般阶级社会是必要的，不仅对推翻了资产阶级的无产阶级是必要的，而且对介于资本主义和'无阶级社会'即共产主义之间的整整一个历史时期都是必要的，——只有懂得这一点的人，才算掌握了马克思国家学说的实质。"④又说："谁要是仅仅承认阶级斗争，那他还不是马克思主义者，他还可以不超出资产阶级思想和资产阶级政治的范围……只有承认阶级斗争、同时也承认无产阶级专政的人，才是马克思主义者。"⑤

列宁是一位坚定的马克思主义者和伟大的无产阶级革命导师，他因时而进地领导了俄国十月革命并取得了最终胜利。但十月革命后新生的苏维埃共和国有机体面临着国内外敌人的进攻，而国内严峻的经济斗争形势更使列宁认识到了无产阶级夺取政权后阶级斗争的重要性，他依据马克思的阶级斗争理论，结合当时俄国的实际情况，强调无产阶级专政条件下的阶级斗争是一种特殊形式的阶级斗争。因为剥削阶级作为一个整体已经不存在了，这时的阶级斗争只是国家政权对少数不法分子之间的斗争，而采取的形式更多的是维护社会主义法制，阶级斗争只是偶然产生而不是连续

① 《列宁选集》第 4 卷，人民出版社，2012，第 59 页。
② 《列宁选集》第 4 卷，人民出版社，2012，第 67 页。
③ 《列宁选集》第 4 卷，人民出版社，2012，第 66 页。
④ 《列宁专题文集·论马克思主义》，人民出版社，2009，第 207 页。
⑤ 《列宁专题文集·论马克思主义》，人民出版社，2009，第 206 页。

的、疾风暴雨式的运动。无产阶级专政条件下阶级斗争的目的是在现实的复杂的国际国内环境下维护苏维埃共和国有机体健康发展，从而在稳定的社会秩序中进行社会主义建设。正如邓小平所说："事实上，没有无产阶级专政，我们就不可能保卫从而也不可能建设社会主义。"① 但阶级终究是要消亡的，无产阶级的历史使命就是消灭阶级和阶级对抗。为了完成无产阶级这一历史使命，列宁指出，苏维埃共和国有机体"必须大大发展生产力，必须克服无数小生产残余的反抗（往往是特别顽强特别难于克服的消极反抗），必须克服与这些残余相联系的巨大的习惯势力和保守势力"②，以尽可能快地增加社会生产力的总量，创造强大的社会主义物质基础，为完全消灭阶级、向无阶级的共产主义社会过渡创造条件。

七 无产阶级政党有机体的灵魂和旗帜

恩格斯曾指出："一个新的党必须有一个明确的积极的纲领，这个纲领在细节上可以因环境的改变和党本身的发展而改动，但是在每一个时期都必须为全党所赞同。只要这种纲领还没有制定出来或者还处于萌芽状态，新的党也将处于萌芽状态；它可以作为地方性的党存在，但还不能作为全国性的党存在；它将是一个潜在的党，而不是一个实在的党。"③ 因为，一个政党的纲领"毕竟总是一面公开树立起来的旗帜，而外界就根据它来判断这个党"④。列宁坚持从俄国实际出发，强调新型无产阶级政党是一个建立在先进科学理论基础上，拥有自己明确奋斗纲领的具有严密组织纪律的有机整体。他说："一个政党如果没有纲领，就不可能成为政治上比较完整的、能够在事态发生任何转折时始终坚持自己路线的有机体。"⑤ 正是基于这一思想进路，列宁始终坚持把新型无产阶级政党看作是一个团结统一的有机体，而党的纲领就是这个有机体的灵魂和旗帜。

---

① 《邓小平文选》第 2 卷，人民出版社，1994，第 169 页。
② 《列宁专题文集·论社会主义》，人民出版社，2009，第 146 页。
③ 《马克思恩格斯文集》第 4 卷，人民出版社，2009，第 318 页。
④ 《马克思恩格斯文集》第 3 卷，人民出版社，2009，第 415 页。
⑤ 《列宁全集》第 20 卷，人民出版社，2017，第 357 页。

1. 无产阶级政党必须要确立自己的奋斗纲领，这是党的机体团结如
一、奋勇前行的基础和旗帜

列宁非常重视无产阶级政党的纲领制定，指出无产阶级政党要制定一部自己的正确纲领。这是因为党的纲领是维护党的机体团结统一，实现行动步调一致进行斗争的旗帜，是制定党的正确的思想路线和政治路线的基础。列宁指出："马克思也好，社会民主党的任何其他理论家或实际活动家也好，都不否认纲领对于政党的团结一致、始终一贯的活动有重大意义。"[①] 面对19世纪末俄国工人运动的蓬勃发展，列宁认为，必须通过制定正确的党纲来把具有分散性和自发性的工人运动组织起来、团结起来，为争取自身解放而斗争。同时，由于"社会民主党的活动已经带动了相当多的知识分子社会党人和觉悟工人，因此迫切需要用纲领来巩固他们之间的联系，从而为他们今后更广泛的活动打下牢固的基础"[②]。再者，为了统一党内思想认识，消除当时俄国舆论对俄国社会民主党人的真正任务和活动方式所产生的严重误解，以及因这些误解而产生的社会民主党人内部分歧与争论，列宁也认为必须制定党的共同纲领，以清楚地阐明俄国社会民主党有关运动的目的、运动的当前任务及其策略等问题。1900年8月，列宁针对俄国社会革命运动中存在的无政府状态、思想动摇和非马克思主义观点，他在撰写的《〈火星报〉编辑部声明》中强调，必须在马克思主义的统一旗帜下团结起来，"全力以赴地建立一个巩固的党"；必须坚决反对各种非马克思主义观点，"用党的纲领来巩固思想一致"，"排除意见分歧和思想混乱"；必须建立一个组织，专门负责各地区"运动中心的联络工作，完整地和及时地传递有关运动的消息"，只有建立起这样的组织，"党才能稳固地存在，党才能成为真正的事实，从而成为强大的政治力量，""把全国一切民主分子团结在自己的旗帜下，进行顽强的斗争，彻底战胜万恶的制度，完成历代先人的未竟之业。"[③]

2. 党的纲领必须把实现最终奋斗目标同完成现阶段任务统一起来，在实践中同偏离正确路线的错误倾向做斗争

针对俄国革命不同历史阶段的无产阶级运动的实际情况，列宁认为，

① 《列宁全集》第4卷，人民出版社，2013，第186页。
② 《列宁全集》第4卷，人民出版社，2013，第187页。
③ 《列宁专题文集·论无产阶级政党》，人民出版社，2009，第48、49、51页。

党的纲领还必须确定不同历史时期无产阶级从事民主主义和社会主义斗争的具体任务和策略，也是就说，要把党的最高纲领与最低纲领有机结合起来，从"绝对不可反驳的和确凿无疑"① 的事实出发，科学地判断时代特征，准确地把握党所处的历史环境，依据实际情况来制定党的各项政策和确定党的各项任务，"只有这样的党纲才是马克思主义的党纲"，"只有这样，我们的党纲才是无可争辩的党纲"。② 1897 年底列宁在西伯利亚流放地写下了《俄国社会民主党人的任务》一文，专门阐述了俄国社会民主党人的政治纲领和策略，强调无产阶级阶级斗争的两种表现与内容，"一种是社会主义的表现（反对资本家阶级，目标是破坏阶级制度，组织社会主义社会）；另一种是民主主义的表现（反对专制制度，目标是在俄国争得政治自由，并使俄国政治制度和社会制度民主化）"。③ 而社会主义任务与民主主义任务既有本质的区别，又有不可分割的联系，只有把两者有机结合起来，俄国社会民主党才能完成自己的历史使命。这表明列宁此时已认识到，俄国社会民主党在领导无产阶级革命运动时，除了在自己的纲领中旗帜鲜明地阐明这一革命运动所要实现的最终奋斗目标，更要依据俄国当时的社会历史条件和无产阶级革命运动的实际情况来制定当前阶段的斗争目标和具体政策策略。1899 年列宁在《我们党的纲领草案》起草中，在谈到无产阶级进行阶级斗争问题时又强调，俄国社会民主党目前的主要任务是组织无产阶级的阶级斗争，因此，在党纲中必须把无产阶级的阶级斗争提到首要位置，明确无产阶级进行阶级斗争的目的、任务、性质等。列宁认为，无产阶级的阶级斗争目的就是要"把一切生产资料变为公有财产，用社会主义生产代替资本主义生产"④，俄国社会民主党当前的首要政治任务是"争取政治自由的斗争"⑤，这是非常必要的，因为目前俄国的专制制度已阻碍了社会生产力的进步与发展，推翻这个专制制度，"不仅是为了工人阶级的利益，也是为了整个社会发展的利益"。⑥ 当然，作为无产阶级政党纲领，还应该明确阐明俄国社会民主党对待俄国其他政治派别的态

① 《列宁选集》第 3 卷，人民出版社，2012，第 756 页。
② 《列宁专题文集·论无产阶级政党》，人民出版社，2009，第 205、209 页。
③ 《列宁全集》第 2 卷，人民出版社，2013，第 431 页。
④ 《列宁全集》第 4 卷，人民出版社，2013，第 192 页。
⑤ 《列宁全集》第 13 卷，人民出版社，2017，第 223 页。
⑥ 《列宁全集》第 2 卷，人民出版社，2013，第 431 页。

度，表明支持一切反对专制制度的革命运动和一切反对专制制度的社会力量的立场，"举起一般民主主义的旗帜，以便把一切能够为争取政治自由而斗争的或者只能给以某种支持的阶层和个人，团结在自己的周围"，① 争取更多的革命同盟者，特别是农民阶级。1920 年 11 月 3 日，列宁在关于加强政治教育的讲话中，还特别指出："什么是共产主义？整个共产主义宣传归根到底要落实到实际指导国家建设"，"共产主义现在已经不再只是我们的纲领、理论和课题了，它已经是我们今天的实际建设事业了。"②

3. 无产阶级政党作为一个有机体，在制定纲领时必须把政治斗争和经济斗争有机结合起来，始终保持自己的独立性，反对任何派别活动

1898 年俄国社会民主工党宣告成立，但没有制定出党纲和党章，而此时列宁和其他许多马克思主义革命家正遭流放，党缺乏一个坚强的领导核心，加上沙皇政府的镇压使党的组织遭受严重打击，地方党组织中小组习气浓厚，严重涣散。这表明，俄国集中统一的无产阶级政党实际上并没有建立起来。正是在这样的历史背景下，19 世纪 90 年代中期出现的俄国经济派在党内一时占了优势，他们迷恋工人运动的自发性，满足于分散状态，醉心于经济斗争，忽视工人运动的政治任务，否认党的领导作用，这使党进入一个混乱、瓦解、动摇的危机时期。针对俄国社会民主工党的这一现实状况，列宁奋力撰写了《俄国社会民主党人的抗议书》，深刻批驳经济派对西欧和俄国工人运动的错误分析以及由此提出的经济主义纲领，号召俄国社会民主党人同经济派《信条》③ 中的所谓新观点进行无情的斗争，强调无产阶级政党在进行阶级斗争时必须把政治斗争和经济斗争结合起来，并且"当无产阶级没有政治自由或者政治权利受到限制的时候，始终必须把政治斗争提到首位"④。列宁指出，经济派把工人阶级的经济斗争

① 《列宁全集》第 4 卷，人民出版社，2017，第 192～193 页。
② 《列宁专题文集·论社会主义》，人民出版社，2009，第 177 页。
③ 经济派是 19 世纪末 20 世纪初俄国社会民主党内的机会主义派别，是国际机会主义的俄国变种。主张工人阶级只进行争取提高工资、改善劳动条件等等的经济斗争，认为政治斗争是自由派资产阶级的事情。他们否认工人阶级政党的领导作用，崇拜工人运动的自发性，否认向工人运动灌输社会主义意识的必要性，维护分散的和手工业的小组活动方式，反对建立集中的工人阶级政党。而《信条》是经济派于 1899 年写的一个文件，集中反映了经济派的机会主义观点。参见《列宁专题文集·论无产阶级政党》，人民出版社，2009，第 364、365 页。
④ 《列宁全集》第 4 卷，人民出版社，2013，第 152 页。

同政治斗争割裂开来，企图使俄国工人阶级"'沿着阻力最小的路线'前进，局限于经济斗争，而让'自由主义反对派'在马克思主义者的'参加'下去争取'法的形式'"，即去进行政治斗争，这就完全背弃了马克思主义，"俄国社会民主党实行这样的纲领，就等于政治上自杀，就等于大大阻碍并降低俄国工人运动和俄国革命运动。"① 他谆谆"告诫全体同志务必防止俄国社会民主党脱离既定路线，这条路线就是组织一个同无产阶级阶级斗争密切联系的、以争取政治自由为当前任务的独立的工人政党"②。为此，列宁要求一切俄国社会民主党人的团体和一切工人小组都来讨论经济派的新观点，并且"明确表示自己对这个问题的态度，以便消除各种意见分歧，促进组织和巩固俄国社会民主工党的事业"③。同时，列宁强调，党内决不容许任何派别活动，对于各种错误的主张和破坏党的统一的活动，必须坚决进行斗争，以维护党的坚强团结。他说，在俄共取得政权的条件下，"特别需要保持党的队伍的统一和团结"④，"我们不仅要在形式上比过去团结一致，而且再也不能有一点派别活动了，不管过去派别活动表现在哪里，表现得怎么样，也要使派别活动完全绝迹。只有这样，我们才能完成我们所面临的巨大任务。"⑤ 在1921年3月为俄共（布）第十次代表大会起草的《关于党的统一的决议草案初稿》中，列宁明确指出："任何派别活动都是有害的，都是不能容许的"，"派别活动事实上也必然会削弱齐心协力的工作，使混进执政党内来的敌人不断加紧活动来加深党的分裂，并利用这种分裂来达到反革命的目的。"⑥ 为此，一方面应当"从保持党的统一和实现无产阶级先锋队的意志的统一是保证无产阶级专政胜利的基本条件这一观点出发，详细说明派别活动的害处和危险性"，另一方面应当揭露"无产阶级的敌人极力利用一切背离共产主义的坚定路线的倾向"所采用的善于伪装和标榜的"新的策略手法的特点"⑦，进而防止其利用俄共内部的意见分歧来推进反革命。列宁要求代表大会责成中央委员会

① 《列宁全集》第4卷，人民出版社，2013，第153页。
② 《列宁全集》第4卷，人民出版社，2013，第149页。
③ 《列宁全集》第4卷，人民出版社，2013，第156页。
④ 《列宁专题文集·论无产阶级政党》，人民出版社，2009，第294页。
⑤ 《列宁全集》第41卷，人民出版社，2017，第13页。
⑥ 《列宁专题文集·论无产阶级政党》，人民出版社，2009，第295页。
⑦ 《列宁专题文集·论无产阶级政党》，人民出版社，2009，第295页。

彻底消灭一切派别活动，同时采取一切手段并试验各种新的办法来反对官僚主义，扩大民主，发扬自主精神，检举、揭发和驱逐混进党内来的分子。

4. 无产阶级政党必须在党的纲领指引下从严治党，始终保持党的有机整体的先进性和纯洁性，真正发挥先锋队的作用

列宁认为，无产阶级政党是在党的纲领指引下的一个有机整体，它的先进性和纯洁性取决于作为机体细胞的党员的政治素质和健康发展，因此，必须严格要求党员的一切行为，从严治党。同时，鉴于十月革命后俄共在全国政治地位的转变和提升，以及所面临的历史任务的变化，列宁十分强调要始终保持无产阶级政党纲领的灵魂和旗帜作用，严防那些善于见风使舵和投机钻营的异己分子与旧党派成员乘机混入党内，从而造成党的蜕变和党员干部的腐败，严重危害党的机体的纯洁性。为此，列宁采取了一系列果断有效的措施，以遏制这一现象的滋长。一是严格掌握入党条件，适当延长新党员的预备期。早在 1921 年 12 月，列宁研究起草清党的初步总结时，就致信俄共（布）中央政治局全体委员，建议在即将召开的党的第十一次代表会议的决议中规定更严格的入党条件，"工人（以前在大工厂里至少当过十年普通雇佣工人，现在又至少工作了两三年的人，才能算做工人）的预备期为一年半，其余的人为三年。"① 同时，针对有人认为对于真正的工人一年半的预备期太长的意见，列宁强调："我丝毫不反对让真正的工人能更容易入党，但是，如果不提出非常严格的条件来确定什么人能算是大工业的工人，那么，马上又会有一大批乌七八糟的人来钻这个空子。至于红军战士，我认为必须规定更严格的条件，因为第一，他们大多不是工人，而是农民；第二，这些人太年轻，还需要在实践中加以考察。"② 其实，在 1919 年俄共（布）八大以前，新党员是没有预备期的，从八大开始才规定新党员必须有预备期，并且预备期较短，工农出身的党员至少两个月，其他出身的党员至少六个月。从 1921 年的俄共（布）十大开始，新党员普遍延长了预备期。列宁认为，延长新党员的预备期是极端重要的，"只有在大工业企业实际做工不下十年的工人，预备期方得为

① 《列宁全集》第 42 卷，人民出版社，2017，第 325 页。
② 《列宁全集》第 42 卷，人民出版社，2017，第 327 页。

半年。其他工人规定为一年半，农民和红军士兵规定为两年，其他各种人为三年。特殊的例外，须经中央委员会和中央监察委员会共同批准。"同时"责成组织局拟定一些条例并严格执行，这些条例应能真正使预备期成为极其严肃认真的考验，而不致流于形式"①。二是严格入党介绍人所应具备的条件和承担的责任。列宁不但严格入党条件，而且对入党介绍人也提出了具体条件："介绍工人入党的要有三年党龄，介绍农民和红军战士的要有四年，介绍其他人的是五年。"② 在列宁的主持下，俄共（布）第十次代表大会通过了《关于党的建设的决议》，强调"如果新党员有违反党纪等等的情况，介绍人应受纪律处分，如果他们在介绍新党员时一再采取不谨慎的和轻率的态度，就要受开除党籍的处分"③。三是严格考验新党员和进行党员重新登记。一方面，列宁根据当时苏俄国内战争最危险的境况，在全国征收新党员，要求所有新党员都要上前线作战，以随时有牺牲的危险来考验新党员。列宁认为，此刻大批接收新党员，不致对那些想混进党里来的人有什么诱惑力，因为这时"入党的将都是一些真心拥护共产主义的人，真正忠于工人国家的人，正直的劳动者，在资本主义下受过压迫的群众的真正代表。只有这样的党员才是我们需要的"④。同时，对不上前线的党员在后方要参加星期六义务劳动锻炼，如果能参加星期六义务劳动而不参加，就要给予党纪处分，直至开除党籍。另一方面，进行党员重新登记。1919 年 5～9 月，俄共（布）根据八大关于组织问题的决议开始在全国进行党员重新登记，凡被揭发有酗酒、腐化、以权谋私等不配党员称号者、临阵脱逃者、违反党的决议者、无正当理由不参加党的会议者以及不交纳党费者，均不予登记，开除出党。经过党员重新登记，党员人数减少了一半，从而大大提高了党员的质量，清洗了那些想混进党里来的人，让有觉悟的、真正地忠诚于共产主义的人留在党内。四是实施清党运动。依据俄共（布）第十次代表大会《关于党的建设的决议》，从 1921 年 8 月开始，俄共进行了第一次较大规模的清党整顿，目的是从党内清除那些"欺

---

① 《列宁专题文集·论无产阶级政党》，人民出版社，2009，第 328 页。
② 《列宁专题文集·论无产阶级政党》，人民出版社，2009，第 327 页。
③ 《苏联共产党代表大会、代表会议和中央全会决议汇编》第 2 分册，人民出版社，1964，第 55 页。
④ 《列宁专题文集·论无产阶级政党》，人民出版社，2009，第 223 页。

骗分子、官僚化分子、不忠诚分子和不坚定的共产党员以及虽然'改头换面'但内心里依然如故我的孟什维克"① 等非共产主义分子,纯洁党的队伍,使党成为更加坚强的工人阶级先锋队,成为密切联系群众并带领群众走向胜利的先锋队。为了保证清党任务的有序展开和真正达到预期的效果,俄共(布)中央委员会还规定了清党的具体方针:"对于工人,在呈交证件、鉴定方面应放宽;对于农民,应严格区分富农和诚实的劳动农民;对于'摆委员架子的'和担任享有某种特权的职务的人应从严;对于旧官吏、资产阶级知识分子出身的人,应特别注意审查;对原属其他政党尤其是孟什维克和社会革命党人的人,应进行最细致的审查和清洗。"② 当然,列宁还强调在清党中要坚决防止有人趁机打击报复和诬陷清正廉洁之人,广泛听取非党群众意见和对党员的评价。这次清党整顿到1922年3月俄共(布)第十一次代表大会召开前夕结束,历时7个月,共有159355名党员被清除,占当时党员总数的24.1%。③ 这就大大净化了党的队伍,进一步提高了党员质量和党的威望。五是从严惩治党员干部腐败和特权行为。十月革命胜利后,俄共成为执政党,由于执政地位和权力的变化,俄共内部和苏维埃政府中腐败和特权现象开始滋长,一些党员领导干部严重背离了党的宗旨,疏远了与人民群众的密切联系,在人民群众中造成了恶劣的影响。对此,列宁深恶痛绝,坚决主张对违纪和贪腐的党员要实施最严厉的惩治,反对党员特别是党员领导干部重罪轻判、袒护包庇行为的发生。1918年5月2日,莫斯科革命法庭审理了莫斯科侦查委员会4名工作人员被控受贿和敲诈勒索一案后,判轻了这些人。列宁得知后非常愤怒,5月4日他致信俄共中央,请求"把审判贪污案件(1918年5月2日)的党员法官开除出党的问题列入议程,因为他们对案情属实、本人供认不讳的受贿者只判了半年监禁",并强调"不枪毙这样的受贿者,而判以轻得令人发笑的刑罚,这对共产党员和革命者来说是可耻的行为。这样的同志应该受到舆论的谴责,并且应该开除出党"④。在列宁的坚持下,全俄中央执行委员会重新审理了这个案件,其中3名被告各被判处10年徒刑。在致

① 《列宁专题文集·论无产阶级政党》,人民出版社,2009,第322页。
② 《列宁专题文集·论无产阶级政党》,人民出版社,2009,第426页。
③ 《列宁专题文集·论无产阶级政党》,人民出版社,2009,第426页。
④ 《列宁全集》第34卷,人民出版社,2017,第263页。

信俄共中央的同时，列宁又致信司法人民委员部部务委员德·伊·库尔斯基，要求必须雷厉风行地立即提出一项严惩贪污受贿分子的法令草案，"规定对行贿受贿者（受贿、行贿、为行贿受贿拉线搭桥或有诸如此类行为者）应判处不少于 10 年的徒刑，外加强迫劳动 10 年。"① 根据列宁的建议，5 月 8 日苏维埃共和国人民委员会审议批准了《关于惩治受贿的法令》，明确规定：在苏维埃政府中担任职务的工作人员"利用进行其职权范围内的活动或协助进行其他部门公职人员职权内的活动而犯有受贿罪者，应判处不少于 5 年的徒刑，服刑期间强迫劳动［并没收其全部财产］"；而利用职员的特权、利用职员渎职、敲诈勒索者应从严惩处。② 1922 年 3 月 18 日，列宁还针对莫斯科市委包庇莫斯科苏维埃中央房产局营私舞弊的行为，写信给俄共（布）中央政治局，就惩处犯罪的共产党员问题严肃指出："宣布给包庇共产党员（包庇的方式是成立特别委员会）的莫斯科委员会以严重警告处分"，并"向各省委重申，凡试图对法庭'施加影响'以'减轻'共产党员罪责的人，中央都将把他们开除出党"，同时"通告司法人民委员部（抄送各省党委），法庭对共产党员的惩处必须严于非党员。凡不执行此项规定的人民审判员和司法人民委员部部务委员应予撤销职务"③。

八 列宁社会有机体思想的当代意义

列宁的社会有机体思想是马克思主义理论体系的重要组成部分，是列宁在探索俄国革命道路和经济文化落后的国家如何建设社会主义的历史实践中形成和发展起来的，是俄国无产阶级革命特定历史时代的产物，是马克思主义基本原理与俄国革命和社会主义建设的具体实践相结合的理论创新成果。这一理论创新成果系统阐述列宁关于社会有机体生存和发展的一般规律和特殊规律，特别是他对具体历史语境下走具有俄国民族特色的革命和社会主义建设的理论探索、实践创新和历史经验，以及蕴含在其中深刻的历史辩证法思想，都大大丰富和充实了马克思主义创始人关于社会有

① 《列宁全集》第48卷，人民出版社，2017，第126～127页。
② 《列宁全集》第60卷，人民出版社，2017，第227页。
③ 《列宁专题文集·论无产阶级政党》，人民出版社，2009，第332～333页。

机体理论的思想宝库，为我们在新的历史条件下坚持和发展中国特色社会主义提供了重要启示与方法论意义。

1. 必须从变化了的具体条件和实际出发，深化对人类社会有机体发展的一般规律与特殊规律的认识，不断发展 21 世纪马克思主义和当代中国马克思主义

列宁认为，社会有机体的运动发展既是一个具有一般规律的客观历史过程，又是依据具体历史环境和时代条件变化而不断发展着的活的机体，具有特殊性。这告诉我们，一方面要继续深化对人类社会有机体发展一般规律的研究，特别是对当代资本主义发展历史规律的研究，对事关人类命运有机共同体未来发展方向和前途问题给出具有说服力的当代中国马克思主义答案，从世界历史的视野开辟 21 世纪马克思主义发展的新境界。现在有人利用当代资本主义发展的新变化，利用马克思主义理论家在特定时代条件下得出的"个别结论"和"论断"不合适变化了的时代发展，轻易否定马克思主义，认为时代不同了，马克思主义已经"过时了"，进而反对马克思主义的指导地位。我们说，虽然马克思主义诞生于 19 世纪中叶，但它有一个很重要的特点，就是它不是关于哪一门具体科学的理论或专门知识，也不是给某些具体历史事件开出灵丹妙药的理论，而是一个在非常宏大的历史时空叙事上，关注着人类最终命运，推动着人类历史发展的科学理论，是关于资本主义必然灭亡和社会主义必然胜利的科学理论，是揭示人类社会有机体发展一般规律和未来社会发展方向的科学真理，它提供给我们的是世界观和方法论，是科学的行动指南。不能因为马克思主义理论家在具体历史条件和环境下得出的个别结论或论断不适合后来形势的发展而认为整个马克思主义就"过时了"，这就犯了把个别等同于一般、特殊等同于普遍的错误，将陷入教条主义的泥潭。的确，第二次世界大战以来，当代资本主义无论在生产资料所有制、劳资关系和分配关系、社会阶层和阶级结构、经济调节和经济危机形态，还是在政治制度、公民权利等方面都发生了深刻的变化。同时社会主义也从一国到多国，并出现了严重的曲折和经受着严峻的考验。但这并没有改变人类社会有机体发展的一般规律，没有改变当代资本主义社会的基本矛盾和本质，马克思、恩格斯、列宁所揭示的资本主义社会的各种矛盾和问题依旧存在。因此，面对这些新的复杂的情况，需要我们从世界历史发展的整体性来思考社会有机体发

展的一般规律与特殊规律，以列宁解剖俄国社会有机体所运用的历史辩证思维和方法为指导，对现实世界中客观存在的不同社会政治制度的社会有机体做系统全面深刻的研究，探索社会有机体及其构成要素——政治、经济、文化等在新的历史环境和条件下的特点以及运动变化的特殊规律。不仅要研究人类社会有机体演进的一般规律，而且还要研究资本主义社会有机体生成和发展的特殊规律，特别应像列宁那样研究具体民族国家历史条件下建设社会主义的特殊规律，不断探索具有民族特色和时代特色的社会主义发展道路，在实践创新中推动理论创新，这是坚持和发展21世纪马克思主义的必由之路，也是当代中国马克思主义发展的世界历史使命。

另一方面，要始终把中国特色社会主义看作是处在不断变化发展中的活的机体，继续深化对社会主义发展规律的研究，为人类对美好社会制度的追求提供"中国方案"、贡献"中国智慧"。列宁对社会主义社会有机体发展的动态认识过程，表明社会主义本身不是一成不变的，也没有一个完备的定义和定型的模式，人们只能在具体的历史实践中不断解放思想，丰富和完善对社会主义的认识。正如列宁自己所言："现在一切都在于实践，现在已经到了这样一个历史关头：理论在变为实践，理论由实践赋予活力，由实践来修正，由实践来检验"①。这表明，社会主义社会有机体生成和发展于具体的历史实践中，必将也随着具体的历史实践发展变化而发展变化。由于推动社会有机体发展的主体是人，而人又是有思想、有激情、具有能动作用的现实的人，可以依据一个民族国家具体变化了的历史环境和客观实际，选择符合适合本国国情的历史发展道路，从而使一个民族国家跨越某种社会形态向着更高级的社会形态迈进。正是从这个意义上说，社会有机体发展又是客观规律的决定性与人的活动的选择性的统一。20世纪的中国跨越资本主义"卡夫丁峡谷"，从新民主主义走上社会主义，既是历史的必然，又是中国人民的自觉选择，生动体现了一般与特殊、必然与选择的统一。同样，党的十一届三中全会以来，中国实行改革开放，走中国特色社会主义道路，也是中国人民的自觉选择，是一次合规律的科学选择，充分体现了社会有机体发展是合规律性与合目的性的统一。而改革开放40年来取得的巨大成就，足以证明走中国特色社会主义发展道路的正

---

① 《列宁全集》第33卷，人民出版社，2017，第212页。

确性。因此，坚持和发展中国特色社会主义道路必须从我国的具体国情出发，不拘泥于马克思主义理论家针对具体历史条件的个别结论和论断，只有这样，才能使我们对社会主义社会有机体的认识一次比一次深化，得出前人没有得出的判断和结论。因为，"在中国这样落后的东方大国中建设社会主义，是马克思主义发展史上的新课题。我们面对的情况，既不是马克思主义创始人设想的在资本主义高度发展的基础上建设社会主义，也不完全相同于其他社会主义国家。照搬书本不行，照搬外国也不行，必须从国情出发，把马克思主义基本原理同中国实际结合起来，在实践中开辟有中国特色的社会主义道路。"① 在这个问题上，我们要旗帜鲜明地反对两种错误倾向：一是借口中国特色社会主义有机体的特殊性，否定马克思主义基本原理，否定马克思主义的指导地位；二是借口批判反马克思主义思潮，不顾变化了的客观实际和具体国情，照搬照抄马克思、恩格斯、列宁有关个别问题的结论，用脱离了具体条件的抽象的社会主义概念来衡量现实的社会主义实践，以此代替对发展中的社会主义生动实践的具体分析，这就必然犯保守、凝固和僵化的错误，进而阻碍中国特色社会主义的伟大实践。

2. 必须正确认识和处理社会主义社会有机体的阶级斗争和无产阶级专政，打赢具有许多新的历史特点的伟大斗争

列宁从维护苏维埃共和国有机体健康发展的实际出发，反复强调社会主义制度的建立不是阶级斗争的结束，而是阶级斗争在新形式中的继续或遗留，这为我们从理论和实践上深刻认识社会主义社会有机体还长期存在着阶级、阶级斗争和无产阶级专政提供了重要的理论指导。当下有些人认为，既然我们强调依法治国，建设法治中国，就不需要再讲阶级、阶级斗争和无产阶级专政了。我们认为，这既是对依法治国的错误认识，也是对当前进行具有许多新的历史特点的伟大斗争缺乏清醒的政治意识。马克思主义指出，法的生成本身就是阶级斗争的产物，具有阶级性，不讲阶级和阶级斗争，就无法理解法的本质。而社会主义时期，阶级和阶级斗争的存在是一个客观的事实，阶级斗争在某种条件下还有可能激化。正如毛泽东所强调的：社会主义制度虽然已经确立，但"阶级斗争并没有结束。无产

---

① 《十三大以来重要文献选编》（上册），人民出版社，1991，第11页。

阶级和资产阶级之间的阶级斗争，各派政治力量之间的阶级斗争，无产阶级和资产阶级之间在意识形态方面的阶级斗争，还是长时期的，曲折的，有时甚至是很激烈的"，"社会主义和资本主义之间谁胜谁负的问题还没有真正解决"，① 社会主义社会仍然存在着资本主义复辟的危险。改革开放以来，我们党在不同历史阶段对阶级和阶级斗争问题始终保持清醒的认识，邓小平指出："社会主义社会中的阶级斗争是一个客观存在，不应该缩小，也不应该夸大。实践证明，无论缩小或者夸大，两者都要犯严重的错误。"② 事实上，马克思主义政治立场，首先是阶级立场，进行阶级分析。有人说这已经落后于时代了，这种观点是不对的。我们说阶级斗争已经不再是我国社会的主要矛盾，并不是说阶级斗争在一定范围内不存在了，在国际大范围中也不存在了。改革开放以来，我们党在这个问题上的认识一直是明确的。③ 正因为法的本质具有阶级性，所以讲阶级、阶级斗争与依法治国并不矛盾，两者是统一的。当前国际国内形势纷繁复杂，意识形态斗争愈演愈烈。国际上，我们面对敌对势力的分化西化战略和"颜色革命"的严峻形势，西方国家的民主输出和文化霸权深刻威胁着中国特色社会主义核心价值观的确立，他们利用其掌握的网络资源和技术优势，以"网络自由"为名，不断对我国进行意识形态渗透，妄图"唱衰"中国；国内，一些别有用心的人以"反思改革"为名，与境外敌对势力遥相呼应，竭力否定中国共产党领导的革命、建设和改革成就，诋毁攻击党的领导和社会主义制度，民族分裂势力、宗教极端势力、暴力恐怖势力的破坏活动加剧，"台独"分裂势力、"港独"分子挑衅不断。这实际上是新的历史条件下无产阶级与资产阶级的生死较量，是走社会主义道路还是走资本主义道路的现实斗争，是阶级斗争在一定范围内的一种具体表现形式。因此，我们必须运用马克思主义理论家的阶级斗争理论和分析方法正确认识和处理社会主义社会在一定范围内客观存在的阶级斗争问题，既要始终不渝地坚持以经济建设为中心，把发展作为治国理政的根本任务，不能自乱阵脚，对社会主义制度下一定范围内客观存在的阶级斗争进行实事求是的分析研究，用正确处理人民内部矛盾的方法处理当前我国社会内部还大量

---

① 《毛泽东文集》第 7 卷，人民出版社，1999，第 230 页。
② 《邓小平文选》第 2 卷，人民出版社，1994，第 182 页。
③ 参见周新城《阶级斗争理论与依法治国》，《世界社会主义研究动态》2015 年第 151 期。

存在的不属于阶级斗争范围的各种社会矛盾，反对阶级斗争扩大化；又要在实践中旗帜鲜明讲政治，坚定维护党的集中统一领导，对敌视社会主义分子在政治、经济、文化等各种领域，特别是在意识形态领域进行的各种破坏颠覆活动始终保持高度的警惕和进行有效的斗争，反对阶级斗争熄灭论的错误观点，坚决打赢这场具有许多新的历史特点的伟大斗争。

3. 必须在党的纲领指引下，高举中国特色社会主义旗帜，坚持社会主义改革方向，始终保持执政党有机整体的团结统一

中国共产党是按照马克思列宁主义建党原则组织起来的无产阶级新型政党，从一开始就制定了具有明确奋斗目标和政治主张的纲领，并依据党的纲领确立了自身奋斗的路线、方针和政策，从而保证了党的行动的步调一致和机体的坚强如一。列宁认为，党的纲领能否维护好、建设好，能否始终如一地贯彻执行，关系到党和国家的前途与命运。当前，国际国内形势错综复杂，总有别有用心的人希望中国共产党改换纲领和旗帜，达到"不战而胜"的目的。对此，中国共产党人必须保持高度的警惕和清醒认识。因为党的纲领关系到党举什么旗、走什么路、肩负怎样的历史使命、实现怎样的奋斗目标的问题，这些都是关系到党和国家民族命运发展的大问题。在这个大问题上，习近平反复强调，我们必须高举中国特色社会主义伟大旗帜，坚定不移地坚持和发展中国特色社会主义，他说："我们的改革开放是有方向、有立场、有原则的。我们当然要高举改革旗帜，但我们的改革是在中国特色社会主义道路上不断前进的改革，既不走封闭僵化的老路，也不走改旗易帜的邪路"；"改革开放是一场深刻革命，必须坚持正确方向，沿着正确道路推进。方向决定道路，道路决定命运。"[①] 这是当代中国共产党人对世界发出的庄严宣誓，也是在新的历史发展阶段对党的纲领和旗帜的坚守和承诺。另外，近年来社会上还有一些人经常对中国的改革指手画脚，说什么经济改革走在前面，民主政治改革落在后面，言含之意就是对中国特色社会主义制度不满。对此言论，习近平旗帜鲜明地指出："不能笼统地说中国改革在某个方面滞后。在某些方面、某个时期，快一点、慢一点是有的，但总体上不存在中国改革哪些方面改了，哪些方面没有改。问题的实质是改什么、不改什么，有些不能改的，再过多长时

间也是不改……世界在发展，社会在进步，不实行改革开放死路一条，搞否定社会主义方向的'改革开放'也是死路一条。在方向问题上，我们头脑必须十分清醒。我们的方向就是不断推动社会主义制度自我完善和发展，而不是对社会主义制度改弦易张。"① 这再次告诉我们，对执政的中国共产党而言，举什么旗、走什么路事关我们党和国家的未来，事关社会主义和共产主义崇高理想和远大目标的逐步实践的问题，充分展现了以习近平同志为核心的党中央坚持党的正确纲领、高举旗帜接续前进的坚强决心和信心。

还需要强调的是，党的纲领又是维护党的有机整体团结统一、实现行动一致进行斗争的旗帜。这就是说，要保持党的机体的团结统一，首先就要坚持党的纲领的旗帜指引，只有这样，才能号召亿万民众团结在党的周围，统一思想、凝聚人心、激励斗志，进而保证党在新的历史条件下进行伟大斗争时保持看齐意识，步调一致。如果动摇、丢掉或是抛弃了这面旗帜，党就会失去人民的支持、拥护和爱戴，党前进的依靠力量也将随之消失，党的前途和命运也就陷于危险的境地。苏联和东欧社会主义国家无产阶级执政党兴盛衰败的经验教训，充分证明了自动放弃党的纲领所带来的灾难性后果。其次要在党的纲领旗帜指引下，确保党的正确的路线、方针和政策的贯彻实施。党的纲领所规定的奋斗目标和政治主张要通过党的具体的路线、方针和政策，才能转化为现实的社会主义实践，如果没有这一中间转化环节，党的纲领就只能写在党的历史文献上，就不能发挥它的旗帜和灵魂作用，就不能指导中国特色社会主义伟大实践。因此，执政的中国共产党要完成自身所肩负的伟大历史使命，就必须始终以党的纲领为旗帜，使每个党员干部经常、主动地向党的理论、路线、方针和政策看齐，坚持中国特色社会主义"四个自信"，全面深化改革，用新的发展理念引领经济发展"新常态"，这是坚持和巩固党的领导地位和执政地位，使我们党永远立于不败之地的"人间正道"。最后要以党的纲领为标尺，全面从严治党，确保党的机体的先进性和纯洁性。坚持党的纲领是保持党的先进性和纯洁性的前提，因为党的纲领体现了党的发展水平，也反映了党的政治成熟度。当前，社会各种利益诱惑纷至沓来，各种复杂思想观念多元

---

① 《习近平关于全面深化改革论述摘编》，中央文献出版社，2014，第15页。

多变，个人主义、自由主义、享乐主义盛行蔓延，严重危害了党的机体的先进性、纯洁性。因此，为了维护执政的中国共产党有机整体的先进性和纯洁性，就必须以党的纲领为旗帜为标尺，坚定社会主义和共产主义理想信念，全面从严治党，直击积弊、扶正祛邪，反对任何派别活动和"独立王国"现象的出现，严格党内政治生活，始终保持"四个意识"，坚定维护以习近平同志为核心的党中央政治权威，为实现"两个一百年"民族复兴伟大中国梦的奋斗目标提供政治保证。

总之，列宁把无产阶级政党作为一个有机体来加强自身的建设，并以党的纲领为旗帜指引前进的方向，这一思想虽然是在俄国革命和社会主义建设的历史实践环境中逐渐形成的，体现了深刻的时代特征，但它作为列宁思想理论体系的重要组成部分，经过历史风雨的验证，至今仍闪耀着跨域时空的魅力，对我们今天坚定理想信念，始终保持党的有机整体的坚强统一，提升党的执政能力和执政水平具有重要意义。

第三章 普列汉诺夫的社会有机体思想

　　普列汉诺夫是全面系统地向俄国人民传播马克思主义的伟大先驱，是俄国杰出的马克思主义理论家。列宁曾称赞他的著作为俄国培养了整整一代马克思主义者。在普列汉诺夫的思想理论体系中，社会有机体思想是其重要的一个方面，他在坚持和继承马克思社会有机体理论的基础上，对社会有机体的内涵、构成、运行和发展向度等几个方面做出了新的阐释。在他看来，社会有机体范畴不仅囊括了人类社会生活诸要素及它们之间形成的各种社会关系，还包括地理环境和人自身。在社会有机体的结构方面，他创造性地提出了"五项因素公式"，即生产力、经济关系、政治关系、社会心理、思想关系。在社会有机体的运行方面，他指出社会有机体的五个因素之间存在"等级序列"和"因果关系"；社会意识自身有其变化发展的必然规律；社会有机体还具有"整体性"，许多"环节"共同作用推动社会有机体运行。在社会有机体的发展向度方面，他认为历史规律的决定性和人的主体选择性都起着作用。但由于理论脱离当时俄国实际，普列汉诺夫对于社会有机体演进过程的认识存有明显的缺陷，最终陷入了机会主义。

一　社会有机体的基本内涵

　　1847 年马克思在《哲学的贫困》中首次提出了社会有机体的概念。针对蒲鲁东把"社会经济的全部历史都写在哲学家的著作里"① 的片面观点，马克思指出："谁用政治经济学的范畴构筑某种意识形态体系的大厦，谁就是把社会体系的各个环节割裂开来，就是把社会的各个环节变成同等数量的依次出现的单个社会。其实，单凭运动、顺序和时间的唯一逻辑公式怎能向我们说明一切关系在其中同时存在而又互相依存的社会机体呢？"② 后来在1867年《资本论》第一版序言中，马克思更明确指出："现在的社会不是坚实的结晶体，而是一个能够变化并且经常处于变化过程中的有机体。"③ 可见，在马克思那里，社会有机体是一个反映人类社会生活诸要素之间的全面性联系与有机性互动的整体性范畴，是以人的社会关系的各个"要素、环节"为纽带构成并"同时存在而又互相依存"的不断发展的有机整体。正是对社会有机体范畴的深入研究，马克思解开了社会历史之谜，建立了新的社会发展理论。

普列汉诺夫继承了马克思的社会有机体学说，凸显了"有机体"的内涵，丰富了马克思的社会有机体理论。他多次把社会称为社会有机体，把对社会结构的分析比作为对"有机体"的剖析。针对有人把社会的构造仅仅看成"在于它的经济"的错误认识，普列汉诺夫指出：我们必须知道给予社会"这个有机体的一切生活机能以一个说明；我们必须了解它如何运动，如何养育自己，了解在它内部发生的感觉和概念，如何依靠社会构造的机构而变成了它们之为它们；了解这些感觉和概念如何随着那在这机构中发生的变化而变化，以及其他等等。"④ 对此，普列汉诺夫形象地把社会称之为是一个由多种因素构成的活生生的"有完全生命的有机体"⑤。它如同有生命的人一样，有自己的骨骼，有自己的血肉，是一个以"有完全生命"的血肉之躯展现在人们面前的有机体。对于什么是社会有机体的骨骼和血肉，他指出，社会的物质生活可以比作社会有机体的骨骼，社会的政治生活和精神生活可以比作它的血肉。他强调，研究骨骼和血肉都很重要，但研究者还必须进一步说明："经济的枯燥的骸骨"是"怎样为社会政治形态的

---

① 〔法〕蒲鲁东：《贫困的哲学》第1卷，徐公肃、任起莘译，商务印书馆，1961，第178页。
② 《马克思恩格斯文集》第1卷，人民出版社，2009，第603~604页。
③ 《马克思恩格斯文集》第5卷，人民出版社，2009，第10~11页。
④ 《普列汉诺夫哲学著作选集》第2卷，三联书店，1961，第205页。
⑤ 《普列汉诺夫哲学著作选集》第1卷，三联书店，1959，第754页。

生动的血肉包裹着"，又是"怎样为人类的观念、感觉、意图和理想的血肉包裹着的"，而这将是"最有趣和诱人的"。①

但是，普列汉诺夫并没有仅从社会"要素——系统"单一地去理解社会有机体，他进一步发挥了马克思的社会有机体思想，看到了地理环境对社会有机体的作用，看到了作为社会有机体主体力量的人在历史上的作用，提出了历史上的杰出人物能够改变历史进程的个别外貌或局部后果、不能决定社会有机体发展的总趋势的新思想。对此，他专门写作了《论个人在历史上的作用问题》一书，他在该书中提出，一般的、特殊的和个别的原因对社会有机体起着作用。他说："现在应该把生产力发展情形看作人类历史运动的终极和最一般的原因，人类社会关系方面的历次变迁是由这种生产力决定的。除这种一般原因外，发生作用的还有一些特殊原因，即某个民族生产力发展进程所处的历史环境"。也就是说，还有"个别原因的作用，即社会活动家个人特点及其他'偶然性'的作用，因为有这些个别原因的作用，于是事变就具有其个别的外貌"②。在普列汉诺夫看来，社会有机体范畴不仅囊括了人类社会生活诸要素以及它们之间形成的各种社会关系，还包括地理环境和人自身。"人是从周围的自然环境中取得材料，来制造用来与自然斗争的人工器官。周围自然环境的性质，决定着人的生产活动、生产资料的性质。"③而历史"是由社会人造成的，社会人是历史的唯一'因素'。社会人自己造成自己的关系，即社会的关系"④。

因而，普列汉诺夫的社会有机体理论作为关于社会中的一切关系同时存在又相互影响、相互作用的理论，是由社会中的多种因素或层次构成的活生生的"有完全生命的有机体"，揭示了地理环境、人和社会中的各个要素的关系、运动和发展向度。

二　社会有机体的结构要素

在社会有机体的结构方面，马克思提出了构成社会有机体基本要素或

---

① 《普列汉诺夫哲学著作选集》第 1 卷，三联书店，1959，第 754 页。
② 《普列汉诺夫哲学著作选集》第 2 卷，三联书店，1961，第 372 页。
③ 《普列汉诺夫哲学著作选集》第 2 卷，三联书店，1961，第 168 页。
④ 《普列汉诺夫哲学著作选集》第 2 卷，三联书店，1961，第 373 页。

层次的"经典公式",普列汉诺夫在此基础上,扩展了社会有机体的基本要素,创造性地提出了构成社会有机体的"五项因素公式"。这一公式的提出,深化了对社会有机体内在要素的认识。

马克思的"经典公式"是在《〈政治经济学批判〉序言》中提出的,他说:"人们在自己生活的社会生产中发生一定的、必然的、不以他们的意志为转移的关系,即同他们的物质生产力的一定发展阶段相适合的生产关系。这些生产关系的总和构成社会的经济结构,即有法律的和政治的上层建筑竖立其上并有一定的社会意识形式与之相适应的现实基础。"① 这就是说,作为有机整体的社会结构主要由生产力、生产关系(经济基础)和上层建筑三种因素或三个层次构成。这其中,上层建筑包含"法律的和政治的上层建筑"和"竖立其上"的观念的上层建筑,而观念的上层建筑则是指"那些法律的、政治的、宗教的、艺术的或哲学的,简言之,意识形态的形式"②。

普列汉诺夫则创造性地把这个结构具体化为五个因素或五个层次,即生产力、经济关系、政治制度、社会心理、思想关系。在他看来,古往今来的一切完整的社会有机体都是由这五个因素或五个层次构成的。他在《马克思主义的基本问题》中指出:"如果我们想简短地说明一下马克思和恩格斯对于现在很有名的'基础'对同样有名的'上层建筑'的关系的见解,那么我们就可以得到下面的一些东西:一是生产力的状况;二是被生产力所制约的经济关系;三是在一定的经济'基础'上生长起来的社会政治制度;四是一部分由经济直接决定的,一部分由生长在经济上的全部社会政治制度所决定的社会中的人的心理;五是反映这些心理特性的各种思想体系。"③

在上述的这"五项因素公式"中,普列汉诺夫最具开拓性的贡献是把观念的上层建筑分为社会心理和思想体系,并把社会心理和思想体系看成是社会意识的两个形式,这在马克思主义发展史上还是第一次。这其中,他对社会心理的研究成就尤为突出。他不仅把社会心理列为社会有机体的一个重要范畴,而且指出了社会心理在思想体系与政治制度、经济关系之

---

① 《马克思恩格斯文集》第 2 卷,人民出版社,2009,第 591 页。
② 《马克思恩格斯文集》第 2 卷,人民出版社,2009,第 592 页。
③ 《普列汉诺夫哲学著作选集》第 3 卷,三联书店,1962,第 195 页。

间的"中介"、"桥梁"作用。

在普列汉诺夫那里，社会心理是社会有机体这个复杂力量体系中的一个极其重要的环节，是了解一国历史及其思想体系的"中介"。他指出："社会心理学异常重要。甚至在法律和政治制度的历史中都必须估计到它，而在文学、艺术、哲学等学科的历史中，如果没有它，就一步也动不得。"① 他还认为，是否重视社会心理是区分新旧唯物主义的主要依据，唯物主义如果不想回返到唯心主义见解而背叛自己固有的原则，就必须要给人的生活的主观方面加以唯物主义说明；而人的生活的主观方面，正是心理的方面，人的精神，人的情感和观念。正是忽视了人的心理，旧唯物主义才把自己弄成了"枯燥的、灰暗的、悲惨的"② 的境地。那么，什么是社会心理？普列汉诺夫曾先后使用过十几种不同的称呼，但遗憾的是，他从来没有对社会心理做过定义式的表述。在他所使用的概念中，有一部分是他自己创造的，如"环境的心理"、"审美情绪"、"社会意识状况"、"流行情趣"等；有一部分是采用了当时新兴社会心理学使用的舆论、情绪、情感、习惯、道德风尚等范畴；更多的则是继承了黑格尔的哲学概念，如"时代精神"、"人的精神"、"公共意见"、"人的意见"以及"民族性"、"民族精神"、"普遍精神"等等。可以看出，普列汉诺夫对社会心理的研究仍然与哲学混为一体而没有被独立出来。因此，他的论述有时不免模糊，甚至令人难以捉摸。③ 但概括起来，社会心理就是人们的日常意识，而思想体系则是概括了的、系统化了的社会意识。

这里还需指出的是，普列汉诺夫不仅对社会有机体做了五个层次的划分，而且对其中的某些层次又做了进一步的划分。例如，他把思想体系这个层次又具体地分为两个层次：政治、法律、道德观点等属于"第一级的"、"低级的"层次，因为它们距离经济基础较近；宗教、艺术、哲学等则属于"第二级的"、"高级的"层次，因为它们距离经济基础较远。④ 值得一提的是，普列汉诺夫对艺术进行了更为深刻的分析：一方面，他强调

---

① 《普列汉诺夫哲学著作选集》第 2 卷，三联书店，1961，第 273 页。
② 《普列汉诺夫哲学著作选集》第 1 卷，三联书店，1959，第 747 页。
③ 李存煜：《论社会心理的基本结构特征及形成机制》，《徐州师范学院学报》（哲学社会科学版）1989 年第 1 期。
④ 《普列汉诺夫哲学著作选集》第 1 卷，三联书店，1959，第 725 页。

了艺术是一种社会现象，"是人与人之间的精神交往的一种手段"。① 但由于它距经济基础较远，因而它与之的联系要通过社会心理等一系列中间环节。他说："要了解某一国家的科学思想史与艺术史，只知道它的经济是不够的。必须知道如何从经济进而研究社会心理；对于社会心理若没有精细的研究与了解，思想体系的历史的唯物主义解释根本就不可能。"② 因而，另一方面，艺术和社会心理存在着相互影响的关系：社会心理是艺术的直接来源，艺术则是社会心理的反映。这就进一步揭示了思想体系与社会有机体其他层次之间的联系，从而丰富了对社会有机体内在结构的研究。

三　社会有机体的运行机制

用社会有机体来把握人类社会的发展趋势是唯物史观的重要方法，"当人们把握了社会各方面的联系和层次，尤其是决定因素之后，社会运动的总规律或总趋势也就进而成为可知的了。"③ 在马克思看来，社会有机体的运行根本上是由交往形式和生产力的矛盾推动的。普列汉诺夫坚持了马克思这一主张，并在社会有机体的构成要素之间的相互关系和相互作用方面，提出了一些新的观点和主张。

马克思、恩格斯在《德意志意识形态》中指出："一切历史冲突都根源于生产力和交往形式之间的矛盾。"它们之间的这种矛盾"每一次都不免要爆发为革命，同时也采取各种附带形式，如冲突的总和，不同阶级之间的冲突，意识的矛盾，思想斗争，政治斗争，等等"④。而"各种交往形式的联系就在于：已成为桎梏的旧交往形式被适应于比较发达的生产力，因而也适应于进步的个人自主活动方式的新交往形式所代替；新的交往形式又会成为桎梏，然后又为另一种交往形式所代替"⑤。这种交往形式后来马克思在《〈政治经济学批判〉序言》中给界定为生产关系，正是生产力

---

① 《普列汉诺夫哲学著作选集》第5卷，三联书店，1984，第837页。
② 《普列汉诺夫哲学著作选集》第2卷，三联书店，1961，第272页。
③ 李秀林：《论社会有机体》，《哲学研究》1980年第2期。
④ 《马克思恩格斯文集》第1卷，人民出版社，2009，第567~568、567页。
⑤ 《马克思恩格斯文集》第1卷，人民出版社，2009，第575、576页。

和生产关系、经济基础和上层建筑的矛盾构成了社会的基本矛盾。社会有机体克服自身矛盾的过程，也就是社会有机体对其组成部分的整合过程。社会有机体的各个组成部分必须相互协调才能作为整体而运行。这样在彼此之间的相互制约关系中，从基本适应到不适应，再到新的基本适应，如此不断地肯定否定，循环往复，以至不断更换社会力量和权力主体，使社会形态向更高层次迈进，进而不断地推动人类社会历史的发展进步。这其中，生产力始终是最根本的、决定性的，"只有随着生产力的这种普遍发展，人们的普遍交往才能建立起来"①。

普列汉诺夫坚持了马克思的上述理论主张，并对社会有机体的五个因素或五个层次之间复杂的相互关系、相互作用做了深入的论述，进而对社会有机体的运行机制提出了一些新观点新主张。

第一，社会有机体的五个因素或五个层次之间存在着严格的"等级序列"和"因果关系"。在普列汉诺夫看来，生产力是社会有机体的第一个层次，是社会有机体的基石，直接制约着经济关系，这是社会有机体的第二个层次；经济关系作为社会有机体的基础决定着社会政治制度，这是它的第三个层次；经济关系和社会政治制度共同决定着社会心理，这便是社会有机体的第四个层次；而作为最后一个层次的思想关系又受社会心理制约。在这里，社会有机体的五个层次之间存在着"等级森严"的内在关系，从上到下，一层次决定另一层次，每一层次在社会有机体中的地位、作用以及与其他层次之间的关系都十分明确。对于这一思想，普列汉诺夫在其《阶级斗争学说的最初阶段》里也有过专门的阐述，他指出，"地理环境的性质，决定着受人们支配的生产力的状况。一定的生产关系适应一定生产力的状况，而一定的社会制度适应一定的生产关系，社会制度的性质却影响着人们的心理，同时并决定着人们的智力、道德和一般所谓整个精神的发展。"② 这就从根本上揭示了社会有机体的运行机制，即决定着经济关系及竖立其上的其他一切社会关系发展的仍然是生产力的发展状况。地理环境并不是社会发展的决定力量，因为地理环境对社会发展的影响，是受生产力决定的，随生产力的变化而变化。

---

① 《马克思恩格斯文集》第 1 卷，人民出版社，2009，第 538 页。
② 《普列汉诺夫哲学著作选集》第 2 卷，三联书店，1961，第 550 页。

第二，社会意识自身有其变化发展的必然规律，社会意识特别是政治制度和思想因素具有反作用。普列汉诺夫强调，只承认社会存在决定社会意识"这还不是全部的历史唯物主义。必须补充一句：意识一经在存在的基础上产生，就反过来促进存在的进一步发展"①。显然，他没有把社会意识的反作用与社会有机体的运行割裂开。普列汉诺夫尤其重视政治制度和思想因素在其中的作用。他一再指出，"'批评'马克思的人们直到现在所说的一切，什么是马克思主义片面呀，什么除了经济因素以外，他忽视社会发展的其他一切'因素'呀，这只是证明他们简直不了解马克思和恩格斯加于'基础'和'上层建筑'之间的相互影响的作用。要使大家相信马克思、恩格斯怎样注意政治因素的意义，只要读一下《共产党宣言》中讲到资产阶级解放运动的几页就够了。……毫无疑问，政治关系可以影响经济运动；同样，毫无疑问，政治关系在影响经济运动以前，是由经济运动创造出来的。"② 这就是说，人类社会的发展也受政治因素的影响。对此，他还写道：在人类社会的漫长而又曲折的发展道路上，有许多伟大的转折点，而"从一个转折点到另一个转折点的道路，总是要通过'上层建筑'。经济几乎永远不会自然而然地取得胜利，关于它永远不可能说：farà da se。不，永远不会 da se，而是永远必须通过上层建筑，永远必须通过一定的政治制度"③。然而社会政治制度的变革是人们有目的的自觉活动，它必须以人们的思想变革为先导。因此，普列汉诺夫在强调政治因素的重大作用之后又接着指出：由经济关系所决定的政治制度要想成为现实，还必须先以观念的形式通过人们的头脑；"人类如果不先经过自己的观念的一系列变革，就不可能从自己经济发展的一个转折点过渡到另一个转折点。"④ 其中，革命理论的作用尤为突出，普列汉诺夫在他 1883 年完成的《社会主义与政治斗争》中就明确地提出了"没有革命的理论就没有名副其实的革命运动"⑤ 的著名论断。这一论断在 19 年后被列宁重复，他在《怎么办？》中写道："没有革命的理论，就不会有革命的运动"⑥。

① 《普列汉诺夫哲学著作选集》第3卷，三联书店，1962，第346~347页。
② 《普列汉诺夫哲学著作选集》第3卷，三联书店，1962，第180页。
③ 《普列汉诺夫哲学著作选集》第2卷，三联书店，1961，第237页。
④ 《普列汉诺夫哲学著作选集》第2卷，三联书店，1961，第237页。
⑤ 《普列汉诺夫哲学著作选集》第1卷，三联书店，1959，第98页。
⑥ 《列宁选集》第1卷，人民出版社，2012，第153页。

第三，社会有机体具有整体性，许多"环节"共同作用推动社会有机体的运行。普列汉诺夫认为，影响社会有机体运行的绝不是某一个因素，而是多个因素的合力。要想获得对社会生活的真理性认识，就必须把握社会有机体的整体性。针对被资产阶级用来反对唯物史观的折中主义"因素论"和把唯物史观庸俗化的经济机械决定论，普列汉诺夫指出："说社会的经济发展'归根到底'决定社会发展的所有其他方面，就是承认（正是由于'归根到底'这几个字）存在着许多其他的中间的'环节'，其中每一个环节都影响所有其余环节。……结果就产生一个极其复杂的力量体系"。① 例如，对于艺术演进的原因，他指出不仅有根本原因，即社会生产力，同时还有一系列中间因素作用的原因，即社会心理、政治制度、哲学学说、道德观念、宗教理论等。正如他所说："社会关系的改变使各种不同的'因素'行动起来，而哪一个因素当时对文学、艺术等等的影响更为强烈，这决定于许多同社会经济完全没有直接关系的次要的和更次要的原因。经济对艺术和其他意识形态的直接影响一般是极少看得出来的。最常发生影响的是其他的"因素"，即政治、哲学等等。有时候其中一种因素的影响比其他因素的影响更为显著"。② 所有这些因素在整个社会有机体中都各有自己的特定的功能和地位，共同推动社会有机体的整体运行。

　　总而言之，对于社会有机体的运行，普列汉诺夫不仅强调了社会有机体各个因素或层次之间的从下到上的制约与被制约的关系，而且强调了各个因素或层次的整体作用。这些作用是相互的，并以之为前提，共同推动社会历史的发展进程。在他看来，"历史是最大的辩证主义者"，"在历史过程中同样常见的是，结果可以成为原因，原因也可以成为结果。"③

四　社会有机体的发展向度

　　社会有机体既是一个囊括全部社会生活及其关系的整体性范畴，也是一个贯穿整个人类社会始终的整体性范畴。社会有机体构成要素之间的相互关系和相互作用，推动了社会有机体的发展。其一般趋势是怎样的？马

① 《普列汉诺夫哲学著作选集》第 3 卷，三联书店，1962，第 359～360 页。
② 《普列汉诺夫哲学著作选集》第 5 卷，三联书店，1984，第 245 页。
③ 《普列汉诺夫哲学著作选集》第 1 卷，三联书店，1959，第 79 页。

克思用社会形态范畴来表征社会有机体的特定发展阶段的存在，普列汉诺夫继承和发展了这一思想，但由于理论脱离实际，他最终在社会有机体的发展向度上陷入了机会主义。

对社会形态的发展，马克思做过不同的表述，主要有"三形态"说和"五形态"说。"三形态"说是马克思在《政治经济学批判（1857—1858年手稿）》中阐述的。他把社会历史划分为三大形式："人的依赖关系（起初完全是自然发生的），是最初的社会形式，在这种形式下，人的生产能力只是在狭小的范围内和孤立的地点上发展着。以物的依赖性为基础的人的独立性，是第二大形式，在这种形式下，才形成普遍的社会物质变换、全面的关系、多方面的需要以及全面的能力的体系。建立在个人全面发展和他们共同的、社会的生产能力成为从属于他们的社会财富这一基础上的自由个性，是第三个阶段。"① 即以"人的依赖关系"为基础的最初的社会形态、以"物的依赖性"为基础的人的独立性形态、以"个人全面发展"为基础的自由个性形态的三种形态。在《〈政治经济学批判〉序言》中，马克思论述了社会经济形态依次更替的情况："大体说来，亚细亚的、古希腊罗马的、封建的和现代资产阶级的生产方式可以看做是经济的社会形态演进的几个时代。"② 加上未来的共产主义生产方式，历史的发展就呈现为五种社会经济形态。"三形态"说和"五形态"说是从不同的角度、方面对社会形态向高层次更替的说明，二者并不矛盾，而是内在统一的，都揭示了人类社会演进的一般规律。

普列汉诺夫继承和发展了马克思用社会形态来表征社会有机体的特定发展阶段的存在的思想，他在《马克思主义的基本问题》中引证了马克思的这一观点。但他同时指出，"马克思后来读到摩尔根的《原始社会》一书时，大概改变了他对于古代生产方式同东方生产方式的关系的观点。"③ 他认为，西方由原始社会步入奴隶制社会，再进入到封建社会和资本主义社会；但东方国家在"氏族组织崩溃"之后，进入的却是一个以亚细亚生产方式为特征的"社会"。他指出，这是一个与古希腊、罗马"古代社会"完全不同的社会，如"像中国和古代埃及的经济发展的逻辑"就"没有引

① 《马克思恩格斯文集》第 8 卷，人民出版社，2009，第 52 页。
② 《马克思恩格斯文集》第 2 卷，人民出版社，2009，第 592 页。
③ 《普列汉诺夫哲学著作选集》第 3 卷，三联书店，1962，第 178 页。

导到古代生产方式的出现",奴隶社会没有产生。东方与西方分道扬镳,步入一个特殊的、游离于世界历史进程之外的社会——"亚细亚生产方式"社会。为什么会出现这样相异的情形?普列汉诺夫回答说:"如果这两种类型彼此有着很大的区别,那末它们的主要特征是在地理环境的影响之下形成的。"①

对于社会有机体的演进过程,普列汉诺夫也有着自己独到的见解,他认为,历史规律的决定性和人的主体选择性都起着作用,要把历史必然性与人的自由自觉活动统一起来:一方面,人的意志自由不仅不排斥历史必然性,而是以历史必然性为自己的坚实基础的。他指出,人类社会的发展有自身的规律,世界上各个国家和民族的历史又都是按照那些到处都起作用的普遍规律发展的,这就使历史的进程具有统一性。因而,历史必然性是人类社会发展的必然现象。另一方面,不能把历史必然性和人的意志自由对立起来,个人在历史上起着重要的作用。他指出,社会发展的历史进程告诉我们,各个国家和民族的历史虽沿着普遍规律发展,但在现实中却有很大的差别从而表现出多样性的特征。比如,能够影响历史"个别的外貌"的人的意志自由方面的"个别原因",就会促发这种差别。但普列汉诺夫同时也反对过分夸大这一"个别原因",他强调:"被作为结果来考察的社会的人,不能认为是自由的活动者,因为那些决定他的意志活动的情况是不依赖于他的意志的。因此,在我们看来,他的活动是受必然性的规律支配的,也就是说,是一种合乎规律的活动。由此看来,自由绝不排斥必然性。"② 因而,历史必然性与人的自由自觉活动是相统一的。

但需要指出的是,普列汉诺夫对于社会有机体的演进过程的认识,还有其明显的缺陷:在俄国革命的具体实践中,理论脱离实际,教条主义严重。普列汉诺夫虽然是一名马克思主义理论家,但他自1880年起就居于外国,未能把他的上述一系列真知灼见同俄国革命的具体实践、帝国主义时代以及自然科学新成就结合起来,从而导致他在俄国革命的一系列现实问题上离开了马克思主义,成了俄国革命最著名的反对者。最终导致了他在1903年后,政治上成为孟什维克,陷入机会主义的泥坑。

① 《普列汉诺夫哲学著作选集》第3卷,三联书店,1962,第178页。
② 《普列汉诺夫哲学著作选集》第3卷,三联书店,1962,第41页。

第四章　布哈林的社会有机体思想

布哈林是俄国杰出的马克思主义理论家和经济学家，他在从事俄国无产阶级革命和社会主义建设的实践中，依据俄国无产阶级革命发展的新阶段新时代特征对马克思社会有机体理论作出了新的阐释。布哈林在当时人们的革命思维还深深烙印在脑海中时，就战略性地提出了经济社会平衡发展的思想，对社会有机体产生和存在的前提、基础、内涵、结构、发展规律等方面进行深入阐述，形成了内涵丰富而富有特色的社会有机体思想，大大丰富和发展了马克思主义社会有机体理论的宝库。深入而系统地探讨布哈林的社会有机体思想，将有助于我们从整体上把握和认识布哈林在传播、继承和发展马克思主义唯物史观方面的重要贡献，进而揭示这一思想在马克思主义发展史上的历史地位，同时也将大大拓宽布哈林思想研究的领域。

一　社会有机体产生和存在的前提与基础

马克思主义哲学诞生以前的各种学说都未能对社会起源问题作出科学说明。以霍布斯、洛克、卢梭等为代表人物的"社会契约论"的基本信条是，社会是由"自然状态"下的人通过订立"社会契约"的方式缔结而成。这一思想启蒙因宣扬人人平等而具有一定的进步意义，但未深入社会生活的本质维度而不能真正揭示社会的起源和存在基础。马克思指出，社会不是人主观选择和设计的结果，"自然状态"下的人是不存在的，劳动是人的天性和存在方式，人的实践活动促使人类社会从自然界分化、发展而来。布哈林继承了马克思关于社会起源的基本观点，认为自然界是社会有机体产生和存在的前提，劳动联系是社会有机体产生和存在的基础。

1. 自然界是社会有机体的"培养基"

自然界之于人类社会的重要意义是不言而喻的。恩格斯曾说："我们每走一步都要记住：我们决不像征服者统治异族人那样支配自然界，决不像站在自然界之外的人似的去支配自然界——相反，我们连同我们的肉、血和头脑都是属于自然界和存在于自然界之中的；我们对自然界的整个支配作用，就在于我们比其他一切生物强，能够认识和正确运用自然规律。"① 可见，自然界是社会有机体产生和存在的前提条件，离开自然界，人类社会无法产生也不能维持，因此，布哈林形象地将自然界比喻为社会有机体的"培养基"。②

一方面，自然界为社会有机体提供了最基本的构成要素——人。人是社会有机体最基本的构成要素，社会有机体首先表现为人的集合体，没有人就没有社会。一是自然界是人类产生的历史前提。自然科学的研究成果表明，人是在自然界发展变化的基础上通过劳动而产生的一种生命形式，与自然界中的其他物种一样，是自然界的组成部分。"作为动物物种之一的人，以及人类社会本身，都是自然界的产物，是这个巨大无限的整体的一部分。人永远也不可能逸出自然界。甚至就是在人征服自然界的时候，他也不外是利用自然规律为自身的目的服务。"③ 人是自然界长期进化的最高产物，脱离了自然界，人类无法产生。二是自然界还是人类社会存在的现实前提。人之所以能够演化成为世界最复杂、最高级的物种，与其他物种产生本质区别，其原因就在于人特殊的活动形式——劳动。人的劳动是劳动主体、劳动对象和劳动工具三要素的统一体，这三个要素中，不仅作为劳动主体的人是自然界的产物，劳动对象和劳动工具也来自自然界。人为了维持生存要从自然界中获得物质能量，自然界中的资源决定了人类可以进一步加工的原料和生活资料，用布哈林的话说就是："自然界直接就

① 《马克思恩格斯文集》第 9 卷，人民出版社，2009，第 560 页。
② 〔苏〕布哈林：《历史唯物主义理论》，何国贤、李光谟、曾宪森等译校，人民出版社，1983，第 113 页。
③ 〔苏〕布哈林：《历史唯物主义理论》，何国贤、李光谟、曾宪森等译校，人民出版社，1983，第 113 页。

是劳动对象"①。当然，人从自然界中获取物质资料的过程需要通过制作和利用劳动工具来实现，"它在大地的胸膛上划下犁沟，在密不通行的森林里开拓道路，使自然力驯服下来为自己的目的服务，它改变着大地本身的面貌。"② 也就是说，人类社会是自然界一部分的同时，也有一部分自然界由于人的实践活动成为人类社会的一部分，这一部分自然界就叫做"内部自然界"。

另一方面，自然界为社会有机体的生存和发展提供了"环境"。自然界作为社会有机体的"培养基"，其不仅为社会有机体提供了基本的构成要素，还为社会有机体的生存和发展提供了重要的外在环境。布哈林认为，社会有机体作为一个现实的集合体，是一个复杂而庞大的体系，这一"最广泛的、包含人们之间一切持续的相互作用在内的相互作用的体系"③，其环境就是"外部自然界"。"环境"与"体系"之间存在经常的联系，"环境"作用于"体系"，"体系"反过来又作用"环境"。一个体系的进步、停滞或破坏"取决于这个体系同自己的环境处于何种相互关系之中"④。社会有机体从外部自然界中汲取能量，使自在自然变成人化自然，成为社会有机体的一部分，促使社会有机体不断生长、壮大、丰富。因此，外部自然界的状况决定着社会有机体发展的程度和水平。外部自然界为社会有机体提供了生存和发展环境，其对于社会有机体的重要性就像水之于鱼、氧气之于人一般，离开外部自然界，社会有机体就会失去活力、逐渐衰竭，最终走向死亡。布哈林强调："人类社会只要存在，就需要从外部自然界汲取物质能量。没有这种汲取能量的过程，人类社会也就无法生存。人类社会从自然界汲取（并吸收）的能量愈多，就愈能适应自然界；只有在这方面数量有所增长，我们才能看到社会的发展"⑤。所以，

---

① 〔苏〕布哈林：《历史唯物主义理论》，何国贤、李光谟、曾宪森等译校，人民出版社，1983，第114页。
② 〔苏〕布哈林：《历史唯物主义理论》，何国贤、李光谟、曾宪森等译校，人民出版社，1983，第122页。
③ 〔苏〕布哈林：《历史唯物主义理论》，何国贤、李光谟、曾宪森等译校，人民出版社，1983，第92页。
④ 〔苏〕布哈林：《历史唯物主义理论》，何国贤、李光谟、曾宪森等译校，人民出版社，1983，第117页。
⑤ 〔苏〕布哈林：《历史唯物主义理论》，何国贤、李光谟、曾宪森等译校，人民出版社，1983，第117页。

"社会的全部生活，甚至有关社会的存亡的可能性这个问题本身，依赖并取决于社会与自己的环境即自然界的关系"①。

　　2. 劳动联系是社会有机体存在的基础

　　自然界是社会有机体产生和存在的前提条件，没有自然界就不会有社会有机体。不过，自然界只能为社会有机体的诞生提供可能性，劳动联系才是社会有机体产生和存在的基础。布哈林认为，"劳动是社会与自然界之间的接触过程。通过劳动，能量不断从自然界流向社会，社会就依靠它而生存和发展（只要它发展的话）。劳动还表现为对自然界的主动适应。换言之，生产过程是社会的基本生活过程"。因此，劳动联系是"人类社会的这个体系可能取得内部平衡的基本条件"②。一方面，劳动联系是社会有机体产生的必要条件。人为了生存必须劳动，而人的劳动不是完全自顾自的劳动，不同的人处于不同的劳动岗位和不同的生产环节之中，"人们自觉或不自觉地为彼此工作"③。劳动联系是社会联系中最基本的联系，但如果"人们在劳动过程中不是在一定时间处于一定的岗位，如果他们没有首先通过劳动联系联结在一起，就不会有任何社会"④。因此，人与人之间由于劳动而相互依赖、相互依存，没有劳动，就没有人类社会的产生。另一方面，劳动联系是维系社会有机体存在的基础。马克思曾经指出："任何一个民族，如果停止劳动，不用说一年，就是几个星期，也要灭亡，这是每一个小孩子都知道的。"⑤ 从社会有机体的整体性生存角度看，一旦某个社会有机体中的人停止了劳动，一是失去了与自然界物质交换的过程，社会有机体没有了能量，二是劳动联系消失导致其他联系的消散，社会有机体的大厦便逐步走向衰竭和崩溃。正如布哈林所说："假设有一天人们之间的劳动联系消失了，产品（或商品）不再从一地流向另一地，人们不再为彼此工作，社会劳动失去了它的社会性质。结果将会是怎样呢？结果

---

①　〔苏〕布哈林：《历史唯物主义理论》，何国贤、李光谟、曾宪森等译校，人民出版社，1983，第95页。

②　〔苏〕布哈林：《历史唯物主义理论》，何国贤、李光谟、曾宪森等译校，人民出版社，1983，第95页。

③　〔苏〕布哈林：《历史唯物主义理论》，何国贤、李光谟、曾宪森等译校，人民出版社，1983，第94页。

④　〔苏〕布哈林：《历史唯物主义理论》，何国贤、李光谟、曾宪森等译校，人民出版社，1983，第101页。

⑤　《马克思恩格斯文集》第10卷，人民出版社，2009，第289页。

社会就将消失，化为碎片"①。总之，离开了劳动联系，社会就无法结合成一个有机整体，也无法维持自身的发展。

二 社会有机体的内涵和类型

对社会有机体内涵的准确把握是正确分析社会有机体结构、发展规律的基础。西方资产阶级"有机体学派"将人类社会与生物有机体进行类比，认为社会和生物有机体一样，各个组成部分都有各自的功能，各个组成部分应该相互协作，构成一个和谐的整体。这一学说因迎合了为资本主义社会永恒性辩护的需求而盛极一时。马克思指出，"有机体学派"的学说看似有理，但是，将人类社会的各组成部分与生物有机体的器官简单类比的方式从本质上说是一种主观臆断，犯了唯心主义和机械主义的错误。运用辩证唯物主义和历史唯物主义的科学方法，马克思对社会有机体的科学内涵做了说明：社会是一个立足于生产关系基础之上的有机整体，从空间上看，社会有机体的各个组成部分相互作用、相互影响；从时间上看，社会处于不断变化、发展之中。布哈林虽然承认社会与有机体之间有某种共同之处，但他断然反对"把社会和有机体划等号的一切企图"②。布哈林在继承马克思社会有机体理论的基础上，对社会有机体的内涵进行了新的阐释。

1. 社会有机体是一个相互作用着的现实的集合体或体系

马克思主义认为，整个变化多端、气象万千的社会，实质上是一个各个部分之间紧密相关的整体，这个整体可以称之为系统。③ 布哈林对于社会有机体的整体性和系统性特征进行了阐述。首先，社会是一个现实的集合体，社会有机体各组成部分之间存在着的相互作用是完全现实的、实际存在的，而不是为了某种目的而构想出来的；其次，社会有机体的各个部分都处于持续不断的相互作用中，这种相互作用有的可能直接一些，有的可能较间接一些，社会生活乃是一项包含种种影响和相互作用在内的"名

① 〔苏〕布哈林：《历史唯物主义理论》，何国贤、李光谟、曾宪森等译校，人民出版社，1983，第94页。

② 〔苏〕布哈林：《历史唯物主义理论》，何国贤、李光谟、曾宪森等译校，人民出版社，1983，第92页。

③ 参见王沪宁主编《政治的逻辑》，上海人民出版社，2004，第44页。

副其实的庞大的巴比伦的人造塔工程"①；最后，社会有机体中的一切联系都建立在劳动联系的基础之上，都以劳动联系为转移，一旦劳动联系消失，社会有机体内其他联系也将会消失。因此，社会有机体是"相互作用着的人们的最广泛的、包含他们的一切持续性相互作用、建立在他们的劳动联系之上的体系"②。

2. 社会有机体是由物、人、观念三种基本要素组成

社会作为一个庞大的复杂的有机系统，是由多种要素构成的。布哈林将组成社会有机体的要素归纳为三大基本要素：物、人、观念。第一，物的体系。社会有机体中"物的体系"首先表现为社会的技术装备体系，"这是社会的物质的即物的部分、它的物的劳动机构"③，"任何一个社会的技术装备体系也就决定着人们之间的劳动关系的体系"④。除生产资料以外，布哈林认为，书籍、地图、图表、博物馆、画廊、图书馆、天文台、气象站（这里所谈的都是它们的物质的即物的部分）、实验室、测量仪器、各种望远镜和显微镜、烧瓶、曲颈瓶和诸如此类的东西等不直接和物质生产过程有关的"社会存在"也包含在"物的体系"这一概念之中。⑤ 第二，人的体系。人是社会有机体中最活跃的因素，没有人就没有人类社会，因而，社会首先是人的现实集合体，是"劳动组织、劳动体系，人的劳动机构"⑥。第三，观念的体系。社会不是人肉体的堆积，人在进行劳动时，不是机械的劳动，而是有目的、有意识的劳动，人与人之间除了物质的劳动关系以外，还有心理的、精神的联系。因此，布哈林指出："社会也不仅是生产物品，它还生产所谓"精神财富"：科学、艺术，等等；换言之，它不仅生产着物，而且生产着观念。这些观念一经产生，它们就逐

① 〔苏〕布哈林：《历史唯物主义理论》，何国贤、李光谟、曾宪森等译校，人民出版社，1983，第91页。
② 〔苏〕布哈林：《历史唯物主义理论》，何国贤、李光谟、曾宪森等译校，人民出版社，1983，第96页。
③ 〔苏〕布哈林：《历史唯物主义理论》，何国贤、李光谟、曾宪森等译校，人民出版社，1983，第149页。
④ 〔苏〕布哈林：《历史唯物主义理论》，何国贤、李光谟、曾宪森等译校，人民出版社，1983，第152页。
⑤ 〔苏〕布哈林：《历史唯物主义理论》，何国贤、李光谟、曾宪森等译校，人民出版社，1983，第150页。
⑥ 〔苏〕布哈林：《历史唯物主义理论》，何国贤、李光谟、曾宪森等译校，人民出版社，1983，第150页。

渐形成整个的观念体系。"① 虽然布哈林将构成社会有机体的要素归纳为物、人、观念三要素，但他进一步指出，这三种要素不是完全独立的。三种要素之间是相互联系、相互制约的关系，在这三种要素之间存在某种平衡，一旦物的结构、人的结构和观念的结构失去平衡，不再相互适应，则社会有机体就无法存在。

3. 社会有机体的不同类型

社会有机体不是虚幻的、抽象的、永恒的，而是现实的、具体的、历史的。从空间上看，世界上同时存在着不同规模、不同类型的社会有机体；从时间上看，每一个社会有机体都在不断发展、变化，经历着不同的历史形态。布哈林指出："不存在'一般的'社会；社会的确总是以某种特定的历史外貌存在，用官场中的话来说，是穿着时代的礼服出现的。"② 并且每一种类型的社会有机体的物的体系、观念的体系是相契合的，"社会的历史形式、这种形式的规定性，不仅涉及经济基础，而且涉及全部社会现象整体，因为经济结构也就决定了政治结构、意识形态结构"③。因此，社会有机体的类型既可以通过社会的经济结构来判断，也可以通过社会的意识形态来辨别，不过归根到底，观念的体系是在物质的"躯体"之上产生的，因此，最终决定社会有机体性质的是社会的经济结构，也就是占主导地位的生产关系。

三 社会有机体构成的结构层次

人类社会是在实践基础上产生的不断自我更新的有机体，呈现出各个部分独立存在而又紧密相连的整体性。马克思主义认为，社会有机体在宏观上是由经济、政治和精神文化三个主要领域构成的复杂的开放式系统，是社会的经济结构、政治结构和文化结构的有机统一体。④ 马克思曾经对

---

① 〔苏〕布哈林：《历史唯物主义理论》，何国贤、李光谟、曾宪森等译校，人民出版社，1983，第150页。

② 〔苏〕布哈林：《历史唯物主义理论》，何国贤、李光谟、曾宪森等译校，人民出版社，1983，第275页。

③ 〔苏〕布哈林：《历史唯物主义理论》，何国贤、李光谟、曾宪森等译校，人民出版社，1983，第276页。

④ 汪信砚主编《马克思主义哲学概论》，人民出版社，2011，第296页。

社会有机体的结构有过这样一番全景式的描述："人们在自己生活的社会生产中发生一定的、必然的、不以他们的意志为转移的关系，即同他们的物质生产力的一定发展阶段相适合的生产关系。这些生产关系的总和构成社会的经济结构，即有法律的和政治的上层建筑竖立其上并有一定的社会意识形式与之相适应的现实基础。物质生活的生产方式制约着整个社会生活、政治生活和精神生活的过程。"① 布哈林将社会有机体的结构分成社会的技术装备和社会的经济结构、上层建筑及其结构两个层次，二者的功能和地位各不相同，社会的技术装备和社会的经济结构是社会有机体的"骨架"，上层建筑及其结构是社会有机体的"箍环"，社会的技术装备和社会的经济结构决定上层建筑及其结构，上层建筑及其结构对社会的技术装备和社会的经济结构具有反作用。

1. 社会的技术装备和社会的经济结构是社会有机体的"骨架"，决定着上层建筑及其结构

社会经济结构是指与生产力发展的一定阶段相适应的各种生产关系的总和。生产力包括劳动者、生产工具和劳动对象三个要素。其中，决定生产力发展水平的是生产工具的发达程度。布哈林认为，整个社会有机体的大厦就是在劳动联系的基础上建造起来的，"社会构造的基础是劳动联系，就像生活的基础是物质生产过程一样"②。社会的技术装备是整个社会中生产工具的总和，技术装备的发达程度决定了人们在劳动中的关系，由社会的技术装备所决定的生产关系的总和就是社会的经济结构，社会的经济结构是"社会的人的劳动机构，社会的'现实的基础'"③，也是社会躯体的骨架、骨骼。社会的政治结构、社会的意识形态结构都是在社会的经济结构这一"骨架"的基础上生成的，"经济结构的类型也就决定社会政治结构的类型和意识形态结构的类型。社会在它的生活的一切主要表现方面是具有一种基本的'风格'的"④。

① 《马克思恩格斯文集》第 2 卷，人民出版社，2009，第 591 页。
② 〔苏〕布哈林：《历史唯物主义理论》，何国贤、李光谟、曾宪森等译校，人民出版社，1983，第 96 页。
③ 〔苏〕布哈林：《历史唯物主义理论》，何国贤、李光谟、曾宪森等译校，人民出版社，1983，第 167 页。
④ 〔苏〕布哈林：《历史唯物主义理论》，何国贤、李光谟、曾宪森等译校，人民出版社，1983，第 283 页。

2. 上层建筑及其结构是社会有机体的"箍环"，对社会的经济结构具有反作用

布哈林对社会上层建筑及其结构做了更加具体、细致的划分，将社会有机体的上层建筑部分为四个序列：一是社会的社会政治制度（它的国家政权结构，阶级、政党的组织，等等）；二是习惯、法和道德（社会规范，也就是人们的行为准则）；三是科学与哲学；四是宗教、艺术、语言。除了社会的社会政治制度以外，其他三个序列可以统称为"精神文化"。① 当然，上层建筑的四个层次不是完全独立的，而是相互交织的。上层建筑不仅限于观念的东西，它同样有物的东西、人的组织和思想感情，也是由物、人、观念的种种结合、配合。一方面，上层建筑及其结构是社会有机体的"箍环"，起到维系各个阶级、不让社会分裂崩溃以至于彻底瓦解的作用。布哈林曾举例说道："如果摧毁资本主义国家，资本主义生产将不可能；如果消灭现代科学，随之也将消灭大生产及其技术装备；如果取消人们交往的手段——语言和文字，社会就将不复存在而土崩瓦解。"② 因此，他认为，不可低估上层建筑对社会经济结构的反作用。另一方面，意识形态对政治变革和生产关系变革具有先导作用。布哈林指出，"革命的起点是生产力与生产关系之间的冲突；这种冲突使作为新生产方式担当者的阶级处于特殊的地位，以某种方式'决定'它的意识和意志。这就是说，革命的前提是新阶级的意识的革命化，即作为旧社会掘墓人的阶级的意识形态革命。"③ 因此，他把社会革命分为四个阶段：第一个阶段是思想革命，即"旧的心理和意识形态的崩溃（为不断涌来的生活事实所摧毁），以及新的、真正革命的心理和意识形态的创立"④，这是社会革命发生的前提。第二个阶段是政治革命，即新的阶级夺取政权。"政治革命阶段不在于新的阶级掌握完整保存的旧机器，而在于它或多或少地（以哪一个阶级

---

① 〔苏〕布哈林：《历史唯物主义理论》，何国贤、李光谟、曾宪森等译校，人民出版社，1983，第 169 页。

② 〔苏〕布哈林：《历史唯物主义理论》，何国贤、李光谟、曾宪森等译校，人民出版社，1983，第 266 页。

③ 〔苏〕布哈林：《历史唯物主义理论》，何国贤、李光谟、曾宪森等译校，人民出版社，1983，第 301 ~ 302 页。

④ 〔苏〕布哈林：《历史唯物主义理论》，何国贤、李光谟、曾宪森等译校，人民出版社，1983，第 303 页。

接替旧社会为转移）破坏它并建立自己的新的组织，也就是说，按新的方式组合物和人，按新的方式使相应的观念系统化"①。第三个阶段是经济革命，即"执政的新阶级利用政权作为实行经济变革的杠杆，彻底破坏旧的生产关系，促进在旧制度内部、在与旧制度相矛盾中成熟起来的生产关系的建立"②。第四个阶段是技术革命，即在达到新的社会平衡后，在新的稳定的生产关系的基础上，采用新的工具、新的技术，促使生产力的快速发展阶段。

在布哈林看来，经济基础与上层建筑的关系是相互的，上层建筑归根到底是由经济基础决定的，但是，上层建筑对经济基础具有反作用，社会的意识形态结构和政治结构的变动可能先于经济结构变动，因此，社会上层建筑及其结构对社会经济结构具有反作用，在一定条件下是促进的力量，在一定条件下也可能是发展的障碍。总之，在社会有机体的整体结构中，虽然上层建筑及其结构是由社会的经济结构决定的，但绝不能说经济是重要的因素，而政治、科学是不重要的因素，因为二者的差别只是职能的差别。

四　社会有机体发展的动力和规律

马克思在 1867 年《资本论》第一版序言中明确指出："现在的社会不是坚实的结晶体，而是一个能够变化并且经常处于变化过程中的有机体。"③ 这一论述言简意赅地说明了社会有机体不是静止的、永恒的，而是不断运动变化发展的。社会有机体的发展遵循着一定的规律，"一切依次更替的历史状态都只是人类社会由低级到高级的无穷发展进程中的暂时阶段。每一个阶段都是必然的，因此，对它发生的那个时代和那些条件说来，都有它存在的理由；但是对它自己内部逐渐发展起来的新的、更高的条件来说，它就变成过时的和没有存在的理由了；它不得不让位于更高的阶段，而这个更高的阶段也要走向衰落和灭亡。"④ 布哈林对社会有机体发

---

① 〔苏〕布哈林：《历史唯物主义理论》，何国贤、李光谟、曾宪森等译校，人民出版社，1983，第 306 页。
② 〔苏〕布哈林：《历史唯物主义理论》，何国贤、李光谟、曾宪森等译校，人民出版社，1983，第 306～307 页。
③ 《马克思恩格斯全集》第 42 卷，人民出版社，2016，第 17 页。
④ 《马克思恩格斯文集》第 4 卷，人民出版社，2009，第 270 页。

展的动力和规律进行了深入的思考，指出："任何社会都处在不断变化、内部重新组合、改变形式和内容等等的过程之中。我们知道这一过程是与生产力的发展相联系的。但是，我们一方面看到同一个社会经济结构范围内的变化；另一方面也看到从一种社会'形态'到另一种'形态'的过渡。"① 布哈林将社会有机体的运动发展规律概括为三个阶段：平衡——平衡的打破——平衡在新的基础上恢复，即"平衡经常受到破坏，又在已不同的基础上重新恢复，又受到破坏，如此循环往复"②。

1. 革命和改革是推动社会有机体发展的直接动力

布哈林认为，社会平衡可以通过两种形式恢复：一种是通过社会整体的各种要素缓慢地（以进化方式）相互适应的形式；另一种是通过急剧变革的形式。③ 布哈林对这两种方式发生的条件做了实事求是的分析。当生产关系不适应生产力的发展，生产力已经无法容纳在生产关系的外壳内的时候，就需要通过革命的方式，炸毁当前的生产关系，促使社会有机体从一种形式向另一种形式过渡。虽然革命的发生会破坏生产力的发展，但是，这是一个必须经历的过程，要想获得更长久的发展，必须要经历这种阵痛，这种生产力的倒退只是暂时的，当新的形态的社会有机体建立后，社会生产力会在新的生产关系下高速发展。但是，"并不是生产力与生产关系之间的任何冲突都要引起革命"④，当经济结构使生产力还有向前发展的可能之时，社会革命的条件就未成熟，社会通过"进化的方式"改变。如俄国建立了苏维埃政权，但俄国的生产力水平较低，与先进的社会主义生产关系不相适应。对此，布哈林多次强调，在不同的时期要采用不同的方式对待社会的矛盾。针对苏俄的社会主义建设中仍存在生产力与生产关系不相适应的问题，布哈林认为，可以运用无产阶级专政这一强有力的政治杠杆去推动苏俄的社会主义建设向前迈进。⑤ 在革命思维尚未冷却的时代，布哈林对

① 〔苏〕布哈林：《历史唯物主义理论》，何国贤、李光谟、曾宪森等译校，人民出版社，1983，第 287 页。
② 〔苏〕布哈林：《历史唯物主义理论》，何国贤、李光谟、曾宪森等译校，人民出版社，1983，第 283 页。
③ 〔苏〕布哈林：《历史唯物主义理论》，何国贤、李光谟、曾宪森等译校，人民出版社，1983，第 287 页。
④ 〔苏〕布哈林：《历史唯物主义理论》，何国贤、李光谟、曾宪森等译校，人民出版社，1983，第 289 页。
⑤ 《布哈林文选》（中），人民出版社，1981，第 20 页。

革命与改革发生情形的分析是十分可贵的，用温和的方式处理社会有机体中的矛盾对于当时苏俄的社会主义建设具有重大的现实意义。

2. 社会有机体的发展是社会平衡状态不断被打破，又在新的基础上恢复、再破坏、再恢复如此循环往复的过程

"社会平衡规律是动的平衡规律，它不仅不排斥，反而以对抗、矛盾、不适应、冲突、斗争为前提"[①]，推动社会有机体这一运动过程的根本原因是生产力。布哈林认为，体系内部不同序列要素的平衡是内部平衡，体系与环境之间的平衡是外部平衡，内部平衡是外部平衡的"函数"。[②] 因此，人类社会作为世界上最大的一个体系，自然界就是它的环境，人类社会的平衡最终取决于社会与自然界的平衡。生产力就是衡量社会与自然界关系的标志，当生产力水平增长时，社会与自然之间是带正号的动的平衡，社会增长和发展，当生产力水平降低时，社会处于带负号的平衡，社会将趋于灭亡和瓦解。可见，只有生产力的发展才能推动社会的发展，但是，生产力的发展并不是毫无限制的，生产力的发展受到生产关系的制约，因此，当生产关系适应生产力时，推动生产力的发展；当生产关系不适应生产力的发展时，会阻碍生产力的进步。最终，是生产力与生产关系的矛盾运动推动社会有机体的平衡状态不断被打破，又在新的基础上恢复、再破坏、再恢复，如此循环往复。

3. 平衡是社会有机体发展的保证

社会有机体具有自己独特的结构，每一个组成部分都有自己的功能，社会有机体的各组成部分之间相互联系、相互作用、相互依存、不可分割。在布哈林看来，社会有机体要良性运行就必须使社会有机体保持内部和外部的平衡，这里所说的平衡不是平均或均衡，而是一种协调、和谐。布哈林认识到，"任何一个稳定的成长中的社会，必须是一个紧密相联的整体，它的各种组成部分至少有一种最低限度的和谐"[③]。只有社会有机体与自然界之间、社会有机体内部诸要素之间保持和谐与协调，才会产生向

① 〔苏〕布哈林：《历史唯物主义理论》，何国贤、李光谟、曾宪森等译校，人民出版社，1983，第284~285页。

② 〔苏〕布哈林：《历史唯物主义理论》，何国贤、李光谟、曾宪森等译校，人民出版社，1983，第82页。

③ 〔美〕斯蒂芬·F.科恩：《布哈林政治传记（1888—1938）——布哈林与布尔什维克革命》，徐葵等译，东方出版社，2005，第195页。

心力，推动社会有机体整体有效运行和发展进步。一是社会有机体与自然界的平衡。自然与社会有机体之间的平衡是整个社会有机体能够有效运转的关键。如前所说，自然界是人类社会的"培养基"，为社会有机体的生存和发展提供物质资料和环境，社会有机体通过不断与自然界进行物质交换，从自然界中汲取营养与能量，使自身愈发丰满、健壮、充沛。因此，人类在开发和利用自然时，必须遵循自然界的客观规律，对自然资源的开采应控制在适当的范围内，一旦对自然资源过度开采，就会破坏自然与社会的平衡，使社会走向带负号的动的平衡状态，逐步走向衰落和灭亡。二是社会内部要素的平衡。组成社会的要素多种多样，为了使社会有机体能够正常运作，社会内部要素之间也应当处于平衡状态。首先是经济与政治的平衡。社会政治结构是在社会经济结构的基础上生成的，经济平衡一旦被破坏，则政治平衡也会被打破，"经济领导如果犯了破坏国家的基本经济比例的严重错误，就会引起对无产阶级极为不利的各个阶级的重新组合。破坏必要的经济比例，其另一面就是破坏国内的政治平衡。"① 其次是经济体系内部的平衡。由于经济生活在社会生活中具有决定性的作用，因而，选择一条怎样的经济发展道路，不仅关系到经济发展的成效，还关系苏维埃政权的稳定，甚至整个社会主义社会有机体的生死存亡。布哈林从经济总体发展的角度出发，多次强调工业与农业、重工业与轻工业应当协调发展。面对当时有人提出的通过提高工业商品的价格进行社会主义积累的政策，布哈林认为，这是一种狭隘的眼光，没有看到整个国民经济的发展，因而不能了解国民经济各部分的相互依赖和相互制约。他强调："问题不在于以取得最大利益的方式来瓜分已经生产出来的东西，而是要提高产量，从而使总的、有待'瓜分'的剩余产品不断地增加。"② 因此，布哈林指出，工业与农业应当互相帮助，协调发展。工业要得到发展，需要农业取得成就；反之，农业要取得成就，也需要工业得到发展。一方面，农业的发展需要工业为其提供生产资料。"假使有朝一日我国的工业生命停止了，那么农业就必然会奄奄一息，它肯定只能采取最简单、最原始的耕作方式"③。另一方面，工业的发展依赖于农民市场。布哈林从商品的生产

---

① 《布哈林文选》（中），人民出版社，1981，第277页。

② 《布哈林文选》（上），人民出版社，1981，第206页。

③ 《布哈林文选》（上），人民出版社，1981，第423页。

和销售全过程的角度分析，在无产阶级专政的条件下，工业的发展比旧制度下更大程度上依赖于农民市场。因此，通过挤压农业的方式发展工业是一种狭隘的、笨拙的、目光短浅的政策。长期下去，国营工业必然会丧失销售市场，"不但不会有工业的进一步的发展和不断的前进，反而会出现把工业远远抛到后面去的惨重危机。"① 只有工业与农业都发展起来，才能相互促进，不断提高国民总收入，增加国民收入和整个社会的总收入。同样，基于整个国民经济发展的角度，布哈林对当时苏联片面发展重工业的做法也提出了反对意见。他认为，将重心放在生产资料的生产上是正确的，但同时必须估计到重工业周转的速度较慢，国家资本过多地投到大规模工程上需要经过若干年才能出产货品，而轻工业却具有周转速度快的优点，因而，可以"在发展轻工业的条件下，利用其资本来从事重工业的建设"。② 因此，轻工业与重工业也要协调发展。布哈林用全局眼光，立足于促进整个社会有机体可持续发展的角度，使局部的和暂时的、眼前的和短期的、次要的和从属的利益服从长远的、共同的、最根本和基本的利益。虽然这一思想在当时并未受到重视，但今天回顾起来，不得不叹服布哈林长远的社会发展战略眼光。

　　总之，布哈林作为马克思主义发展史上一位重要的理论家，其将短暂的生命全部奉献给了无产阶级革命和社会主义建设，他沿着马克思社会有机体理论创设的路径，依据苏俄社会主义革命与建设的实践，准确把握住了时代主题的转换，指出无产阶级在取得政权前后所面临的任务是不同的，具有差异性：在取得政权以前，无产阶级的任务是破坏性的、是推翻现行旧制度旧政权；在无产阶级取得政权以后，主要任务是进行社会主义的经济建设，将经过革命后被破坏的整体的各个部分黏合起来。布哈林深刻认识到平衡、协调、稳定的社会结构对于社会有机体整体发展的意义，避免因社会结构失衡带来的社会分裂的风险，以维护新生的社会主义社会有机体的稳定与发展，充分展现了布哈林睿智而深邃的历史眼光，其社会有机体思想在马克思主义发展史上具有重要的历史地位。

---

① 《布哈林文选》（上），人民出版社，1981，第 425 页。
② 《布哈林文选》（中），人民出版社，1981，第 295～296 页。

第五章　瞿秋白的社会有机体思想

瞿秋白作为中国共产党早期主要领导人之一，在传播、译介马克思主义唯物史观、推进马克思主义哲学中国化的过程中，对社会有机体的存在基础、系统结构、发展动力、发展规律和历史主体等都做了系统而深刻的研究和阐释，大大丰富了马克思主义社会有机体理论，也奠定了瞿秋白在中国马克思主义哲学发展史上的历史地位。瞿秋白的社会有机体思想是随着他的革命实践活动而不断发展和丰富的，展现了他的思想阐释与实际应用相统一的时代特点。从整体上看，瞿秋白的这一思想是为着宣传解释马克思主义相关哲学原理到中国，是为着当时中国思想界相关论争而展开的，不是纯粹为着理论而理论，某种意义上是为着用马克思主义哲学原理解答当时中国革命的性质、特点、动力、规律等问题而展开的。因此，深入研究瞿秋白的社会有机体思想，不仅可以拓宽我们研究瞿秋白哲学思想的历史视野，而且可以从其对诸如生产力与生产关系的矛盾运动、人的自由意志与历史必然性、阶级与阶级斗争、创造历史主体与领袖人物的重要作用等辩证论述中获得有益的启示，以更加科学的态度坚持和发展马克思主义，推动中国特色社会主义有机体前进。

一　社会有机体生存的物质论

马克思、恩格斯观察社会历史现象的一个重要的方法论原则就是透过历史人物的思想动机，研究隐藏在其背后的社会历史发展的真正动因，这就是由物质生活资料的生产方式所制约的人们的经济利益、经济关系。因此，物质资料的生产活动是人类社会存在和发展的前提和基础，它制约着整个社会的政治生活和精神生活。恩格斯指出："正像达尔文发现有机界的发展规律一样，马克思发现了人类历史的发展规律，即历来为繁芜丛杂的意识形态所掩盖着的一个简单事实：人们首先必须吃、喝、住、穿，然后才能从事政治、科学、艺术、宗教等等；所以，直接的物质的生活资料的生产，从而一个民族或一个时代的一定的经济发展阶段，便构成基础，人们的国家设施、法的观点、艺术以至宗教观念，就是从这个基础上发展起来的，因而，也必须由这个基础来解释，而不是像过去那样做得相反"。① 马克思、恩格斯都强调，在人类社会有机体发展中，最基本和最主要的社会存在就是人类的物质生产活动，世界历史就是人通过劳动而诞生的过程，人类社会的历史从本质上来说是物质生产发展的历史，推动社会有机体发展和更替的根本动因不是观念的力量，而是物质生产力的发展以及与生产关系的矛盾运动。瞿秋白沿着马克思、恩格斯开创的唯物史观路径，在《社会哲学概论》《社会科学概论》等论著中详细阐明了他关于人类社会有机体的物质论思想。

瞿秋白认为物质生产是社会有机体赖以生存和发展的基础和前提，社会存在决定社会意识。因为"有机体的生活，若是没有外围环境与有机体之间的'物质的交易'，便不可能"②。"社会生存在自然界里，他不能不有所取于自然界而维持他的生存。所以物质的生产是社会的基础。社会里的动象——一切变易，都是跟着物质生产的变易而定的。因为社会的组成全在于人与人之间有生产的关系。这种生产的关系是社会的物质，所谓经济现象。所以要研究社会变易的哲理，应当先研究经济，——才能彻底探悉各种政治宗法关系之根本原因"。并且"社会经济的变象，亦和自然界里一样，受物质变易之根本公律的支配的"。③ 在《社会科学概论》中，瞿秋白又强调："人类的生活资料必取之于自然界。"④ "人类所组成的社会生长在自然界之中，必须以劳力采制自然界的物质以为营养，人类社会方能存在。"这一"劳力采制"的过程就是物质的生产过程，所以"物质的经

---

① 《马克思恩格斯文集》第3卷，人民出版社，2009，第601页。
② 《瞿秋白文集》（政治理论编）第2卷，人民出版社，2013，第322页。
③ 《瞿秋白文集》（政治理论编）第2卷，人民出版社，2013，第350页。
④ 《瞿秋白文集》（政治理论编）第2卷，人民出版社，2013，第537页。

济关系（生产）完全停止，则社会立即灭亡；物质的经济关系变，则其他社会现象亦变……"①。经济是社会有机体存在和发展的基础，是其他一切社会现象的根本。"社会只能存在于自然界之中，只能采取自然界里对于自己有益的东西以求生存。他采取的方法便是经济的生产"；"那物质的生产及其资料（物质的生产力）是人类社会生存的根据。没有这些物质关系，无论什么'社会意识'，'精神文明'都不能有"②。

瞿秋白还认为，随着物质生产力的发展，人们的精神文化将会极大地丰富起来。他说，在野蛮人的社会，一切时间都要用到求食上面，人类过着群兽的生活，没有能力与时间去进行思想的活动。而在现代资本主义社会，"一大堆的道德学说，许许多多法律条文、科学、哲学、宗教、艺术，极伟大的建筑，极精致的图画"③ 等发达极了，社会精神和理想多得不堪。其中的原因主要是"物质生产的发展增加了人对于自然的威权，增加了人类劳动的生产量。只有这种时候，社会里的'时间'才能不必完全用到艰苦的物质工作上去：一部分时间空闲出来，可以有功夫去想，做智识上的工作，创造出'精神文明'。可见并不是'精神文化'（社会意识）产生那'社会的物质'（物质的生产），而是社会物质的发展造成'精神文化'的发展"④。因此，人类社会的物质生产的实际状况及其发展之程度决定着社会的精神生活，"人类社会的生产力的发展程度，大足以规定其精神生活"。⑤ 所以，"经济的流变可以生出政治、法律、道德、宗教、哲学等，可是亦能消灭政治、法律、道德、宗教、哲学等；经济的流变能生长社会制度、风俗、艺术、科学，更能变更社会制度、风俗、艺术、科学"⑥。瞿秋白强调，"社会不是什么'心理的机体'，不是什么'意见之总和'；而不过是'劳动的组织'，或者说是'生产的机体'。"⑦。

当然，人类社会的精神生活并不是消极被动的，它对物质的生产力具有反作用。在这里，瞿秋白发挥了马克思在《〈黑格尔法哲学批判〉导言》

① 《瞿秋白文集》（政治理论编）第 2 卷，人民出版社，2013，第 535、536 页。
② 《瞿秋白文集》（政治理论编）第 2 卷，人民出版社，2013，第 438 页。
③ 《瞿秋白文集》（政治理论编）第 2 卷，人民出版社，2013，第 438 页。
④ 《瞿秋白文集》（政治理论编）第 2 卷，人民出版社，2013，第 439 页。
⑤ 《瞿秋白文集》（政治理论编）第 2 卷，人民出版社，2013，第 439 页。
⑥ 《瞿秋白文集》（政治理论编）第 2 卷，人民出版社，2013，第 583 页。
⑦ 《瞿秋白文集》（政治理论编）第 2 卷，人民出版社，2013，第 439 页。

中关于"批判的武器"和"武器的批判"的论述，指出："假使一种理论，能为群众所迎受，他便能成功一种社会的力量。"① 所以，当有人要追问为什么不同时代的人们，其想法是不一致时，我们只能在人类社会的物质生活中去找解释。需要说明的是，由于地域差别、时代条件和环境不一致，瞿秋白认为人类社会有机体内部的一切生产和交易是不同的，不能用同一种公律概括不同时代的社会经济现象，"必须研究每一阶段里经济发展的特别公律，然后才能综合起来，得一社会发展的共同倾向"②。

从物质资料的生产是人类存在和发展的前提出发，探寻社会有机体发展的决定性因素，符合马克思主义唯物史观。这告诉我们，在当下中国只有坚持以经济建设为中心，不断增强社会的物质财富，中国特色社会主义才能有稳定可靠的基础。

二　社会有机体构成的系统论

分析社会结构及其构成要素与相互联系的基础，并进而认识人类社会历史和本质是马克思社会有机体理论的重要内容，它与社会形态论构成了唯物史观的两大基本理论。前者从静态、后者从动态的视角破解着人类社会发展之谜。在瞿秋白看来，整个人类社会的有机体是一个非常复杂的巨大系统，有人与自然、人与社会、人与人的结构关系，社会结构关系中又有经济、政治和思想关系，经济结构关系中又有生产、交换、分配和消费关系，思想结构关系中又有道德、宗教、哲学、艺术、科学、法律等关系，它们通过家庭、阶级、民族、国家等群体充分表现出来，都是社会有机体不可缺少的构成要素。而在这个有机整体中，劳动联系是社会有机体发展的基础，一方面联结着社会有机体系统内部人与人之间的关系，另一方面联结着社会与自然界的关系。

1. 社会有机体是一个巨大的复杂系统，是人与人之间一切经常的互动现象的现实总和或系统

瞿秋白认为，"现实的总和"既不是逻辑上的结合，也不是思想上的

---

① 《瞿秋白文集》（政治理论编）第 2 卷，人民出版社，2013，第 439 页。
② 《瞿秋白文集》（政治理论编）第 2 卷，人民出版社，2013，第 350～351 页。

结合，而是现实的、经常的、持续不断的社会个体互动，"因为社会内各分子之间有共同的生活，永久不断的互相动作"。"实际上全宇宙都是大大小小的总和。每一总和之内有许多个体；这种个体同时又是一个'总和'——又可以分为许多个体。个体在总和之内永久的互相影响，互相动作。这种'互动'因此有直接的，有间接的，有间接而又间接的。"① 如就个人与社会来说，社会是由个人组成的，没有个人便没有社会。"社会是一种'系统'，——社会之内许多个人之间有极复杂的错综交互的互动关系。"② "个人的行动对于社会处处都有影响。社会本来是无数的个人组织成的，许多个人行为凑合起来便成社会现象"，"社会现象又能影响到个人"。③ 这是其一。其二，社会有机体不仅是各个人的互动的总和（各个人的互动并不永久是直接的），而且也是"各种人的团体之互动的总和，这种团体是那一大的现实的总和（社会）内之小的现实的总和，——他立于社会与个人之间"④。这就是随着现代社会的发展而形成的阶级、党派、国家、教会、工会、世界经济组织等各种小系统团体。"这些小团体内各个人的互动格外快些格外多些（德国社会学家齐美尔说得对：互动的范围愈狭，各个人之间的联系愈密切）；同时，这些小团体亦有相当的接触和动作。因此，社会之内个人与个人往往不是直接互相影响，而是经过各种团体，——经过那共同的大系统（社会）里的小系统。"⑤ 正是通过对社会大系统内各种不同团体社会联系的考察分析，瞿秋白依据马克思主义唯物史观揭示了不同阶级阶层依据各自的经济地位而确立政治上的联盟，这为以后他分析近代中国各阶级阶层在中国革命中的地位与作用提供了客观依据。

当然，社会有机体系统内各分子间的互动联系互动影响既非常复杂，又是有规律的。一方面，有些社会现象出于个人之间的自生自灭的互动，有些社会现象却受某一机关的规划，从国家政府起一直到俱乐部止，既有无组织的互动，又有有组织的互动，种种式式，无穷无尽。"个人与个人

---

① 《瞿秋白文集》（政治理论编）第 2 卷，人民出版社，2013，第 455 页。
② 《瞿秋白文集》（政治理论编）第 2 卷，人民出版社，2013，第 463 页。
③ 《瞿秋白文集》（政治理论编）第 2 卷，人民出版社，2013，第 456 页。
④ 《瞿秋白文集》（政治理论编）第 2 卷，人民出版社，2013，第 464 页。
⑤ 《瞿秋白文集》（政治理论编）第 2 卷，人民出版社，2013，第 464 页。

之间，家族与家族之间，国家与国家之间，阶级与阶级之间有互动现象；个人与家族、国家、阶级之间又有互动现象。再则，互动有经济的、政治的、宗教的、道德的、思想的各种不同的形式。政治经济……的互动之间又有互动。这些互动错综交接，异常复杂，——总合起来，便成社会生活"。① 所以，社会有机体是人的互动的合力结果，并非简单的人数之总和，即使社会的精神生活亦非各个人的理想情感所加起来的总数，而是人的理想情感交互接触的新产物，"社会的某心理现象是各个人理想情感互动之后所生出来的新现象"，"社会之外决无独立的个人"，② 社会环境、社会发展规定着个人的存在与发展。另一方面，社会内部种种系统（包括阶级、团体、党派、公司、会、社等）并不是抽象的概念，这些有经常互动性质的东西都是客观存在的，并不一定要这一系统里各分子有意去组织。正如"世界市场上的价格，世界战争，世界商业，世界文学艺术都是无意之间形成的一种'总的现象'"。所以，"只要有经常互动的各种现象的一个范围，——这一范围便是一个现实的总和，一个系统。包括人与人之间的一切经常的互动现象之最广泛的系统——便是社会"。③ 从表面上看，社会有机体系统纷繁复杂，但实际内部系统之间有一定的规律。瞿秋白认为，"假使种种互动的力量互相影响而并无丝毫内部的规律性，那时这些力量之间便不能有任何均势，社会便不能存在"。④

瞿秋白还深入探讨了个体（社会）与环境（自然界）两大系统的互动联系。他说："环境与个体之间必定有经常的联系；环境影响于个体，个体亦影响环境。"⑤ 它们之间可以用三种形式来表示：一是环境与个体之间保持"稳定的均势"，没有变更，或均势虽有破坏，但仍能完全恢复旧状。就像"社会有所取于自然界而生产，同时，所耗费的数量与所生产的数量相等，——那时自然界与社会之间的矛盾，虽时有往复变迁而一仍旧状，这亦是一种稳定的均势。"⑥ 当然，这种稳定的均势，在瞿秋白看来只是一种设想，事实上，任何个体与环境因相互影响而绝不能保持原状，它们之

① 《瞿秋白文集》（政治理论编）第 2 卷，人民出版社，2013，第 456 页。
② 《瞿秋白文集》（政治理论编）第 2 卷，人民出版社，2013，第 466 页。
③ 《瞿秋白文集》（政治理论编）第 2 卷，人民出版社，2013，第 457 页。
④ 《瞿秋白文集》（政治理论编）第 2 卷，人民出版社，2013，第 458 页。
⑤ 《瞿秋白文集》（政治理论编）第 2 卷，人民出版社，2013，第 449 页。
⑥ 《瞿秋白文集》（政治理论编）第 2 卷，人民出版社，2013，第 449～450 页。

间的"势力之消长决不会适如其分两相抵消的，必定有畸重畸轻的形势。"① 二是环境与个体之间"积极的变易的均势"，这种均势"经过一次破坏，再恢复过来的时候，已经另是一种新均势，决不是原来的那一种均势了"，② 特别是作为个体的社会随着生产力的逐步提高，而社会内部的消耗并不同时加大，或是在减少，这时社会便在向前发展了。"所谓新的均势的的确确是新的。社会与自然界之间的矛盾时时刻刻变更形式，社会的适应力逐渐增大，所以社会（亦是一个体）便能发展。这是一种变易的均势，而且是积极的变易"。③ 三是环境与个体之间"消极的变易均势"，即社会生产力增长缓慢，而物质消耗日益增大，那时，"社会便要日益退步，以至于灭亡。这样的变化，便是社会与自然界之间的均势，在不断的变易之中，每次破坏之后所恢复过来的新局面，总比前一次的坏，——这亦是一种非稳定的变易的均势，不过是消极的罢了"。④ 总之，个体（社会）与环境（自然界）之间通过物质能量的变换而相互适应：人类社会因环境的改变而必须动态地适应这一变化，环境也因人类社会生产力的不断进步和改造自然能力的提高而逐步适应社会的进步。同样，社会内部也是有许多复杂的子系统组成的，如阶级之间、职业之间、派别之间、生产与分配之间……它们之间也有矛盾和冲突，时时变易。正是各种不同系统之间、同一系统内部之间均势的破坏与恢复、矛盾和斗争，推动着社会有机体的不断进步发展。

2. 社会有机体发展的基础是人与人之间的"劳动的联系"

通过对社会有机体复杂系统结构的考察，瞿秋白认为，仅仅阐释社会是人与人之间的各种"互动"时间上空间上连续不断的系统还远远不够，必须深刻把握这些"互动"的性质，即社会有机体的"系统"与其他的生物系统有怎样的区别，社会有机体发展的基础是什么，"互动"联系的经常性必要条件又是什么？换言之，社会有机体的互动联系究竟哪一种社会联系是其他社会联系的基础，是保持社会有机体全系统之均势发展的根本条件。对此，瞿秋白经过对社会有机体复杂系统的考察，认为"劳动的联

① 《瞿秋白文集》（政治理论编）第 2 卷，人民出版社，2013，第 450 页。
② 《瞿秋白文集》（政治理论编）第 2 卷，人民出版社，2013，第 450 页。
③ 《瞿秋白文集》（政治理论编）第 2 卷，人民出版社，2013，第 450 页。
④ 《瞿秋白文集》（政治理论编）第 2 卷，人民出版社，2013，第 450~451 页。

系"即"社会劳动"是社会有机体存在和发展的基础，强调劳动是社会有机体系统内部人与人之间的真正纽带，体现了一定历史时代人与人之间的关系。马克思指出："任何一个民族，如果停止劳动，不用说一年，就是几个星期，也要灭亡，这是每一个小孩子都知道的"。① 正是在劳动过程中，人与人之间的社会关系得以确立，我们才能把握社会的本质，把握各种复杂的政治、经济、文化和思想意识等的"互动"关系。瞿秋白说："假使人与人之间的劳动联系忽然消灭，生产品（或商品）不再交易流通或分配，人人所做的事都只及于自己而不及于别人，所谓社会劳动消失社会的性质。那时怎么样？那时一定没有社会了"。所以"社会里的其他种种联系（家庭的、政治的、法律的、宗教的、思想的等）必定要劳动联系有了之后，才能固定，才能存在"。② 因此，劳动联系是社会有机体复杂系统所以能有内部均势平衡的根本条件。

3. 社会有机体与自然界直接接触的根本联系也是"劳动的联系"

人、自然和社会是一个相互作用和影响的有机整体。在这个有机整体中，社会构成一个系统，自然界构成一个系统，人是社会系统中最重要最活跃的因素，同时人类社会与自然界也构成一个巨大的生存系统。但在这个复杂的巨大生存系统中，究竟什么样的一种联系才是人类社会与自然界的根本联系，从而找到社会发展的最具决定性的因素。换句话说，"一切'系统'及人类社会都不是悬在真空里，绝对不着边际的，——每一种'系统'（个体）都有环境。个体与环境之间的关系足以影响到这个体内部的一切情状。假使人类社会对自然界是个体，自然界是人类社会的环境，——那么，社会便应当适应自然界。如果社会不能适应环境，社会便要毁灭。然而社会怎样去适应自然界呢？"③ 这就是说，"社会联系"是多种多样的，既有政治的、法律的、宗教的，又有家庭的等，但在这众多联系中与自然界发生直接接触的联系便是劳动的联系。劳动是整个社会有机体与自然界联系的桥梁或中介，也是人类生活的第一个基本条件。正是通过社会劳动，人与自然之间不断发生着物质能量的变换，使得人类得以产生，人类社会得以延续和发展。瞿秋白指出："社会的适应自然界，全靠

① 《马克思恩格斯文集》第 10 卷，人民出版社，2009，第 289 页。
② 《瞿秋白文集》（政治理论编）第 2 卷，人民出版社，2013，第 459 页。
③ 《瞿秋白文集》（政治理论编）第 2 卷，人民出版社，2013，第 459 页。

社会内有人与人之间的劳动关系：往往因为社会要适应自然界而变更他内部的劳动关系。劳动本来就是社会与自然界相接触的过程"。① 因此，劳动是人类社会的本质活动，"整个所谓世界历史不外是人通过人的劳动而诞生的过程，是自然界对人来说的生成过程"。②

总之，人经过劳动一方面从自然界获取所需要的物质资料以维持自己的生存，另一方面也生产出社会关系，一种更独特的系统——人类社会。"劳动便是社会对自然界的直接适应，——换句话说，生产过程是社会内一切过程的实际基础，——所以劳动联系是根本的社会联系"。③ 至此，瞿秋白给社会有机体下了一个定义："社会乃包含人类之一切经常的互动而且依据于人类的劳动联系上的最广大的'系统'"。④ 劳动联系是社会组织的基础，物质的生产过程是社会生活的基础。瞿秋白的这一定义是对马克思主义政治经济学原理的生动诠释。

在阐释社会有机体系统组织、发展基础的过程中，瞿秋白还批判了当时唯心派玄学鬼把"劳动"和"劳动联系"看成是一种心理现象、把社会看成是一种心理系统的错误观点，他指出，尽管人与人之间的物质的关系会引起精神的关系——各自思想、交换意见、相互谈话等，但精神关系是受着物质关系束缚的，就像工厂里的工人都是处在"一定的时间里空间里的'物质的关系'中"，"工厂是所谓'集体的工人'，是'物质的人'的劳动系统。这一劳动系统正在工作之时便是一种物质劳动的过程：各人耗费精力制造出物质的生产品。这亦是物质的过程，其中的精神关系不过是这物质过程的一方面而已"。⑤ 工厂是如此，社会亦是如此，只不过关系更复杂，范围更广阔。"因为整个儿的社会不过是自成其为一种的人的劳动机关而已，——每人在社会之中的劳动过程里各自占一地位"。⑥ 尽管人类社会里的各种精神心理互动现象极其丰富复杂，但也有他自成其为一种的"肉体"，没有这一"肉体"，精神是不能存在的。"这一肉体，便是社会

---

① 《瞿秋白文集》（政治理论编）第 2 卷，人民出版社，2013，第 460 页。
② 《马克思恩格斯文集》第 1 卷，人民出版社，2009，第 196 页。
③ 《瞿秋白文集》（政治理论编）第 2 卷，人民出版社，2013，第 460 页。
④ 《瞿秋白文集》（政治理论编）第 2 卷，人民出版社，2013，第 460 页。
⑤ 《瞿秋白文集》（政治理论编）第 2 卷，人民出版社，2013，第 461 页。
⑥ 《瞿秋白文集》（政治理论编）第 2 卷，人民出版社，2013，第 461 页。

劳动，劳动过程里人与人之间的物质关系"。① 这就是马克思所说的生产关系。

三 社会有机体运行的动力论

早在曼彻斯特时期，恩格斯就指出："迄今为止在历史著作中根本不起作用或者只起极小作用的经济事实，至少在现代世界中是一个决定性的历史力量"。② 又说："一切重要历史事件的终极原因和伟大动力是社会的经济发展，是生产方式和交换方式的改变，是由此产生的社会之划分为不同的阶级，是这些阶级彼此之间的斗争"。③ 而在一切经济因素中，马克思、恩格斯又特别强调生产力的作用，认为推动历史前进的最后决定性力量是生产力的发展变化。正是生产力与生产关系、经济基础与上层建筑的相互关系及矛盾运动，推动着社会有机体形态的不断更替。瞿秋白继承和发展了马克思主义关于社会发展的动力理论，认为"社会的基础一定是物质的生产力之状态；社会变易的根本原因必定是生产力之发展。生产力就是物质生产过程之中有作用的种种力量：自然界、工力、技术——他们是人类应用势力之实行的结果"。④ 在历史发展的每一阶段，人类不能主观自由地选择生产力，只能继承现有的社会生产力从事生产实践以获取生活资料和进行生存竞争，所以，"生产力是劳动的必要元素"，其状态"是社会的实质，社会的基础"，"生产力的发展是这社会实质的根性"，社会变动的"主因是生产力的发展"⑤。

接着，瞿秋白从生产力状态决定社会的经济关系、经济关系又决定社会制度方面详细分析了生产力与经济关系（生产关系）的矛盾运动，指出："生产力的状态是人对自然之关系的标准，社会内人对人之关系却依人对自然之关系而定。所以社会内人对人的关系，根本是经济关系。"由于"生产力是人类从事于经济行为之物质基础，所以生产力的状态变，经

① 《瞿秋白文集》（政治理论编）第 2 卷，人民出版社，2013，第 461 页。
② 《马克思恩格斯选集》第 4 卷，人民出版社，2012，第 202 页。
③ 《马克思恩格斯选集》第 3 卷，人民出版社，2012，第 760 页。
④ 《瞿秋白文集》（政治理论编）第 2 卷，人民出版社，2013，第 545 页。
⑤ 《瞿秋白文集》（政治理论编）第 2 卷，人民出版社，2013，第 545 页。

济关系也就变。社会制度是表现经济关系的形式，所以经济关系变更，社会制度也就变更。而且社会的范围也随生产力及生产性质而变"，即经济关系"足以规定社会内共同生活的范围"①。正是这一直接的或间接的相互关系，构成了社会有机体从低级到高级、从简单到复杂的发展运动，社会从一种简单形态向另一种更高级的社会形态演进。所以，生产力与生产关系的矛盾运动是社会有机体形态发生变革的根本原因。

瞿秋白还从生产力、生产性质、生产量、经济关系、共同生活之范围等五项变量具体描述了生产力发展状态从最初的自然经济、家庭自然经济、到封建国内自然经济、交易经济、纯粹交易经济，再到高等自然经济的变迁过程，而相对应的社会有机体也经历了从氏族的原始共产制度、氏族共产制崩溃（大家庭共产制形成），到奴隶或农奴制度、交易的小资产阶级社会、资本主义的制度，再到共产主义社会的发展过程，即社会制度之形式经历了"原始共产制、宗法社会制、奴隶制或农奴制（封建）、资本主义及共产主义"五种发展形态，而这一切社会形态变革的根源在于生产方式的发展变化，"生产力是发展社会的原动力"。②当然，这"五种经济关系之社会制度"仅仅是从大时段范围来看的。其实，"每一制度不过是整个儿的历史过程里之一阶段；各阶段内既有许多小阶段，各阶段之间又有种种过渡形式：譬如资本主义之内有商业资本、工业资本、财政资本三阶段。其中商业资本是封建制度与资本主义之间的过渡形式；财政资本（帝国主义）是资本主义与共产主义之间的过渡形式。不过每一大阶段之终了及开始时，社会制度必需经过一种突变（革命），所以革命的突变是各大阶段之间的界线。"③瞿秋白还特别强调了各民族国家由于生存的地理条件、历史环境不同，其社会制度会出现过渡的复合形式，如近代以来中国社会"遇见国际帝国主义的渗入"，便形成"新封建军阀加帝国主义经济"的一种新复合形式，这就给资本主义历史世界时代东方经济文化落后的国家进行社会革命带来了机遇和挑战，把握好这一机遇，成功应对时代挑战，并运用正确的革命政策与策略，社会革命就能成功，就能建立新的社会制度。瞿秋白认为，俄国革命的胜利充分说明了社会有机体"过渡形

---

① 《瞿秋白文集》（政治理论编）第2卷，人民出版社，2013，第545~546页。
② 《瞿秋白文集》（政治理论编）第2卷，人民出版社，2013，第548页。
③ 《瞿秋白文集》（政治理论编）第2卷，人民出版社，2013，第549页。

式及复合形式"的原理：一是"俄国无产阶级因地理关系，既胜之后容易得守"；二是"俄国无产阶级因世界资本主义有复合过渡的形式，而恰好处于世界的资产阶级最弱的地方"。"凡是资本主义较弱的地方容易开始社会革命，而胜利后难于社会主义之实行；凡是资本主义较强的地方难于开始社会革命，而胜利后容易实行社会主义。——这是应用唯物史观时，综观全社会（世界）种种复合的经济关系及全历史种种过渡的社会制度之原则。"① 中国新民主主义革命胜利也证明了瞿秋白这一深刻的思想认识。

瞿秋白不仅运用唯物史观深刻分析了生产力之状态及受这些生产力所规定的经济关系对社会有机体发展的基础和动力作用，还系统剖析了法律、道德、宗教、风俗、哲学、科学、艺术等上层建筑在社会有机体发展中的地位和作用。依据马克思主义的观点，法是具有阶级性的，是统治阶级意志和利益的体现，它是在一定的经济基础上产生的，是为一定的经济基础服务的，属于上层建筑。瞿秋白认为："法律是政治的附庸，没有政治决不会有法律。"② 在以往剥削的阶级社会里，"法律是不平等的产物"，是统治阶级维持自身统治、奴役劳动人民的工具，因此，"社会里阶级间的经济关系及政治关系若要巩固，必要有法律：违背这种经济关系及统治关系的便受镇压（处罚）"，故"经济关系时有变迁，法律当然大有变革，——统治阶级更换，法律的根本概念自然更换"。③ 所以，无产阶级革命夺取政权以后，为了维护社会主义国家的统治，开展正常的"经营生产与国外贸易"，保护人民群众的生产劳动和合法权益，防止资产阶级的"日谋破坏"，"仍旧要法律来管辖他们"，④ 即运用法律镇压一切企图颠覆社会主义政权的敌对势力，以捍卫无产阶级专政。当然，法不是永恒的东西，而是历史现象，是随着私有制、阶级、国家的产生而产生的，也必将随着私有制、阶级、国家的消亡而消亡。瞿秋白指出："无产阶级国家的法律适应他的经济改造政策，等阶级完全消灭，政权尚且消灭；那时私产既无，各得所需；文化极高，应用科学方法组织经济，并施教育；群众受社会生活的熏陶，心理上生理上的病状尚且日益减少，人人能以自力调节

---

① 《瞿秋白文集》（政治理论编）第 2 卷，人民出版社，2013，第 550 页。
② 《瞿秋白文集》（政治理论编）第 2 卷，人民出版社，2013，第 558 页。
③ 《瞿秋白文集》（政治理论编）第 2 卷，人民出版社，2013，第 559 页。
④ 《瞿秋白文集》（政治理论编）第 2 卷，人民出版社，2013，第 560 页。

自己的欲望，罪恶决难存在——法律当然消灭。"①

同样，在阶级社会里，作为上层建筑的组成部分，道德也是"阶级的，而非社会的"，它受经济基础的制约，其"根据实在经济"，经济随着"生产力而变更"，"道德因此流变不止"。瞿秋白认为，在原始社会时，生产力极其低下，"人人自为工作，合力御敌：人与人之间的关系很确定而且统一"，"无所谓善恶"，"其实还没有道德"。在宗法社会里，随着"家庭经济制度的发生"，人的活动和个性受到宗法制和家长制的束缚，"社会既有约束的需要，便有道德发生"。在瞿秋白看来，自阶级产生以来，社会里便分为治者阶级和受治阶级，治者阶级为了维护自己的统治和等级制度，都极力通过所谓"忠君爱主"、"仁慈恭顺"、"有钱买货"、"欠债还钱"、"机会平等"等说教来掩饰剥削制度与私产制度，进而也蒙蔽着无产阶级的道德心理。但社会物质生产力的发展，自然会造成新的社会心理——社会主义的宣传。无产阶级在争取解放的斗争中，必定要打破资产阶级旧思想旧道德，创造出符合无产阶级利益和需要的新思想新道德："以团结力、奋斗力为德行"。所以，道德绝不是资产阶级学者所宣扬的"是超越时空的永久真理"，道德只不过是"社会心理的一方面，暗示民众以'行为的标准'，——亦是组织劳动的一种工具"。而社会心理"一部分直接受经济关系的规定，别部分受生长于经济关系上的社会政治制度的规定"，它是"物质生产的'精神工具'"，"随着经济动象而变"。故社会有机体形态不同，"道德也就绝相违异"，"'永久的绝对的善恶'决没这么一回事"。一切所谓超越时空、独立的超阶级的道德学说都是不正确的，没有贯穿人类社会始终的永恒的道德，故道德上的善恶不具有永久的意义，任何道德都是具体的历史的阶级的道德，不存在抽象的亘古不变的道德。当然，道德也有继承性。因为，"新社会从旧社会演化出来，并非从天而下的，将来的共产主义是社会几千年进化，积累共同生活之组织习惯的总成绩。所以新阶级的道德并非与旧社会绝对相反的，不过可以同一手段而目的根本不同罢了"。②这也告诉我们当代人，在推进中国特色社会主义事业进程中，我们必须继承和发扬中华民族优秀的道德文化，努力践行

① 《瞿秋白文集》（政治理论编）第 2 卷，人民出版社，2013，第 561 页。
② 《瞿秋白文集》（政治理论编）第 2 卷，人民出版社，2013，第 561～565 页。

社会主义核心价值观，进而为社会经济发展提供有力的精神支撑。

至于风俗、艺术、哲学等上层建筑都是"社会劳动的产物"，"应当与社会的需要相结合"，它们"一方面是经济的产物，别方面又做经济发展的助缘"。就艺术来说，瞿秋白认为，艺术在人类社会发展的不同历史时期有不同的地位与作用：在原始社会，艺术"不在于游戏而在于劳动，人类的开始歌唱，正在共同使用工具之时，所谓'劳动声'便是原始时代调节工作的节拍，使共同劳作的人群互相适合"，所以，"原人时代的歌唱、跳舞、绘画等，无不与当时生产方法有密切的关系"。① 在阶级社会，艺术不仅为经济基础服务，而且往往成为治者阶级统治受治阶级的斗争工具，所以无产阶级在从事革命斗争时，应当竭力振兴革命艺术为无产阶级服务，它能"舒畅无产阶级刻苦斗争的精神，增长群众的协作习惯及能力，振作创造的情绪"，② 以达到改造社会改造世界的目的。到了共产主义社会，艺术便为教育、鼓舞人民为发展生产和征服自然之用。所以，艺术一经人类劳动而产生后，就不是在真空中发展的，它随着社会的经济关系、政治关系和阶级关系等的发展变化而变化。

宗教作为一种客观的社会历史现象，是离经济基础较远的一种意识形态，起源于社会生产力水平极其落后的原始部落，阶级社会产生后，往往成为治者阶级恐吓受治阶级、使之驯服的工具，腐蚀革命者的意志和情绪，所以，宗教就成为治者阶级的一种"精神工具"，麻醉人民的"精神鸦片"。但随着人类社会生产力水平的不断提高，科学技术的不断发展，以及一切剥削制度及阶级斗争的消灭，人类将"廓清一切对于自然及社会的迷信"③，宗教也必然走向消亡。

需要进一步强调的是，瞿秋白在考察社会有机体进步发展的动力时，特别阐述了阶级斗争在推动人类社会历史发展中的重要作用，认为在阶级社会里，生产力与生产关系、经济基础与上层建筑的矛盾运动往往表现为阶级斗争，所以从历史活动的客体考察来看，阶级斗争是社会有机体进步发展的直接动力。关于这一点，马克思早在《哲学的贫困》中就明确指出，阶级对抗是人类社会历史进步的动力，"当文明一开始的时候，生产

---

①　《瞿秋白文集》（政治理论编）第 2 卷，人民出版社，2013，第 571 页。

②　《瞿秋白文集》（政治理论编）第 2 卷，人民出版社，2013，第 573 页。

③　《瞿秋白文集》（政治理论编）第 2 卷，人民出版社，2013，第 568 页。

就开始建立在级别、等级和阶级的对抗上，最后建立在积累的劳动和直接的劳动的对抗上。没有对抗就没有进步。这是文明直到今天所遵循的规律"。① 后来，马克思、恩格斯又说："将近40年来，我们一贯强调阶级斗争，认为它是历史的直接动力，特别是一贯强调资产阶级和无产阶级之间的阶级斗争，认为它是现代社会变革的巨大杠杆"。② 列宁继承和发展了马克思主义创始人关于阶级斗争的学说，指出："在欧洲各国，特别是在法国，导致封建制度即农奴制崩溃的汹涌澎湃的革命，却日益明显地揭示了阶级斗争是整个发展的基础和动力"。③ 那么社会阶级和阶级斗争又是怎样产生的呢？瞿秋白认为，"人类社会是一种经济协作的组织——劳动结合"，随着劳动工具的进步和分工的形成，并发展到一定时期，社会上就会发生两种人，"一种是占有生产资料及工具的人，一种是丧失生产资料及工具的人；前者得以购买后者的工力，后者的劳动生产品之一部分为前者所夺——那时，这两种人以及他们之间的种种过渡者，方成'社会阶级'"。④ 社会既有阶级，就会有阶级斗争，因为各阶级虽同处于一个社会里，但各自的目的和利益是不同的，对抗也就自然形成。瞿秋白指出："社会里仅仅占有生产资料及工具而不工作的一阶级（现代便是资产阶级）决不愿意轻轻放弃特权；那仅仅使用工具而丧失生产资料及工具的一阶级（现代便是无产阶级）便不得不反抗。反抗的结果，无产阶级能夺回生产资料及工具，归之社会公有，仍旧去使用工具从事生产（所以他仍旧是无产阶级）。不过旧时的资产阶级虽然丧失工具占有权，以及政权，还能以余力谋叛，此其一；旧时资本主义之下许多小生产仍旧存在，小工具只能私有，此其二；所以阶级还是存在，阶级斗争还是继续。"⑤

同时，在阶级社会里，统治阶级还利用宗教、政治、法律、道德甚至知识、艺术、风俗、习惯等精神工具来辅助他们的剥削行为，压迫被统治阶级。瞿秋白指出："政治不但是阶级斗争的工具，而且是最重要的工具；阶级与政治不能相离，有阶级即有政治。"因此，"一切阶级斗争，无有不

---

① 《马克思恩格斯全集》第4卷，人民出版社，1958，第104页。
② 《马克思恩格斯文集》第3卷，人民出版社，2009，第484页。
③ 《列宁选集》第2卷，人民出版社，2012，第313页。
④ 《瞿秋白文集》（政治理论编）第2卷，人民出版社，2013，第542～543页。
⑤ 《瞿秋白文集》（政治理论编）第2卷，人民出版社，2013，第543页。

反映到政治上来的，一切政争亦无有不含阶级性质的。根本上说来，阶级斗争是争政权之斗争，目的总在于取得政权以改造经济关系；因经济发展到一定的程度，新阶级便非取得政权不能往下发展。"① 同时，资产阶级失去政权后，"必定假借种种手段，如'民治'、'自由'等空谈号召，力谋资本主义复辟，反对无产阶级国家之经济规画政策。"② "资产阶级决不肯为社会上多数人福利而容忍无产阶级政府和平进行这经济改造事业。因此，无产阶级必然行独裁制——剥夺资产阶级之政权及一切公权，只有劳动者享有代表制的权利——苏维埃制"。③ 只有当"全社会里能恢复享有工具与使用工具之人为一，阶级才能消灭，阶级斗争才能终了"。也就是说，"只有无产阶级以已经公有的大生产征服一切小生产，改良生产的劳动工具——提高技术程度，使全社会一切工具都能共同享有，共同使用，分配上自然就可以各取所需"④ 时，阶级才能真正消灭，阶级斗争才能最终结束。在这里，瞿秋白运用自己理解的马克思主义唯物史观表达了四层思想：一是社会阶级和阶级斗争的产生是一定历史阶段的产物，是随着劳动分工和生产工具的不断进步而产生的，也必将随着劳动工具——技术的进步与提高、生产力的发展和社会财富的极大增长而消亡。"阶级消灭（剥削消灭）之后，国家也要消灭的"。二是占有生产资料的剥削阶级，特别是资产阶级绝不会轻易放弃特权，主动退出历史舞台。因此，无产阶级必须用暴力夺取国家政权，建立新型的无产阶级专政国家，以防止资产阶级的"余力谋叛"。三是无产阶级夺取政权后，必须以"大生产征服一切小生产"，"改造经济关系"，不断提高生产技术，创造物质财富，为实现各取所需的新社会而奠定基础。四是资产阶级所谓的"民治"和"自由"都是空谈和欺骗的，他们绝不会心甘情愿地承认失败，绝不会为大多数人谋利益，而时刻阻挠着无产阶级进行社会主义事业。所以，只要有阶级的存在，阶级斗争必将继续。"一切部分的日常生活里的小斗争，直接的间接的都是阶级斗争。"⑤这对于我们从理论与实践上深刻认识社会主义社会还

---

① 《瞿秋白文集》（政治理论编）第 2 卷，人民出版社，2013，第 551 页。
② 《瞿秋白文集》（政治理论编）第 2 卷，人民出版社，2013，第 553～554 页。
③ 《瞿秋白文集》（政治理论编）第 2 卷，人民出版社，2013，第 553～554 页。
④ 《瞿秋白文集》（政治理论编）第 2 卷，人民出版社，2013，第 543、543～544 页。
⑤ 《瞿秋白文集》（政治理论编）第 2 卷，人民出版社，2013，第 551 页。

长期存在着阶级和阶级斗争提供了重要的理论依据。当下有人认为，既然党的十八届四中全会强调依法治国，建设法治中国，就不需要再讲阶级和阶级斗争了，这实际上是对依法治国的一个误解。其实，法本身就是阶级斗争的产物，具有阶级性，不讲阶级和阶级斗争，就无法理解法的本质。而社会主义时期，阶级和阶级斗争的存在是一个客观的事实，瞿秋白曾明确指出："无产阶级革命之后，阶级没有骤然消灭。"① 社会主义改造完成后，毛泽东又强调：社会主义制度虽然已经确立，但"阶级斗争并没有结束。无产阶级和资产阶级之间的阶级斗争，各派政治力量之间的阶级斗争，无产阶级和资产阶级之间在意识形态方面的阶级斗争，还是长时期的，曲折的，有时甚至是很激烈的"，"社会主义和资本主义之间谁胜谁负的问题还没有真正解决"，② 社会主义社会仍然存在着资本主义复辟的危险。改革开放以来，我们党在不同历史阶段对阶级和阶级斗争问题始终保持清醒的认识，邓小平指出："社会主义社会中的阶级斗争是一个客观存在，不应该缩小，也不应该夸大。实践证明，无论缩小或者夸大，两者都要犯严重的错误。"③ 正因为法的本质具有阶级性，所以讲阶级、阶级斗争与依法治国并不矛盾，两者是统一的。

同时，瞿秋白还运用马克思主义阶级分析方法，阐述了近代中国社会的阶级和阶层，以及中国资本主义关系的发展程度，明确提出了无产阶级在民主革命中的领导权和农民是无产阶级最有力量最伟大的同盟军的思想，把中国资产阶级划分为官僚买办阶级和民族资产阶级，前者是革命的对象，后者具有两面性，强调中国民主革命应由无产阶级来领导，必须坚决地支持农民运动，发挥农民的革命斗争精神等。

这里需要进一步说明的是，瞿秋白还针对当时社会上一些人认为阶级斗争和无产阶级革命只会破坏生产力发展、妨碍社会建设事业的观点进行了辩证的客观的分析。他说："革命的怒潮时期一定有很大的破坏，然而这一种破坏是资产阶级的防御所引起的——是社会之不得已的牺牲，是建设的代价，亦就是建设的第一步。如果社会舍不得牺牲，不是容忍，便是复旧，反而弄得只有继续不断的不自觉的零星的破坏，永久不息的苦痛：

---

① 《瞿秋白文集》（政治理论编）第 2 卷，人民出版社，2013，第 560 页。
② 《毛泽东文集》第 7 卷，人民出版社，1999，第 230 页。
③ 《邓小平文选》第 2 卷，人民出版社，1994，第 182 页。

无产阶级不自觉的也一定要行改良运动，可是'进一步、退两步'，永久不得建设"。① 从这个意义上说，革命尽管以短暂的破坏社会建设或影响生产力发展，但目的是尽快改变束缚生产力发展的旧的生产关系和上层建筑，以促进生产力的快速发展，从社会发展的长远利益来看，革命是进步的、合理的，它暂时对社会稳定和正常秩序的影响，应当看成是社会历史进步必不可少的代价。因此，任何以革命暂时所具有的破坏性来否定革命发生的客观规律性、合理性，都是为不合理不公正的剥削制度和腐朽的统治阶级作辩护的理论，是极其有害的。

四 社会有机体发展的有定论

社会有机体的发展是否有规律可循，一直是历史哲学中的争论焦点。20 世纪 20 年代初中国思想界发生的"科学与玄学"的论战，其中一个重要的方面就是讨论人类社会的发展是有客观规律遵循的，还是意志自由支配的？1923 年 2 月，张君劢在清华大学发表了《人生观》的演讲，在他看来，人生观属于社会现象，受自由意志支配，而不受因果律支配，这与自然现象受因果律支配不一样，也即社会现象是没有客观规律可循的。对此，瞿秋白在同年 11 月曾发表了《自由世界与必然世界》一文，提出了自己的看法，认为社会现象与自然现象都是有规律可循的。从表面上看，人类社会历史的行动者"是有意识的人，各自秉其愿欲或见解而行，各自有一定的目的"，人的这些目的又往往相互冲突反对而不能实行，其结果与无意识的自然界毫无差异，但这"并不能因此而否认历史的进程之共同因果律"。虽然，"社会里与自然界同样是偶然的事居多。然而凡有'偶然'之处，此'偶然'本身永久被内部隐藏的公律所支配。科学的职任便在于发见这些公律"。② 正如恩格斯所言："在表面上是偶然性在起作用的地方，这种偶然性始终是受内部的隐蔽着的规律支配的，而问题只是在于发现这些规律"。③ 所以，没有脱离必然的偶然，历史进程中一切政治家的思想动机，不论是有意的或是无意的，必定与最后原因相联系，这一最后

① 《瞿秋白文集》（政治理论编）第 2 卷，人民出版社，2013，第 587 页。
② 《瞿秋白文集》（政治理论编）第 2 卷，人民出版社，2013，第 291 页。
③ 《马克思恩格斯文集》第 4 卷，人民出版社，2009，第 302 页。

原因就是人类经济生活对整个社会生活的内在制约性和决定性，这就是历史进化里的公律。科学的任务就在于发现社会历史进程中的这些客观的必然的公律，这也是我们人类获得最后解放的前提条件。瞿秋白指出："宇宙的现象必定有相当的规律，所谓'天生蒸民，有物有则'，日月山河，草木禽兽，自古以来变化非常之多，相互的影响非常之复杂；然而并不因此而可以说一切都是杂乱无章无从整理的。假使稍加考察，便可以看见一切现象之中都有线索可寻，此等现象之间的关系都有一定的相互影响"。① 同样，"社会现象之中亦是如此。人类的社会生活，不论他怎样复杂怎样各不相同，始终我们能考察得一定的规律"。② 比如，只要有资本主义的发展，就会有工人阶级的生长，就会有社会主义的运动。资本主义社会的经济经过一定时期的发展就会产生"经济危机"，而每一次科学技术的大发明一定会影响到人们的社会生活。所以，"自然及社会之中同样有一定的规律性"，③ 这是不以人的意志为转移的。

在论战中，瞿秋白还进一步阐述了人的意志自由与历史必然的关系。他说："一切动机（意志）都不是自由的而是有所联系的；一切历史现象都是必然的"。人的"自由"不能抽象地离开自然律而独立，人的意志自由在于不断地探悉这些公律，人类"只有探悉公律之后，方才能利用这些公律，加以有规划的行动，而达某种目的"。④ 这就是说，人的意志行动越接近事实，则越有自由；反之，人的意志行动超越因果律，越不接近于事实，则越不自由。"人要从'自然之奴'进于'自然之王'必须知道自然律；人要克服社会的自生自灭性必须知道社会律"。⑤ 因为，"不知因果律，便无从决定行为，只有孤注一掷的赌博的侥幸心，而绝无所谓自由意志"。⑥ 所以，人可以通过不断地认识和掌握社会有机体发展的客观规律而使自身获得辩证意义上的自由；人只有在尊重历史必然的基础上，才能展开自己有意识的行动，以达到自己的目的；人也绝不能因为受制于既有的历史必然而束手束脚，不要有意识的行动。其实，"社会现象的公律，若

① 《瞿秋白文集》（政治理论编）第 2 卷，人民出版社，2013，第 401 页。
② 《瞿秋白文集》（政治理论编）第 2 卷，人民出版社，2013，第 402 页。
③ 《瞿秋白文集》（政治理论编）第 2 卷，人民出版社，2013，第 402 页。
④ 《瞿秋白文集》（政治理论编）第 2 卷，人民出版社，2013，第 293 页。
⑤ 《瞿秋白文集》（政治理论编）第 2 卷，人民出版社，2013，第 304 页。
⑥ 《瞿秋白文集》（政治理论编）第 2 卷，人民出版社，2013，第 293 页。

是没有人，亦决不能有"。所以，社会有机体发展的客观规律与人的有意识的行动是辩证统一的，"社会现象是人造的，然而人的意志行为都受因果律的支配；人若能探悉这些因果律，则其意志行为更切于实际而能得多量的自由，然后能开始实行自己合理的理想"。因此，"'必然论'是社会的有定论（diterminisme），而不是'宿命论'（fatalisme）。社会的有定论说明'因果的必然'，只有不知道'因果的必然'的人，方趋于任运的宿命主义，或者行险的侥幸主义"。① 这并不像当年张君劢所言，要么承认社会发展的因果律，否认人的意志自由；要么承认人的意志自由，否认社会发展的因果律。这是对社会有机体发展有定论的背离。这表明，一方面人的意识活动依赖于客观的社会公律或必然性，另一方面人的有意识的行动对社会历史发展具有能动的反作用。总之，"因生产力的状态而成当代的经济关系；因经济的关系而生政治制度；因政治制度而定群众动机；因群众动机而有个性动机。经济动象流变，故个性动机随此阶级分化而各易其趋向，足以为新时代的政治变革的种种因素中之一因素。历史的规律性便在于此"。② 后来，瞿秋白在《社会哲学概论》《现代社会学》中进一步阐述了社会有机体发展的规律性与人的意志行动的辩证关系。

瞿秋白认为，人类之所以能够脱离自然界和社会关系的束缚而逐步趋向自由，正是因为他能够不断地发现社会发展规律，所谓"'自由'并不在于想象里的不受自然律之支配，而在于探悉这些公律，运用之以达自己的目的"。③ 可以说，人类越是发展，通过探索获知客观规律，就越能支配自然界而获得自由，真正的自由是建立在对客观规律的科学认识的基础之上的。所以，"自然界的必然公律之发见，实在是人类的自由意志之前提。发见社会关系之间的必然公律，当然更是人类解放所必需的条件"。④ 这就从辩证唯物论的立场，充分肯定了人的自由意志或有意识的行动与社会发展规律的互动作用，对当时的中国革命具有重要的启发意义。

既然社会有机体的发展是有规律性的，那作为推动历史前进的主体——人在社会里是否就是消极被动的，人能否通过主观能动性的发挥，

① 《瞿秋白文集》（政治理论编）第 2 卷，人民出版社，2013，第 298 页。
② 《瞿秋白文集》（政治理论编）第 2 卷，人民出版社，2013，第 302 页。
③ 《瞿秋白文集》（政治理论编）第 2 卷，人民出版社，2013，第 346 页。
④ 《瞿秋白文集》（政治理论编）第 2 卷，人民出版社，2013，第 347 页。

依据一定历史阶段社会面临的具体条件和环境的变化而适时地选择符合本民族社会发展的特殊道路呢？这就给我们提出了一个更为深刻的社会历史实践问题，如何正确认识人的活动在社会发展规律面前的作用问题。从当时中国共产党进行的新民主主义革命来看，首先要研究中国的基本国情，这是事物的客观性决定的，然后才能依据近代中国社会所处的历史方位和条件选择确定革命的道路，以求最后达到社会主义的理想目标。但人类社会的发展并不是单线发展的，往往由于历史条件、地点和环境的变化存在着多种发展路径和模式，是一线多元的，不是千篇一律的。任何夸大社会客观规律的作用而轻视人的历史实践活动的作用，或夸大人的主体能动性而忽视社会发展规律的客观性，都是错误的和不可取的。其实，自然规律和社会规律是不尽一致的：自然规律在人类社会产生以前就已存在，它并不需要人的参与才能存在和发挥作用，而是通过盲目的、不自觉的力量在起作用并实现出来，是一种外在的必然性；社会规律存在于人的生产实践活动中，它是通过人有目的、有意识的活动起作用并实现出来的，离开人和人的活动，社会规律就不复存在，它体现了人类从必然王国走向自由王国的历史进程。正如瞿秋白所说："社会现象的特征既在于受节制，则社会现象的规律性当然是目的的规律性"，"人的社会与自然之间的区别，在于人能有意识的以法律调节自己之间的关系"。① "社会现象之中各个互动的分子（人）是自觉的，有意识的。因此，自然现象之间的联系不能以自力变成有规划的；社会现象之间的联系却能以自力变成有规划的。""经济关系影响到政治制度上去，却可以有意作为的。"② 知道了这两者的关系与区别，就能为人在特定的历史条件和环境下发挥主体作用，创新思维，推动社会发展提供了现实的可能性。这表现在：一方面，社会有机体发展是历史规律的决定性与历史主体的选择性的统一。这里的决定性就是社会发展的自然历史过程，是规律的客观性；选择性就是一个民族国家在特定的历史环境下，通过历史主体人的主动性的创造发挥，选择适合本国国情的历史发展道路，从而使一个民族国家跨越某种社会形态向着更高级的社会形态迈进。正是从这个意义上说，社会有机体发展是客观规律的决定性与

① 《瞿秋白文集》（政治理论编）第 2 卷，人民出版社，2013，第 412 页。
② 《瞿秋白文集》（政治理论编）第 2 卷，人民出版社，2013，第 535 页。

人的活动的选择性的统一。20世纪的中国跨越资本主义"卡夫丁峡谷"，从新民主主义走上社会主义，既是历史的必然，又是中国人民的自觉选择，生动体现了必然与选择的统一。同样，党的十一届三中全会以来，中国实行改革开放，走中国特色社会主义道路，也是中国人民的自觉选择，是一次合规律的科学选择。总之，历史既是符合规律发展的自然历史过程，又是人的有目的的能动创造过程，也体现了社会有机体的发展是合规律性与合目的性的统一。

需要指出的是，瞿秋白关于社会有机体发展的有定论，只是仅此而已。而马克思关于社会有机体发展的决定论不仅包括历史发展的客观规律性，还包括历史发展的合力作用，即历史规律是在人类活动的合力作用中形成的，并且是通过人类活动的合力作用实现的。所以，没有人类活动的历史合力作用也就无法实现历史规律与人的活动的统一，每个人的社会实践活动都实际地参与了社会有机体发展的自然历史过程，这是个体能动选择与整体合力结果有机统一的过程。

五　社会有机体前行的主体论

如前所述，瞿秋白认为，社会环境和社会发展直接规定着个人的存在与发展，"人既然客观上永久是社会的动物，各个人便永久以社会为其环境。社会既是个人的环境，所以社会便能规定个人的发展。这一社会有这一社会的环境，所以便有这一社会的个人；那一社会有那一社会的环境，所以便有那一社会的个人"。① 但这并不是说，个人在人类社会发展历史进程毫无作用。按照历史唯物主义的理解，人是全部社会历史活动的承担者，社会通过人的创造性实践活动而存在和发展，离开人和人的实践活动，社会生活和社会历史发展规律就无从谈起。一方面任何个人都是处于一定社会关系中的人，具有社会性；另一方面任何社会又不能脱离具体的社会关系和个人而存在。这就涉及如何正确认识和评价人民群众和个人在社会有机体发展进程中的历史地位和作用的问题。马克思主义认为，人是创造历史的主体，社会生产力的发展、社会形态的更替，以及社会意识的

---

① 《瞿秋白文集》（政治理论编）第2卷，人民出版社，2013，第467页。

进步，都是现实的人的活动的结果；人民群众是推动历史前进的社会力量。对此，瞿秋白根据自己对唯物史观的认识，初步阐释了个人、人民群众和领袖在社会有机体发展中的地位和作用。

1. "个人对于历史是有影响的，历史本是我们人所做出来的"①

围绕着人在社会历史发展中的作用问题，历来有两种对立的观点。唯心史观（英雄史观）认为历史是由少数英雄人物创造的；唯物史观（群众史观）认为创造历史的决定性力量是人民群众。前者片面夸大了少数历史人物的意志和思想在社会发展中的作用，从而把社会历史看作是由少数英雄创造出来的。后者"以自然科学的精确性去研究群众生活的社会条件以及这些条件的变更"②，从而得出"历史活动是群众的活动，随着历史活动的深入，必将是群众队伍的扩大"③ 的结论。对此，瞿秋白指出："个人能否影响历史，个人影响历史的能力有多大？中国人所谓究竟是时势造英雄呢，还是英雄造时势？"依据对唯物史观的理解，他说："随便什么样的个人，一举一动都能影响到社会上去；随便什么样的个人，所念所想都是社会现象的一部分"。④ 在这里，瞿秋白虽然提出"各个人确能影响社会"，都能参与历史的创造，但他坚持每个人创造历史的活动都是有原因的，作用有大小的，都是要受到一定的社会历史环境影响的，不是随心所欲地创造历史。一是受制于客观的社会环境。这里的社会环境包括家庭、团体、职业、阶级、全社会等客观条件。瞿秋白认为，"个人是社会的产物"，"社会的环境影响个人的行动，个人行动的动机都受社会生活的暗示"。⑤正是这种社会环境，规定着"个人行动的动机"，缩小着"个人的目的的实行范围"。⑥ "在社会环境里及社会发展的过程里，个人的行动是有一定的范围的"。⑦ 二是受制于传统的历史文化风俗。由于"个人差不多完全是社会的产物"，他受着家庭、学校、社会等种种"训育"和影响，他所说的话、所想的种种观念都是前几辈所渐渐确定下来的，都受着四周社会风

① 《瞿秋白文集》（政治理论编）第 2 卷，人民出版社，2013，第 468 页。
② 《列宁专题文集·论马克思主义》，人民出版社，2009，第 14 页。
③ 《马克思恩格斯文集》第 1 卷，人民出版社，2009，第 287 页。
④ 《瞿秋白文集》（政治理论编）第 2 卷，人民出版社，2013，第 467、468 页。
⑤ 《瞿秋白文集》（政治理论编）第 2 卷，人民出版社，2013，第 468 页。
⑥ 《瞿秋白文集》（政治理论编）第 2 卷，人民出版社，2013，第 468 页。
⑦ 《瞿秋白文集》（政治理论编）第 2 卷，人民出版社，2013，第 470 页。

尚习俗的包围和陶养，所以各个人的性格习惯完全是社会影响所形成的，是各种社会影响所结合成的。三是受制于个人的社会地位和岗位职责。在瞿秋白看来，个人对于社会和历史的作用，往往还受其"占有特别的地位或执行特别的工作"的影响。就如军队里的参谋部，虽然只有少数人，但其影响要比几百万大军大得多。因为，"他们的力量是一种特别的社会联系及特别的组织所造成的"。① 当然，如果参谋部的少数人脱离里军队和其他设备条件，其作用也不可能充分发挥，没有丝毫的价值。所以，任何个人对社会历史发展发生影响都要受历史条件的限制。正如马克思指出："人们自己创造自己的历史，但是他们并不是随心所欲地创造，并不是在他们自己选定的条件下创造，而是在直接碰到的、既定的、从过去承继下来的条件下创造"。② 故"要研究社会的发展，应当先考察社会情状，然后进于个人事迹的研究"，从社会关系方面来说，"社会生活的各种条件、阶级、职业、家庭、学校等的环境"，"可以解释个人发展的因果"。③ 因此，我们在分析个人或历史人物在社会有机体发展进程中的作用或功绩时应当依据当时的历史条件和环境对其进行具体的、全面的考察，既不能过分夸大、美化或任意拔高，也不能脱离具体的历史条件或用今天的标准苛求古人，而是根据他们是否比前人提供了更多新的东西，只有这样，我们才能正确评价个人或历史人物在推进人类社会发展中的正确作用。瞿秋白强调，"要知道：旧的技术及科学，是集合几代人、几百年的社会生活的产物而成的。新发明家不过是考察旧的而创造新的罢了"，所以，"在社会环境里及社会发展的过程里，个人的行动是有一定的范围的"。④

2. 政治领袖的力量要比普通的个人或普通的党员大得多

在社会有机体的发展进程中，历史规律常常是由一些政治领袖首先发现的，新的历史任务也常常是由他们提出的。他们之所以能发现规律、适时地提出符合时代要求的新的历史任务，是因为政治领袖"有相当的智识学问及经验等"，他们比一般人或普通党员站得高、看得远，特别是无产阶级政治领袖都是在长期的群众斗争、群众实践中产生的，是无产阶级和

① 《瞿秋白文集》（政治理论编）第 2 卷，人民出版社，2013，第 468、469 页。
② 《马克思恩格斯文集》第 2 卷，人民出版社，2009，第 470～471 页。
③ 《瞿秋白文集》（政治理论编）第 2 卷，人民出版社，2013，第 470 页。
④ 《瞿秋白文集》（政治理论编）第 2 卷，人民出版社，2013，第 470 页。

人民群众的忠实代表，他们所提出的思想往往能够成为社会变革的先导，他们对社会历史发展进程常常产生重大而深远的影响。瞿秋白指出："政治领袖的力量当然比普通的个人或普通的党员大得多"。① 同样，这些政治领袖或伟大人物（包括科学家、发明家、思想家、艺术家等）对社会历史进步产生巨大作用，仍然要受到一定的社会历史条件的制约，任何政治领袖或伟大人物要想摆脱历史条件的制约都是不可能的。他说，即使是领袖"假使没有相当的组织（政党、工会、结合群众的机关等等）"，"决不能有什么作用"；所以"他们亦只能在一定的范围内，一定的环境内开展自己的才能。假使极有天才的技术家，没有求学及研究的可能，没有现代社会的种种工具，他亦只能去卖破布，走江湖，——谁也不知道他。名将不能成就在军队之外，天才的技术家亦不能成就于机器之外"。② 由此可见，"社会联系造成个人的力量"，③ 个人的力量必定要受到时代环境的限制与影响，而英雄、伟人、领袖只不过是某一时代某一阶级的"历史工具"。对于这一点，瞿秋白在《历史的工具——列宁》一文中做了进一步的阐述。他说："列宁不是英雄，不是伟人，而只是二十世纪世界无产阶级的工具"。按照瞿秋白的理解，随着世界资本主义的发展，20世纪世界已进入了帝国主义时代。英、德、法、美等国资产阶级为了资本的扩大和掠夺，必然要发生相互杀戮和争夺殖民地，第一次世界大战爆发就成为历史的必然。而战争又使无产阶级和广大农民充当炮灰，深遭奴役，于是无产阶级和广大农民便有联合起来向资产阶级进行阶级斗争之必要，同时也迫切需要一个人"来做国际无产阶级的组织者，来做劳动者对资本家下总攻击的指挥者"。加上当时的俄国是帝国主义链条中最薄弱的环节，"这种环境遂使俄国无产阶级的先锋——列宁，做成世界社会革命的总指挥者、总组织者……不但是无产阶级革命的指挥者，并且是一切平民受压迫者的革命运动之组织者"。因此，"每一个伟人不过是某一时代、某一地域里的历史工具。历史的演化有客观的社会关系，做他的原动力，——伟人不过在有意无意之间执行一部分的历史使命罢了"。瞿秋白还进一步指出："假使没有列宁，世界的帝国主义仍旧是在崩坏，国际的无产阶级仍旧要行社会

---

① 《瞿秋白文集》（政治理论编）第2卷，人民出版社，2013，第469页。
② 《瞿秋白文集》（政治理论编）第2卷，人民出版社，2013，第469页。
③ 《瞿秋白文集》（政治理论编）第2卷，人民出版社，2013，第469页。

革命，东方各国的平民仍旧是进行国民运动"。所以，是时势造英雄，而英雄一旦出现，又因其过人的胆魄、睿智，以及善于把握历史机遇的政治洞察力，率领广大人民群众运用历史规律推动着社会有机体向前发展。这是英雄、领袖不同于一般民众的地方。因此，俄国十月革命"假使没有列宁，革命的正当方略，在斗争的过程里，或者还要受更多的苦痛，费更多的经验，方才能找着"。① 当然，瞿秋白在强调英雄、伟人或领袖是历史工具时，往往忽视了作为主体的人民群众在推动社会历史发展中的合力作用。

瞿秋白对社会有机体的剖析考察继承和发展了马克思的社会有机体理论，是马克思的社会有机体理论与中国具体实践相结合的产物。他的这一思想从两个方面奠定了其在马克思主义发展史上的历史地位。一方面，瞿秋白的社会有机体思想中所包含的物质论、系统论、动力论、规律论、主体论等都是以马克思主义唯物史观为基础进行认识和思考的，并以此来阐释自然、人类和社会的各种现象，进而揭示社会有机体发展的必然趋势和客观规律，因而成为马克思主义社会有机体理论发展史上不可或缺的重要组成部分，奠定了其在中国现代哲学史上的历史地位。另一方面，瞿秋白的社会有机体思想又是在近代中国社会急剧转型的历史过程中形成的，其目的是用马克思主义唯物史观来帮助中国的知识分子和广大民众辩证地分析近代中国的经济状况、社会性质、阶级关系、历史特点等，并用以解答时代课题和指导中国革命实践，因而具有强烈的时代性、实践性和革命性，为以毛泽东为代表的中国共产党人创立新民主主义革命理论做出了重要贡献。

---

① 《瞿秋白文集》（政治理论编）第 2 卷，人民出版社，2013，第 477 ~ 478 页。

第六章　李达的社会有机体思想

李达在传播宣传马克思主义唯物史观、推进马克思主义哲学中国化的进程中对社会有机体的本质、构造、进化，以及对中国革命历史实践的影响等都做了系统的阐释，大大丰富了马克思主义社会有机体理论。深入分析研究李达的社会有机体思想，必将有助于我们从历史高度和整体视角认识和掌握马克思主义社会有机体理论。本章以李达的《现代社会学》《社会之基础知识》和《社会学大纲》等主要著作为例，系统地探讨其社会有机体思想以及这一思想在中国革命历史实践中的运用，以为我们更深刻地理解近代中国的社会结构、基本特点，以及中国新民主主义革命的发生发展提供一个新的视野。

一　社会有机体的本质论

任何一种思想学说都有自己的理论前提和出发点，李达在寻求改造中国社会、建设新国家的道路中，找到了自己的理论依据——"唯物史观学说"。作为唯物史观学说重要组成部分的社会有机体理论自然就成为李达认识社会和改造社会的"钥匙"。李达正是以唯物史观为依据，通过对社会本质的深刻分析，形成了其关于社会有机体的本质论。

对社会有机体本质问题的认识和看法，是李达在对三种旧有社会学说的批判的基础上作出的。他在《现代社会学》第二章"两种对立的社会说"中，专门对旧有三大历史的社会本质说做了检讨："契约的社会说"、

"生物的社会说"和"心理的社会说"，并在对它们进行各自分析的基础上，指出它们分别为"资本阶级树立民治主义之政治的论据"、"资本阶级树立自由主义之经济的论据"和"资本阶级树立温情主义之社会政策的论据"。因而，"三说"有共通之点："皆拥护资本阶级"，皆以唯心史观为其哲学基础，皆不足以说明社会的本质。只有与之对立的"唯物史观社会说"，才能说明社会的本质。因为"社会非由契约而成，非由心性相感作用而起，亦非如有机体之受自然法则所支配，乃由加入生产关系中之个人结合而成"①。他指出，人要生存，就必须要参加社会的生产，共同生产生活资料，进而直接或间接发生种种生产关系。因此，唯物史观的社会本质说可概述为："社会生活之历程，即物质的生产历程，而物质的生产历程，完全受生产技术及生产力之支配。在物质的生产历程中，所谓精神文化，皆由物质的生产关系中产出，随生产力之发达而发达，随生产关系之变迁而变迁。社会之进步，亦即生产力之进步。"②这就从横向上勾勒出社会构造的基本要素，也从纵向上指出社会进化的一般规律。正是基于对社会本质的这种认识，李达给社会下了一个简短的定义。他说："人类间立于生产关系之结合，谓之社会。"③如果说这一定义还不可以等同于社会有机体内涵，还未完全体现出整体性、有机互动性以及活的特性等社会有机体本质特征的话，那在之后他完成的《社会之基础知识》一书中对社会有机体基本特性的揭示就充分地展现出来了。

　　李达对社会有机体独特本质特征的阐述，是其在对社会的系统观和社会关系的性质进行论述中凸显的。他说："社会是包括人类间一切经常相互关系的系统，在这个系统中，一切经常相互关系，都以经济的经常相互关系做基础。"④这个关于"社会是什么"的概念就揭示了"社会有机体"范畴的独特内涵特征：社会是一个系统，是一个由各种相互关系组成的系统，且在这一系统中各种相互关系是"经常不间断的"，其中，经济的经常相互关系是基础。其后，他又具体地阐明了社会这一系统包含着的三个要素：（1）物的系统。他指出，物的系统以"生产手段"为主体，主要表

① 《李达文集》第1卷，人民出版社，1980，第238~241页。
② 《李达文集》第1卷，人民出版社，1980，第243页。
③ 《李达文集》第1卷，人民出版社，1980，第243页。
④ 《李达文集》第1卷，人民出版社，1980，第498页。

现为"物质的生产力",也即社会的技术系统,构成全社会的技术系统的各成分又各自成为一个小系统。各小系统之间,又"循着一定比例、一定关系,互相结合、互相影响"①。(2)人的系统和观念的系统。李达指出,社会是人类的系统,"社会不仅生产物质的财货,还生产'精神的价值'(如科学艺术等)。质言之,社会不仅生产'物',还生产'观念'。这些观念一生产出来,便互相适应而成为观念的系统。"这三个系统是"互相关联、互相影响"的,又是"互相调和互相均势地存在着。换言之,这三个系统若不是互相适应地存在着,社会便不能存在"。② 其中,社会的技术系统是决定人类相互间生产关系的系统,"有怎样的社会的技术,便有怎样的生产关系,即是有怎样的经济的构造",③ "有怎样的经济的构造,就有和那构造相适应的政治制度,法律制度和一定的意识形态";④当后者对前者相冲突时,社会就会发生变化。他举例说,政治的斗争的结果,就会"变更现社会的经济组织,而用新的代替它"⑤。正如此,"社会是不断地进化着,所以社会的构成,也是不断地变化着。……有徐徐进行的,有急剧进行的,前者称为进化,后者称为革命,这是社会的变化的两个形式。"⑥因而,社会不仅是一个完整的系统,而且是一个包含各种较小系统、并互相关联和互相影响,处于不断变化中的系统。

通过对李达有关社会本质的分析,可以看出,社会是一个由各种系统、各种要素相互作用、相互依赖组成的具有一定结构、活的处于不断进化之中的有机整体。正如马克思所说:"现在的社会不是坚实的结晶体,而是一个能够变化并且经常处于变化过程中的有机体。"⑦ 这就从根本上揭示了社会有机体的本质特征。由此可见,李达的社会有机体理论不仅存在,而且有较为系统的理论体系,这一理论体系还进一步集中在他对社会的横向的构造、纵向的进化,以及中国革命的实践等一系列问题的阐释中。

---

① 《李达文集》第1卷,人民出版社,1980,第505页。
② 《李达文集》第1卷,人民出版社,1980,第504页。
③ 《李达文集》第1卷,人民出版社,1980,第506页。
④ 《李达文集》第1卷,人民出版社,1980,第516页。
⑤ 《李达文集》第1卷,人民出版社,1980,第531页。
⑥ 《李达文集》第1卷,人民出版社,1980,第516页。
⑦ 《马克思恩格斯全集》第42卷,人民出版社,2016,第17页。

二　社会有机体的构造论

李达在对社会的横向论述中，形成了社会有机体的构造理论，它主要包括了社会的基础论和社会的上层建筑论。这里以《社会学大纲》中的相关论述为依据，说明李达的社会有机体构造理论。

"社会的基础"论是李达社会有机体思想的核心，它包含了李达对生产力、生产关系和社会的经济构造等问题的认识和看法。李达首先从劳动的分析入手，他认为，人是社会的动物，人要取得生活资料，就必须从事劳动，"劳动力、劳动手段和劳动对象"构成了劳动过程的三个要素，只有这三个要素结合起来而一同运动的时候，人类才能开始生产。他说："生产过程时发挥出来的制造物资的能力，就是生产力。……人与人在生产过程中发生的相互关系，称为生产关系。……生产关系的总体，形成了社会的经济构造。这种经济构造，就是社会的基础。"① "生产力"、"生产关系"和"经济构造"，正是构成社会内在结构的基本要素。其中，"经济构造"在很大程度上就是指经济基础，但与普遍意义上的经济结构或经济基础稍有不同的是，它具有独特的构成，这正是李达社会有机体思想的特色。在李达看来，表明劳动手段的技术系统，决定着人类间的生产关系，亦即决定着社会的经济构造。那么，由社会的技术"织成"的生产关系包含哪些呢？李达指出，这样的生产关系由于是社会生产过程的形成，因而人们在生产过程中形成了如下四类生产关系："第一是人与人在生产过程中结成的相互关系；第二是在分配过程中结成的相互关系；第三是在交换过程中结成的相互关系；第四是在消费过程中结成的相互关系。"② 这些生产关系，都是与特定发展阶段上的生产力发展水平相适应的。因此，生产力与生产关系的矛盾是社会的经济构造的一般法则。

社会的上层建筑论亦包含了李达对马克思唯物史观的继承和思考，主要包括他对政治的法律的上层建筑和意识形态的上层建筑等问题的认识和看法。（1）在政治的法律的上层建筑方面，李达首先阐述了阶级。在他看

---

① 《李达文集》第2卷，人民出版社，1981，第287～289页。
② 《李达文集》第2卷，人民出版社，1981，第289页。

来，一切政治现象都是阶级现象，所以，要理解政治的上层建筑，必先要理解阶级的理论。什么是阶级？李达认为，只有唯物史观所贯穿的、立足于特定的生产关系的基础上的阶级观才是科学的。他指出，阶级是一个历史范畴，只是在社会的一定历史的发展阶段上才发生，所以，历史上特定的生产体系，一定社会经济制度中社会集团所占的差别地位，是阶级差别的基础。在经济上占支配地位、生产手段的所有者，即为统治阶级；反之，完全逃离生产手段的、依附生产手段的，则是被统治阶级。值得注意的是，李达在论述阶级的过程中，阐述了生产力和生产关系矛盾中非敌我矛盾和敌我矛盾的两种不同表现：敌我矛盾表现在阶级社会里，非敌我矛盾则表现在无阶级的社会里。其后，李达又论述了国家的一般理论：在国家的定义上，他引用了恩格斯对国家的定义，并强调指出："国家的基础是社会的经济构造"、"国家的内容是阶级间的诸关系"、① 国家 "绝不是超阶级的东西"②；在国家的统治类型方面，李达主张无产阶级专政；在国家的统治工具方面，李达较多地论述了政党的作用；在国家获得统治的方式方面，则是社会革命。法律的上层建筑方面，李达并未在《社会学大纲》中过多涉及，但他对法律非常重视，专门撰写了《法理学大纲》一书。他认为，法律和国家是一体的两面，法律是国家的灵魂，国家则是法律的形体。（2）在意识形态的上层建筑方面，李达阐述了意识形态的一般概念和意识形态的发展历史。值得注意的是，李达在对意识形态的内涵和外延进行界定时，批判了普列汉诺夫和布哈林的意识形态观。他认为，普列汉诺夫所认为的"意识形态是以一定的'社会心理'作基础而形成的"、布哈林所认为的"意识形态是社会心理的结晶体"等观点是片面的，因为普列汉诺夫的社会心理概念带有生物有机体性质、布哈林的构想则把一切问题都机械化了，他们都没有"理解社会心理与意识形态"的有机统一。他总结说："所谓意识形态，是社会意识的形式，形式和内容有着辩证法的相互关联，即不具形式的任何社会心理是没有的，同样，没有内容的社会心理的形式即意识形态也是不存在的。换句话说，社会心理，不是像布哈林所说，当作一种浑沌的不具形式的'心理状态'而与其结晶体或'系

---

① 《李达文集》第 2 卷，人民出版社，1981，第 493～494 页。
② 《李达文集》第 2 卷，人民出版社，1981，第 497 页。

统化'的意识形态并立存在的东西。"①它具有相对的独立性、阶级性等特征。

李达有关社会的构造的基础及上层建筑的相关论述，展现了纷繁复杂的社会现象背后所蕴含着的一般规律：生产力、生产关系和社会的经济构造，以及政治、法律、道德、宗教、艺术、哲学等社会的上层建筑，是构成社会有机体内在结构的诸多要素；正是它们在社会这一有机系统中相互作用、相互影响，促成了社会有机体的不断进化。

三　社会有机体的进化论

李达在对社会的横向的阐述中，也描绘了社会进化的一般原理，这主要包括了对历史发展的动力、规律和阶级斗争与历史发展的关系等理论问题的探讨。

历史唯物主义认为，生产力与生产关系，经济基础与上层建筑，是社会的基本结构，这两对结构构成了社会的基本矛盾。正是社会基本矛盾的运动，推动着社会有机体的发展。李达充分发挥了唯物史观的这一基本原理，形象而生动地阐发了社会进化过程中社会有机体诸要素结构的地位作用。他说："社会之革命的进化，依据二种现象而成。其一为物质的现象，由生产力之发达而成；其二为精神的现象，系受前者之影响，由社会的阶级斗争而成，两者同出一源，而其任务则分途并进。盖生产力发达，则社会物质的基础势必发生变化，旧生产关系不能增进生产之利益，而成为生产力发达之障碍。政治法制等上层构造，已不适合于经济的基础，于是生产力与生产关系遂至互相冲突，同时经济上被压迫之阶级亦与经济上占势力之阶级，发生阶级的利害之争斗。此时生产关系苟不改造，则生产力不能继续发达，社会即无进化。而改造此生产关系之人工的发动力则为阶级斗争。阶级斗争之结果，社会之物质的基础改造，因而政治法制等上层建筑亦适应此基础而改造，如此产生之新社会遂超出旧社会之上，是谓社会之进化。是故社会进化之原动力实为生产力，生产力继续发达，则经济组织继续进化，政治法制及其他意识形态亦随而继续进化，此社会进化之原

---

① 《李达文集》第 2 卷，人民出版社，1981，第 566 页。

理也。"① 李达这一段在《现代社会学》中的对社会进化之根本的集中阐述，可谓深得唯物史观"三昧"。

一是区分了社会有机体进化的"人工的发动力"和"原动力"，阐明了社会生产力的发展是社会进化的决定性力量。重视阶级斗争在社会进化中的作用，把阶级斗争称为"人工的发动力"，这是李达对阶级斗争理论的重要贡献。可以说，李达也是中国较早能理解这一观点并结合中国实际，系统阐发这一观点的少数理论家之一。他认为，资本主义生产关系发展到一定阶段，就会产生有产者和无产者两大阶级，无产阶级受资产阶级的压迫和掠夺，就会产生阶级觉悟；有了阶级觉悟，就会发生阶级的心理；有了阶级的心理，就会有一种阶级的运动，因而，阶级斗争为变革社会的"人工的发动力"。不仅如此，李达还区分了社会有机体进化的"人工的发动力"和"原动力"。在李达的一系列著述中，都鲜明地提出生产力是社会进化之"原动力"。他指出，社会发达即为生产力的发达，当"生产力有进步的变动时，那社会的技术和社会的经济之间，就必须发生矛盾，经济的构造中必至失却均势"②。强调生产力在社会中的决定性地位，是李达构建以生产力为核心的历史唯物主义体系的主要体现。显然，这些判断和论点都是与唯物史观相符的，从根本上划清了与唯心史观和形而上学历史观的界限。

二是把社会作为客观的、合乎规律的、活的有机整体去理解，阐明了人类社会由低级形态向高级形态发展的规律。在李达的上述论点中，说明了生产力与生产关系、经济基础与上层建筑的辩证关系。正如他指出的那样，"社会发展法则必须在社会内部去探求"，③ 正是社会自身蕴含着的这样的矛盾，社会崭新的构成形态，起而代替陈旧的构成形态。由此，他把社会的"经济的社会形态演进"称作为社会的"经济构造发展之历史的形态"，并结合当时社会发展，运用较大的篇幅开创性地提出分析了"社会的经济构造发展之历史的形态"顺次发展的五大阶段："原始社会的经济构造"、"奴隶制社会的经济构造"、"封建社会的经济构造"、"现代社会

---

① 《李达文集》第 1 卷，人民出版社，1980，第 344 页。
② 《李达文集》第 1 卷，人民出版社，1980，第 516 页。
③ 《李达文集》第 2 卷，人民出版社，1981，第 350 页。

的经济构造"、"过渡期社会的经济构造"。① 当然这一社会演变的客观规律是一般意义上，李达还阐述了特定社会内部发展法则的特殊性。他说："社会是一个发展的过程，社会的发展法则自身，也是一个发展的过程。"因而，"各个历史的时代，各自有它特殊的法则。如同古代社会、封建社会、现代社会等各种社会的有机体，也和各种动植物的有机体一样，在根本上是互不相同的。"② 这些差异，李达认为，都是根源于生产力和生产关系的特殊性。

三是系统揭示了社会进化的完整过程，阐明了革命是社会形态变革的形式。在李达看来，社会"由旧而且低之生产关系进至新而较高之生产关系，并变更其上层建筑之全部者"，即谓之"社会革命"。因此，他认为，社会革命分为经济革命和政治革命两个方面，经济革命是社会基础之变革，政治革命则为社会上层建筑之变革。要完成社会革命，两者必相须并进："为企图社会革命而实行之政治革命，必在经济革命开始时始能有成；而经济革命进行时，又必有待于政治革命始能实现。故政治革命为社会革命之前提，又为社会革命必经之途径，经济上被压迫之阶级苟不先取得政权以改造经济组织，社会革命必无由实现也。"③ 不仅如此，李达还区分了社会革命和政治革命。他说："盖一切革命能使旧社会完全解体者，谓之社会革命；一切革命仅在于颠覆旧权力者，谓之政治革命。"④所以，社会主义社会革命为实现社会主义而行之，由无产阶级主动。

李达关于社会进化的一般原理，指明了历史发展的动力和规律，也指明了社会各要素、关系在历史发展中的地位、作用，这就从纵向上进一步揭示了社会有机体范畴的有机互动性、"活的"、处于不断运动变化中的特性。

四　社会有机体的实践论

李达不仅对社会的构造、进化进行了详细的阐述，形成了社会有机体

---

① 《李达文集》第 2 卷，人民出版社，1981，第 403 页。
② 《李达文集》第 2 卷，人民出版社，1981，第 295 ~ 296 页。
③ 《李达文集》第 1 卷，人民出版社，1980，第 268 页。
④ 《李达文集》第 1 卷，人民出版社，1980，第 268 页。

的构造论、进化论，他还把理论应用于实践，对近代中国的社会构造和社会进化，即无产阶级革命的实际问题进行了深刻的分析。这些分析体现在上述李达的所有著作中。

运用唯物史观探讨社会的构造，并在理论的指导下，分析当时中国的实际问题，是李达坚持把马克思主义基本原理同中国具体实际相结合的典范。事实上，作为在中国传播马克思主义的先驱，李达成为马克思主义坚定的信仰者和热忱者，主要原因正是在于近代中国不断加剧的民族危机和社会危机。"中国向何处去"成为李达接受马克思主义"新思想"改造旧制度、建设新国家所着力探寻解答的问题。对此，李达首先分析了中国社会的具体构造，在此基础上指出了社会主义革命的必然性。一方面，"要晓得现代的中国社会究竟是怎样的社会，只有从经济里去探求"。① 所谓"每一历史时代的经济生产以及必然由此产生的社会结构，是该时代政治的和精神的历史的基础"。② 李达指出，数千年的中国封建社会，随着帝国主义政治力、经济力的入侵，开始踏入产业革命的过程，"而向着近代社会方面运动"，这主要表现在中国经济结构的现状上，具体而言：一是中国农业开始出现了破产的趋势，食粮的生产大受限制；二是旧式手工业凋落，新式手工业不易发达；三是中国近代工业有所发达，但它依然弱小，基本上为帝国主义所支配；四是银行增多，但也受到外国银行的支配；五是中国的资本构成畸形，外资资本超过官僚资本，官僚资本超过私人资本；六是失业的人民增加，形成了广大的产业预备军。基于中国经济结构演变的上述分析，李达指出，经济上的混乱导致了政治上的混乱，而正是由于这些混乱，阻碍了中国社会的发展。因而，要谋中国经济的发展，必须先排除"经济的混乱，要排除经济的混乱，必须打破政治的混乱，求得中国民族的独立，实行政治上的改造"③。另一方面，通过对中国近代经济结构演变过程的分析，李达指出了近代中国的半殖民地半封建社会性质。他说："中国一面是半殖民地的民族，同时又是半封建的社会。所以为求中国的生存而实行的中国革命，一面要打倒帝国主义，一面要铲除封建遗物，前者是民族革命的性质，后者是民主革命的性质，其必然的归趋，必

---

① 《李达文集》第1卷，人民出版社，1980，第388页。
② 《马克思恩格斯文集》第2卷，人民出版社，2009，第9页。
③ 《李达文集》第1卷，人民出版社，1980，第476页。

到达于社会革命，而与世界社会进化的潮流相汇合。"① 这就说明了近代中国民族民主革命的性质。因此，"打倒帝国主义的侵略，廓清封建势力和封建制度，是中国革命的唯一对象，同时又是发展产业的唯一前提。"② 而这也正是中国革命所要完成的主要历史任务。

那么，中国革命的步骤有哪些？由谁去完成中国革命的任务？革命的手段又有哪些？李达对这些问题亦做了深入的思考。（1）在革命的步骤方面，李达提出，可以分为三个时期：第一个是"准备时期"；第二个是"夺取政权时期"；第三个是"发展产业时期"。他以俄国为例指出，俄国当时的社会革命只是通过了第一第二两个时期，如果只是进入这两个时期，那么还只是"达到了社会主义的门墙，还没有走进社会主义的门里去"。③ 所以中国革命要名副其实，只有靠共产党人努力经营产业，才能做到。（2）在革命的力量方面，李达认为，中国革命需要"结合工人农民兵士及他种属于无产阶级的人，组织一个大团体"。④ 在之后的著作中，李达进一步明确，中国革命必须要"打倒帝国主义的侵略，廓清封建势力和封建制度"，故工农无产分子、小资产阶级皆为革命之力量，但只有无产阶级才是中国革命的中坚。至于"技师，技术家，农政学者，医士"等知识分子，由于分属于不同的阶级为各自所属的阶级服务，则要区别对待。（3）在革命的手段上，李达指出，社会革命的具体手段大致可以分为"议会主义"、"劳动运动"和"直接行动"三种。这之中，"议会主义"就如无产阶级要求资本家倡办慈善事业，行不通；"劳动运动"在当时的中国也是不容易的，需要从速组织积极进行且要和工会以外的无产阶级极力结合，等待时机；而"直接行动"则是"一种最有效力的手段"，所以，李达主张，中国革命应采用"劳农主义"的"直接行动"，即工农无产分子等大多数无产阶级联合起来，"增加作战的势力，为突发的猛烈的普遍的群众运动，夺取国家的权力"⑤，从而快速度发展产业，经济革命和政治革命相须并进，实现"解决大多数人民的生活问题"⑥的中国革命的目的。

---

① 《李达文集》第1卷，人民出版社，1980，第558页。
② 《李达文集》第1卷，人民出版社，1980，第488页。
③ 《李达文集》第1卷，人民出版社，1980，第233~234页。
④ 《李达文集》第1卷，人民出版社，1980，第56页。
⑤ 《李达文集》第1卷，人民出版社，1980，第72~73页。
⑥ 《李达文集》第1卷，人民出版社，1980，第488页。

　　在李达历史唯物主义阐释史中，虽然他没有明确提出"社会有机体"范畴，但是透过李达对社会的分析，可以看出，他已把社会当作一个"极其复杂、充满矛盾而又是有规律的统一过程"①来研究，并在研究中，把"社会当作特定的历史发展阶段上的社会的生产有机体去把捉，阐明其固有的机能与发展的法则，……进而探索那些与这生产关系总体相适应的政治上与意识形态上的上层建筑，说明其内的关联，以到达于基础与上层构造的统一，以形成一定的社会构成形态之生动的形象"，② 从而形成了其具有自身理论特色的社会有机体本质论、构造论、进化论，为我们深化马克思主义社会有机体理论的研究提供了一个新的视域和重要的思想来源。

　　其实，研究马克思主义社会有机体理论，不是就理论谈理论，也不是就"回到马克思"文本谈理论，而是要把这一理论置于马克思主义发展史中来考量，把探究的视域伸向深邃的历史，由此全面系统地揭示和说明各个不同历史时期马克思主义者对这一理论的坚持、继承、发展和创新的关系。具体说，就是理论探究的视域延伸到马克思主义社会有机体理论创立的原初镜像中，延伸到马克思主义指导下无产阶级运动的具体实践中，延伸到中国共产党领导下的中国革命、建设和改革的历史实践中。这种视域延伸的思路和深化，是我们今天在历史与逻辑相一致、理论与现实相统一中系统建构马克思主义社会有机体理论所必需的。"历史从哪里开始，思想进程也应当从哪里开始，而思想进程的进一步发展不过是历史过程在抽象的、理论上前后一贯的形式上的反映"。③ 只有对马克思主义社会有机体理论的研究做历史的动态的整体考察，才能真正挖掘和升华时代变化了的条件下那些带有普遍性、规律性的东西。李达关于社会有机体范畴的认识和思考继承和发展了马克思主义的社会有机体理论，是马克思主义的社会有机体理论与中国具体实践相结合的产物，是马克思主义中国化的社会有机体理论。李达的这一思想从两个方面奠定了他在马克思主义发展史上的历史地位。一方面，李达作为中国共产党历史上较早地思考社会主义革命后如何建设社会主义社会的马克思主义理论家之一，他对社会有机体的本质、构造和进化的认识和思考，既富于继承性和开创性，又具有前瞻性和

①《列宁专题文集·论马克思主义》，人民出版社，2009，第15页。
②《李达文集》第2卷，人民出版社，1981，第297页。
③《马克思恩格斯文集》第2卷，人民出版社，2009，第603页。

建设性，特别是他对未来建立的新的社会有机体，即社会主义社会必须
"用最大的加速度，发展全生产力"① 这一根本任务的揭示，并利用"科
学"和"技术"来实现这一根本任务的阐述，② 均具有重要的现实价值。
另一方面，更重要的在于李达从马克思主义立场、观点和方法出发，以社
会有机体理论作为认识社会和改造社会的"钥匙"，充分肯定了人民群众
在改造社会、改造世界中的重大作用。李达紧紧抓住作为社会有机系统的
人在历史发展中的主体作用，把当时中国的社会问题称为"是现代市民社
会组织内部的矛盾所酿成的大多数人民的生活问题"③。他直言，社会问题
必须靠人来解决，靠无产阶级自身的解放。只有人民群众发动的社会运
动，才能实现中国革命的目的。④ 因为这些人是"具有意识的、经过思虑
或凭激情行动的、追求某种目的的人"⑤。不仅如此，他还强调："社会主
义的建设，要求大众的创造性。"⑥ 这些都清晰地表明，在李达那里，人民
群众始终是推动社会发展的主体力量，是社会有机体的"细胞"，也是变
革社会有机体的决定性力量。

当然，李达对社会有机体的认识和看法，由于社会条件的制约也存在
一定的历史局限性。如他在《社会学大纲》中对阶级斗争的论述，曾颠倒
了他之前提出的生产力是社会进化之"原动力"的思想，认为"阶级拮
抗，是阶级社会发展的原动力"。⑦ 这就夸大了阶级斗争的作用，背离了马
克思主义关于生产力与生产关系、经济基础与上层建筑的矛盾运动是推动
社会有机体向前发展的根本动力的原理，这是我们研究李达社会有机体思
想中必须加以注意的。

---

① 《李达文集》第 1 卷，人民出版社，1980，第 31 页。
② 《李达文集》第 2 卷，人民出版社，1981，第 368 页。
③ 《李达文集》第 1 卷，人民出版社，1980，第 543 页。
④ 《李达文集》第 1 卷，人民出版社，1980，第 549 页。
⑤ 《马克思恩格斯文集》第 4 卷，人民出版社，2009，第 302 页。
⑥ 《李达文集》第 2 卷，人民出版社，1981，第 609 页。
⑦ 《李达文集》第 2 卷，人民出版社，1981，第 464 页。

第七章　毛泽东的社会有机体思想

毛泽东在领导中国革命和社会主义建设的过程中，沿着马克思研究社会有机体创设的理论路径，依据近代以来中国社会转型的时代特征和国内外错综复杂的历史环境，形成了自己独特的社会有机体思想。深入研究毛泽东的社会有机体思想，对于加深对历史唯物主义的理解，拓展毛泽东思想研究的领域，分析当代中国的社会结构和矛盾，推动社会主义和谐社会建设，全面建成小康社会，都有重要的理论价值和实践意义，也为广大民族国家在世界性、全球性社会有机体中探索本国特色的发展道路提供了方法论指导。

一　社会有机体发展的根本动力

一定的社会形态总是由自然环境、人口、物质生产方式，以及社会的经济、政治、文化、民族、阶级等要素构成的有机整体。在这个社会有机整体中，究竟何者是最根本的要素，这是历史唯物主义首先要回答的问题。科学社会主义创始人在继承前人思想材料的基础上，通过对奴隶社会、封建社会和资本主义社会等不同社会形态下社会矛盾运动的研究，发现了生产力和生产关系、经济基础与上层建筑是社会有机整体中最为基本的要素，它们之间的相互关系和矛盾运动是推动人类社会发展的动力。马克思在《〈政治经济学批判〉序言》曾对社会矛盾运动引起社会形态更替进行了经典表述，他说："人们在自己生活的社会生产中发生一定的、必然的、不以他们的意志为转移的关系，即同他们的物质生产力的一定发展阶段相适合的生产关系。这些生产关系的总和构成社会的经济结构，即有法律的和政治的上层建筑竖立其上并有一定的社会意识形式与之相适应的现实基础。物质生活的生产方式制约着整个社会生活、政治生活和精神生活的过程。不是人们的意识决定人们的存在，相反，是人们的社会存在决定人们的意识。社会的物质生产力发展到一定阶段，便同它们一直在其中运动的现存生产关系或财产关系（这只是生产关系的法律用语）发生矛盾。于是这些关系便由生产力的发展形式变成生产力的桎梏。那时社会革命的时代就到来了"。① 在这里，马克思透过由纷繁复杂要素构成的社会有机体表象，揭示了社会有机体是一个由生产力、生产关系（经济基础）、上层建筑构成的有机整体。但由于马克思、恩格斯当年的主要目的是围绕着资本主义社会进行研究和解剖，通过分析资本主义社会生产力与生产关系、经济基础与上层建筑的内在矛盾运动，揭示资本主义社会的历史暂时性和被社会主义所代替的历史必然性，而对未来社会主义社会是否也存在着社会基本矛盾，并未做深入的分析。

列宁在领导俄国社会主义革命和建设的过程中，根据国内复杂的斗争形势，明确指出在社会主义条件下，矛盾仍将存在，并贯穿于人类社会发展的始终。列宁还具体分析了当时俄国存在社会矛盾、阶级矛盾和民族矛盾，指出社会主义制度建立后，俄国社会的基本矛盾是先进的社会主义制度与落后的经济文化之间的矛盾，这个矛盾将长期存在并制约俄国经济社会的发展。"我们判断一个人不能以他对自己的看法为根据，同样，我们判断这样一个变革时代也不能以它的意识为根据；相反，这个意识必须从物质生活的矛盾中，从社会生产力和生产关系之间的现存冲突中去解释"。② 列宁对社会矛盾的分析标志着共产党人对社会主义社会是否存在矛盾以及各种矛盾的性质进入了实践探索阶段。

斯大林对苏联社会主义社会存在的矛盾也进行了深入的探讨，提出了要正确处理"两类社会矛盾"，"一种矛盾是内部的矛盾，即无产阶级和农民之间的矛盾。另一种矛盾是外部的矛盾，即我们这个社会主义国家和其

---

① 《马克思恩格斯文集》第 2 卷，人民出版社，2009，第 591～592 页。
② 《列宁全集》，人民出版社，2017，第 58～59 页。

他一切资本主义国家之间的矛盾"。① 同时，在社会发展动力上，提出了社会主义建设事业就是在不断克服困难、消除矛盾的过程中前进。但随着苏联社会主义建设的巨大成功，斯大林又否定了自己先前的关于社会主义社会存在矛盾的观点，指出："苏联的社会主义国民经济是生产关系完全适合生产力性质的例子，这里的生产资料的公有制同生产过程的社会性完全适合，因此在苏联没有经济危机，也没有生产力破坏的情形"。② 因此，摆脱了剥削羁绊的苏联社会"没有阶级冲突，呈现出一幅工人、农民和知识分子友爱合作的图景。在这种共同性的基础上，象苏联社会在道义上和政治上的一致、苏联各族人民的友谊以及苏维埃爱国主义这样一些动力也得到了发展"。③ 这种"友爱合作"和"在道义上和政治上的一致"的观点，实际上否定了社会矛盾是社会发展动力的正确思想。对斯大林在社会主义社会矛盾认识上的局限，毛泽东曾做过深刻的评析，指出："斯大林在一个长时期里不承认社会主义制度下生产关系和生产力之间的矛盾，上层建筑和经济基础之间的矛盾。直到他逝世前一年写的《苏联社会主义经济问题》，才吞吞吐吐地谈到了社会主义制度下生产关系和生产力之间的矛盾"，但"他还没有把社会主义制度下生产关系和生产力之间的矛盾，上层建筑和经济基础之间的矛盾，当作全面性的问题提出来，他还没有认识到这些矛盾是推动社会主义社会向前发展的基本矛盾"④。

对于社会有机体矛盾的认识，毛泽东运用马克思、恩格斯创立的社会矛盾原理，第一次在马克思主义发展史上明确提出了"社会基本矛盾"的范畴，将生产力与生产关系、经济基础与上层建筑的矛盾运动关系升华到贯穿人类历史始终和全面推动社会有机体向前发展的高度，从而凸显了社会基本矛盾在社会有机整体构成和发展中的终极意义，揭示了社会有机整体的实质内容和运动变化的根源。

早在民主革命时期，毛泽东根据自己对中国社会经济形态的认识和马克思、恩格斯关于事物矛盾法则在社会历史发展进程中作用的论述，深入分析了生产力与生产关系、经济基础与上层建筑的辩证关系，以及它们内

---

① 《斯大林选集》上卷，人民出版社，1979，第336页。
② 《斯大林选集》下卷，人民出版社，1979，第445页。
③ 《斯大林文集》，人民出版社，1985，第263页。
④ 中共中央文献研究室编《毛泽东著作专题摘编》，中央文献出版社，2003，第911~912页。

部子系统的有机结构，明确指出："人们为着要生活，就要生产生活资料，例如粮食、衣服、房屋、燃料、器具等。人们为着要生产生活资料，就要有生产资料，例如土地、原料、牲畜、工具、工场等。生产者和生产资料结合起来，就是社会的生产力"。"人们为着要进行生产，就必须在生产过程中彼此发生一定的相互关系，否则就无法进行生产。因为人们的生产从来就是社会的生产，不能孤立地进行生产。这种人们在社会生产过程中的相互关系，就是社会的生产关系，就是人们对于生产资料的所有关系（为着通俗起见，所有关系在本文件中称为占有关系）。这种生产关系，在法律上表现为财产的所有权关系。社会的生产力和社会的生产关系相结合，就是社会的生产方式。社会的生产方式是一切社会制度、政治制度和精神生活的基础。"① 因此，"社会的变化，主要地是由于社会内部矛盾的发展，即生产力和生产关系的矛盾，阶级之间的矛盾，新旧之间的矛盾，由于这些矛盾的发展，推动了社会的前进，推动了新旧社会的代谢"。矛盾"决定一切事物的生命，推动一切事物的发展"。②

新中国成立后，中国从半殖民地半封建社会进入了新民主主义社会，并从新民主主义社会又走向了社会主义社会，这一社会形态的改变，是否意味着中国社会就没有矛盾了？如有矛盾，社会的基本矛盾又是什么？社会前进的动力又在哪里？根据国际共运的历史经验，结合新中国成立初期国内复杂的社会建设形势，毛泽东批评了当时一部分人所认为的在社会主义社会中不会再有矛盾的观点，指出：这是一种"天真烂漫的想法"，强调"矛盾是永远存在的，一万年以后还是有的。一个矛盾克服了，又一个矛盾产生了。在任何时间、任何地方、任何人身上，总是有矛盾存在的，没有矛盾就没有世界。有人以为一到了社会主义社会，国家就十分美好，没有什么坏的东西了，这其实是一种迷信"③。因此，"否认矛盾存在，就是否认辩证法。各个社会的矛盾性质不同，解决矛盾的方式不同，但是社会的发展总是在不断的矛盾中进行的。社会主义社会的发展也是在生产力和生产关系的矛盾中进行着的。在社会主义社会和共产主义社会中，技术革新和社会制度革新的现象，都将是必然要继续发生的，否则，社会的发

① 《毛泽东文集》第 5 卷，人民出版社，1996，第 55 页。
② 《毛泽东选集》第 1 卷，人民出版社，1991，第 302、305 页。
③ 《毛泽东文集》第 7 卷，人民出版社，1996，第 66 页。

展就将停止下来，社会就不可能再前进了"。① 也就是说，"任何一种生产关系以及在这种生产关系的基础上建立起来的上层建筑，都有它的发生、发展和灭亡的过程。生产力发展到一定阶段，旧的生产关系基本上不能再同它相适应；经济基础发展到一定阶段，旧的上层建筑基本上不能再同它相适应。在这样的时候，就必然要引起根本性质的变革。谁要抵抗这种变革，谁就会被历史所抛弃。这一规律，以不同的形态适用于一切社会"，包括"适用于现在的社会主义社会和将来的共产主义社会。"② 所以，"没有矛盾就没有运动。社会总是运动发展的。在社会主义时代，矛盾仍然是社会运动发展的动力"。③ 当然，在社会主义条件下生产力与生产关系是基本适应的，即使这样，毛泽东认为："在基本制度适合需要的情况下，在生产关系和生产力之间，在上层建筑和经济基础之间，也仍然存在着一定的矛盾。这种矛盾表现成为经济制度和政治制度的某些环节上的缺陷。这种矛盾，虽然不需要用根本性质的变革来解决，仍然需要及时地加以调整"。④

1957 年 2 月，毛泽东在最高国务会议上发表了《关于正确处理人民内部矛盾的问题》的重要讲话，指出："在社会主义社会中，基本的矛盾仍然是生产关系和生产力之间的矛盾，上层建筑和经济基础之间的矛盾"，⑤并强调这是推动社会主义社会向前发展的根本动力。在讲话中，毛泽东还运用对立统一规律，进一步展开对社会主义社会基本矛盾的运动规律的分析，指出："社会主义生产关系已经建立起来，它是和生产力的发展相适应的；但是，它又还很不完善，这些不完善的方面和生产力的发展又是相矛盾的。除了生产关系和生产力发展的这种又相适应又相矛盾的情况以外，还有上层建筑和经济基础的又相适应又相矛盾的情况"。⑥ 1959 年底到 1960 年初，毛泽东在读苏联《政治经济学教科书》时又强调："生产力和生产关系之间、生产关系和上层建筑之间的矛盾和不平衡是绝对的。上层建筑适应生产关系，生产关系适应生产力，或者说它们之间达到平衡，

---

① 《建国以来重要文献选编》第 8 册，中央文献出版社，1994，第 231～232 页。
② 《建国以来重要文献选编》第 9 册，中央文献出版社，1994，第 570～571、571 页。
③ 《毛泽东文集》第 8 卷，人民出版社，1999，第 133 页。
④ 《建国以来重要文献选编》第 9 册，中央文献出版社，1994，第 571 页。
⑤ 《毛泽东文集》第 7 卷，人民出版社，1999，第 214 页。
⑥ 《毛泽东文集》第 7 卷，人民出版社，1999，第 215 页。

总是相对的。平衡和不平衡这个矛盾的两个侧面，不平衡是绝对的，平衡是相对的。如果只有平衡，没有不平衡，生产力、生产关系、上层建筑就不能发展了，就固定了"。①

在这里，毛泽东强调，一方面矛盾是普遍存在的，社会主义社会仍然存在着生产力与生产关系、经济基础与上层建筑的基本矛盾，正是这一基本矛盾及其运动推动着社会有机体向前发展，因此，不承认社会主义社会还有矛盾，我们就会在社会矛盾面前缩手缩脚，处于被动地位；另一方面，由于社会主义社会基本矛盾始终表现为既相适应又相矛盾的特点，并且在矛盾的性质和表现形式上与旧社会的基本矛盾存在着本质的区别，因此，解决矛盾的方式与方法应不同于以往旧社会解决矛盾的方式与方法。所以，要引导干部群众认识社会主义社会中的矛盾，并且懂得采取正确的方法处理这种矛盾。进而毛泽东提出了要正确认识和处理好社会主义条件下两类不同性质的矛盾，一种是敌我之间的矛盾，另一种是人民内部矛盾，这是性质完全不同的两类矛盾。前者是对抗性的矛盾，必须用社会革命和专政的方法解决；后者是非对抗性的矛盾，只能用说服教育的方法解决，并可以通过社会主义制度不断自我完善和发展来解决。也就是说，"无产阶级和资产阶级的矛盾，用社会主义革命的方法去解决；人民大众和封建制度的矛盾，用民主革命的方法去解决；殖民地和帝国主义的矛盾，用民族革命战争的方法去解决；在社会主义社会中工人阶级和农民阶级的矛盾，用农业集体化和农业机械化的方法去解决；共产党内的矛盾，用批评和自我批评的方法去解决；社会和自然的矛盾，用发展生产力的方法去解决"。②

从以上分析中，我们可以看到，在毛泽东关于"社会基本矛盾"的有机结构中，生产力是最根本最革命的因素，它决定着生产关系，生产关系要适应生产力的发展。而生产关系（经济基础）和上层建筑又反过来作用于生产力，影响它的生存和发展。生产关系是介于生产力和上层建筑之间不可或缺的重要环节，生产力对上层建筑的影响要通过生产关系的中介才能发生作用。因此，它们之间的辩证关系充分展现了社会是一个动态的有

---

① 《毛泽东文集》第 8 卷，人民出版社，1999，第 131 页。
② 《毛泽东选集》第 1 卷，人民出版社，1991，第 311 页。

机整体，正是这些矛盾和斗争，推动了社会有机体向前发展。同时，毛泽东在论述生产力与生产关系、经济基础与上层建筑的辩证关系时，并没有仅仅停留在它们之间的作用与反作用方面，而是进一步分析这一社会基本矛盾在具体的历史环境中所呈现出的差异性、特殊性和复杂性。这就为人们在社会主义制度条件下正确处理人民内部矛盾提供了科学的方法论指导，也使具体社会发展成为有血有肉的活的生命有机体。

毛泽东关于社会主义社会基本矛盾的论断，把马克思、恩格斯分析资本主义社会而使用过的"社会基本矛盾"从特殊形态上升到一般形态，成为具有普遍意义的社会矛盾。也就是说，"当着马克思把资本主义社会这一切矛盾的特殊性解剖出来之后，同时也就更进一步地、更充分地、更完全地把一般阶级社会中这个生产力和生产关系的矛盾的普遍性阐发出来了"，① 从而科学地揭示了推动社会有机体发展的最为基本的要素和基本动力，为当代中国特色社会主义改革奠定了坚实的理论基础。

二 社会有机体发展的直接动力

由于西方列强的入侵和本国封建势力压迫所造成的农民的极端穷困落后，近代中国社会处在病态畸形的发展状态下："微弱的资本主义经济和严重的半封建经济同时存在，近代式的若干工商业都市和停滞着的广大农村同时存在，几百万产业工人和几万万旧制度统治下的农民和手工业工人同时存在，管理中央政府的大军阀和管理各省的小军阀同时存在，反动军队中有隶属蒋介石的所谓中央军和隶属各省军阀的所谓杂牌军这样两部分军队同时存在，若干的铁路航路汽车路和普遍的独轮车路、只能用脚走的路和用脚还不好走的路同时存在"。② 经济政治发展的殖民地和半殖民地化，使近代中国社会充满了十分尖锐的矛盾，孕育着极其严重的民族危机、社会危机和巨大的变革要求。也就是说，中国两千多年来一直以超稳定结构运转的社会有机系统到了近代发生了深刻危机，社会有机体从结构到功能、从管理到控制都出现了紊乱，生命力极度衰微，无法照常运行，

---

① 《毛泽东选集》第 1 卷，人民出版社，1991，第 318 页。
② 《毛泽东选集》第 1 卷，人民出版社，1991，第 188 页。

必须通过阶级斗争和社会革命来改造中国社会，争取民族独立和人民解放，以重建现代民族国家，才能为中华民族的振兴和国家的现代化与繁荣富强创造前提、开辟道路。对此，毛泽东指出："当马克思、恩格斯把这事物矛盾的法则应用到社会历史过程的研究的时候，他们看出生产力和生产关系之间的矛盾，看出剥削阶级和被剥削阶级之间的矛盾以及由于这些矛盾所产生的经济基础和政治及思想等上层建筑之间的矛盾，而这些矛盾如何不可避免地会在各种不同的阶级社会中，引出各种不同的社会革命"。[1]

既要变革社会有机体，就要有寻找变革社会有机体的理论依据、基本力量和方法路径。毛泽东以过人的天赋和学贯中西的素养，通过对近代中国半殖民地半封建社会有机体结构的深入探索和分析，破解了推动近代中国社会有机体更替的一系列重大问题。

首先，"认清中国的国情，乃是认清一切革命问题的基本的依据"。[2]近代中国是半殖民地半封建社会，内部没有民主制度，受封建制度压迫；外部没有民族独立，受帝国主义压迫。这种双重压迫造成了近代中国政治经济文化的极端落后性和发展的极端不平衡性，造成了近代中国社会有机体运行的严重失灵。因此，中国社会要继续向前发展，就必须进行社会革命，推翻帝国主义和封建主义的统治，实现社会形态的更替。而要进行社会革命，就必须对进行革命的社会历史环境有一个清晰的认识和判断，这是为革命胜利而制定正确的路线、方针和政策的基本前提和依据。

当时中国社会结构，从经济上看，封建时代的自给自足的自然经济基础开始被破坏，但封建剥削制度的根基——地主阶级对农民的剥削，不但依旧保持着，而且同买办资本和高利贷资本的剥削结合在一起，在中国的社会经济生活中，占着显然的优势；民族资本主义有了某些发展，是新生力量，但它没有成为中国社会经济的主要形式，基础十分软弱，当时"中国的工业和农业在国民经济中的比重，就全国范围来说，在抗日战争以前，大约是现代性的工业占百分之十左右，农业和手工业占百分之九十左

---

① 《毛泽东选集》第 1 卷，人民出版社，1991，第 317~318 页。
② 《毛泽东选集》第 2 卷，人民出版社，1991，第 633 页。

右"。① 从政治上看，帝国主义凭借实力操纵了中国的财政和经济命脉，操纵了中国的政治和军事力量，并与中国的封建势力相勾结实施着对中国的统治。从文化上看，"中国有百分之九十未受文化教育的人民，这个里面，最大多数是农民"。② 帝国主义和封建主义的双重压迫，一方面造成了中国人民，尤其是农民，日益贫困化以致大批地破产，过着饥寒交迫和毫无政治权利的生活。中国人民的贫困和不自由的程度，是世界少见的。这就决定了他们的革命性，农民将成为中国革命的主力军。另一方面又造成了近代中国政治经济发展的极端落后和不平衡，社会结构处于严重的失衡状态。因此，对社会有机体的整体结构进行改造，使之达到动态平衡，也就成了一种客观的历史必然。由于对近代中国国情和社会结构的不平衡缺少了解，尽管中国共产党成立以前一代又一代的先进知识分子艰辛地探索着国家的出路，但都没有找到解决这一问题的路径方案。而国内各种大小军阀的长期混战，更使中国社会动荡不安，人民生活困苦不堪。以毛泽东为代表的中国共产党人通过对中国社会长期的调查分析，认识到近代中国是一个半殖民地半封建的经济文化极其落后的农业大国，中国革命仍然是资产阶级性质的民族民主革命，其实质是无产阶级领导的以农民为主体的革命战争，中国共产党要领导革命走向胜利，就必须走以农村为中心，开展武装斗争和土地革命，把落后的农村造成先进的巩固的革命根据地，造成军事上政治上经济上文化上的伟大革命阵地，以农村包围城市，最后夺取城市的道路。所以，正确研判和认识近代中国社会的特点，乃是解决中国革命道路问题的关键。

其次，在阶级社会里，阶级斗争是不可避免和无法调和的，基本阶级之间的斗争是社会历史向前发展的直接动力。人类社会的政治生活充满了错综复杂的矛盾和斗争，如何认识这种斗争的起源、性质和发展规律，这就需要科学地研究一个社会的阶级结构，因为阶级对抗是一切政治斗争的基础。在阶级社会里阶级和阶级斗争是一个客观存在，是社会生活的基本事实，由于各阶级在经济利益上的根本对立，各对立阶级间的冲突和斗争是不可避免的。从本质上看，社会有机体的发展和更替是社会基本矛盾运

---

① 《毛泽东选集》第4卷，人民出版社，1991，第1430页。
② 《毛泽东选集》第1卷，人民出版社，1991，第39页。

动的结果，但在阶级社会里，这些矛盾集中体现为阶级的矛盾，要通过阶级斗争来解决。因此，阶级斗争贯穿于阶级社会的全部历史，是推动阶级社会发展的直接动力。正如恩格斯在 1888 年《共产党宣言》英文版序言中所指出的："每一历史时代主要的经济生产方式和交换方式以及必然由此产生的社会结构，是该时代政治的和精神的历史所赖以确立的基础，并且只有从这一基础出发，这一历史才能得到说明；因此人类的全部历史（从土地公有的原始氏族社会解体以来）都是阶级斗争的历史，即剥削阶级和被剥削阶级之间、统治阶级和被压迫阶级之间斗争的历史"。① 毛泽东也强调："人类由原始社会进化为家长社会、封建社会以至于今日之国家，无不是统治阶级与被统治阶级之阶级斗争的演进……我们向来读中国史，不注意阶级斗争的事实，其实四千多年的中国史，何尝不是一部阶级斗争史呢？"② 所以，"阶级斗争，一些阶级胜利了，一些阶级消灭了。这就是历史，这就是几千年的文明史。拿这个观点解释历史的就叫历史的唯物主义，站在这个观点的反面的是历史的唯心主义"。③ 只有经过阶级斗争，社会有机体才能实现从一种生产方式向另一种生产方式的转变，而社会有机体发展的每一次更替都是通过激烈的社会革命来实现的。因此，在毛泽东看来，要使近代中国社会有机体继续向前发展，就要开展阶级斗争，通过社会革命的形式推翻旧阶级的统治，改变旧的生产关系，解放生产力，从而推动近代中国社会的新陈代谢。当然，社会有机体发展更替要获得成功取决于革命理论与策略的正确。理论的依据在于正确认识近代中国国情，而策略的依据在于正确分清革命中的敌我。因此，在民主革命进程中，不仅要科学分析中国社会的政治经济发展状况也就是国情，而且更要深入分析中国社会各个阶级与阶层的状况以及相互关系，只有这样，才能为中国民主革命这一阶级斗争制定正确的路线、方针和政策。

再次，近代中国是一个"两头小、中间大"的社会结构，这一阶级结构决定了变革社会的领导力量与同盟军。同时，近代中国激烈的社会矛盾，又使同一个阶级产生了剧烈的分化，分为不同的阶层。所有这些，为中国民主革命进程中解决依靠谁、团结谁、打击谁，以及增强党的阶级基

---

① 《马克思恩格斯文集》第 2 卷，人民出版社，2009，第 14 页。
② 《毛泽东文集》第 1 卷，人民出版社，1993，第 34~35 页。
③ 《毛泽东选集》第 4 卷，人民出版社，1991，第 1487 页。

础和扩大党的群众基础问题提供了客观的依据。也就是说，"我们要分辨真正的敌友，不可不将中国社会各阶级的经济地位及其对于革命的态度，作一个大概的分析"。① 毛泽东一生始终关注对社会阶级状况和阶级结构的分析，青年时代就立志要"改造中国和世界"，并逐步认识到单靠自身的力量是不够的，必须实现"民众的大联合"。他说："历史上的运动不论是那一种，无不是出于一些人的联合。较大的运动，必有较大的联合。最大的运动，必有最大的联合。凡这种联合，于有一种改革或一种反抗的时候，最为显著"。② 毛泽东还进一步提出了要以小联合做基础来实现民众大联合的路径。所谓"以小联合做基础"，就是农夫、工人、女子、小学教师、警察、车夫等要与各自的群类联合，组成切合自身利益的各种联合，成立各界联合会、协会或同盟，在此基础上形成整个民众的大联合。这一方面体现了青年毛泽东关于民众的解放只有通过民众的联合行动才能实现的思想，另一方面也反映了青年毛泽东已经开始懂得运用利益分析方法（阶级分析方法）来观察和思考民众在现实社会中的地位和作用。1920年毛泽东第一次看了考茨基的《阶级斗争》、陈望道翻译的《共产党宣言》和一个英国人写的《社会主义史》时，便知道了人类自有史以来就有阶级斗争，阶级斗争是社会发展的原动力，初步得到了认识问题的方法论。因此，在毛泽东成为一个坚定的马克思主义者以后，很快学会了运用历史唯物主义关于阶级对立和阶级斗争的理论来考察分析近代中国历史舞台上的各种政治力量，从而认清了中国革命的对象、动力以及同盟军。那么，近代中国社会的阶级构成究竟如何呢？毛泽东认为，现阶段的中国社会里，"有地主阶级，有资产阶级；地主阶级和资产阶级的上层部分都是中国社会的统治阶级。又有无产阶级，有农民阶级，有农民以外的各种类型的小资产阶级；这三个阶级，在今天中国的最广大的领土上，还是被统治阶级"。③ 从整体上说，"中国社会是一个两头小中间大的社会，无产阶级和地主大资产阶级都只占少数，最广大的人民是农民、城市小资产阶级以及其他的中间阶级"。④ 而且"中国这个社会两头小，但是两头强，中间大，

---

① 《毛泽东选集》第1卷，人民出版社，1991，第3页。
② 《毛泽东早期文稿》，湖南出版社，1990，第338页。
③ 《毛泽东选集》第2卷，人民出版社，1991，第638页。
④ 《毛泽东选集》第3卷，人民出版社，1991，第808页。

但在政治上是软弱的。中间阶层是动摇的，无论哪个中间阶层都有它的动摇性。坚决的阶级就只有两个：无产阶级和大地主大资产阶级"。① 由于阶级首先是一个经济范畴，各个阶级"它们对于中国革命的态度和立场如何，全依它们在社会经济中所占的地位来决定。所以，社会经济的性质，不仅规定了革命的对象和任务，又规定了革命的动力"。② 因此，毛泽东根据各个阶级的经济地位详尽地分析他们对于中国革命的态度、特点和历史作用，指出：地主阶级是帝国主义统治中国的主要的社会基础，是用封建主义制度压迫和剥削农民的阶级，代表中国落后的和最反动的生产关系，阻碍中国生产力的发展，是中国革命的对象。中国的资产阶级分为两个部分：一是官僚资产阶级（带买办性的大资产阶级），是直接为帝国主义国家的资本家服务并为他们所豢养的阶级，他们与农村中的封建势力有着千丝万缕的联系，是中国革命的对象。但由于中国带买办性的大资产阶级是分属于几个帝国主义国家的，在几个帝国主义国家之间的矛盾尖锐地对立着的时候，在革命主要是反对某一个帝国主义国家的时候，属于别的帝国主义系统之下的买办阶级也有可能在一定程度上和一定时间内参加当前的反帝国主义战线。但是一到他们的主子起来反对中国革命时，他们也就立即反对革命了。二是民族资产阶级，代表中国城乡资本主义的生产关系，这是一个具有两重性的阶级：一方面民族资产阶级受帝国主义和封建主义的压迫束缚，与帝国主义和封建主义有矛盾，是革命的力量之一；另一方面，由于他们在经济上和政治上的软弱性，他们与帝国主义和封建主义并未完全断绝经济上的联系，缺乏彻底的反帝反封建的勇气，对于革命的敌人有妥协性。因而这是一个动摇不定的阶级。小资产阶级主要有手工业劳动者、自由职业者、知识分子、小商贩等，他们都占有少量的生产资料，以自己的独立劳动为生，深受帝国主义、地主、官僚资产阶级和其他剥削阶级直接或间接的剥削，是革命的动力之一。农民阶级人数众多，他们承担着社会的基本生产任务，深受帝国主义、封建地主阶级和官僚资产阶级的残酷剥削和压迫，处在社会的最底层，生活极为悲惨，具有强烈的革命反抗精神。在近代中国，农民的内部也处于激烈的分化过程中，分为富

---

① 《毛泽东选集》第 3 卷，人民出版社，1991，第 306 页。
② 《毛泽东选集》第 2 卷，人民出版社，1991，第 638 页。

农、中农、贫农和雇农，由于占有的生产资料的方式不同，他们对待革命的态度各异，特别是富农，具有半封建的性质，是农村的资产阶级。富农作为农民阶级的一个阶层，其政治态度与民族资产阶级一样，也具有两面性，在农民群众反对帝国主义的斗争中有可能参加革命；在反对地主的革命斗争中，有可能保持中立。中农可以成为无产阶级的可靠的同盟者，是革命动力的重要组成部分。贫农是农村中的半无产阶级，是中国革命的最广大的动力，是无产阶级最天然的和最可靠的同盟者，具有强烈的革命性。中国无产阶级主要是铁路、矿山、海运、纺织、造船等产业工人，除了一般无产阶级的基本优点，即与最先进的经济形式相联系，富于组织性纪律性外，还由于深受帝国主义、封建主义和官僚资产阶级极残酷的压迫，因而革命性最坚决最彻底，虽然人数不多，却特别能战斗，是中国新的生产力的代表，是近代中国社会里比较有觉悟的阶级、最进步的阶级，是中国民主革命的领导阶级。同时，由于中国社会的主要矛盾不断发生变化，因而对各阶级的分析要随着社会历史条件的变化和形势发展的需要及时进行调整，以便于科学地决策。如土地革命战争时期，国民党新军阀同人民大众的矛盾是社会的主要矛盾，因而对地主阶级采取了没收其一切土地分配给无地农民的政策，以调动农民的革命积极性和生产积极性；抗日战争时期，中日民族矛盾是社会的主要矛盾，因而对地主阶级采取了减租减息的政策，停止没收其土地，以建立最广泛的抗日民族统一战线；解放战争时期，美帝国主义和国民党反动派同中国人民的矛盾是社会的主要矛盾，因而对地主阶级采取了废除其一切土地所有权、实行"耕者有其田"的政策，以彻底消灭封建剥削制度，实现人民的真正解放。正是由于毛泽东采取了阶级分析这一观察社会的基本方法，深刻地剖解了近代中国社会的阶级结构，使中国共产党人能够立体地动态地了解掌握各阶级的相互关系以及阶级内部的阶层构成与阶层流变状况，从而科学制定了新民主主义革命的总路线和总政策，明确规定了新民主主义革命的任务与目标，使中国新民主主义革命取得了彻底胜利。

三 社会有机体发展的内部结构

马克思在考察社会时，总是把社会看成一个有机整体，并且这个有机整体都是由一定要素组合而成的，这些构成要素不是机械地或杂乱无章地堆砌在一起，也不是简单地排列组合，而是遵循一定规则组合起来，以维系社会有机体的相对稳定性。"任何机体的有差别的方面，都处于由机体的本性所产生的必然的联系之中"。[①] 对此，列宁曾指出："马克思和恩格斯称之为辩证方法（它与形而上学方法相反）的，不是别的，正是社会学中的科学方法，这个方法把社会看作处在不断发展中的活的机体（而不是机械地结合起来因而可以把各种社会要素随便配搭起来的一种什么东西）"。[②] 当然，在构成社会有机体的众多结构要素中，马克思、恩格斯更多的是从社会生产力与生产关系、经济基础与上层建筑、社会存在与社会意识等二分法分层次和系统来揭示社会有机体的运动、变化和发展规律，认为这是社会有机体得以存在和发展的内在根据。毛泽东在分析近代以来中国社会形态的变革时，一方面采用了马克思主义关于社会基本矛盾的分析方法，揭示了社会有机体更替的最基本的动力，另一方面又通过对社会"活的机体"的内部系统，即政治、经济、文化结构及其相互影响、相互作用的辩证分析，考察了社会有机体保持稳定和良性运行的重要前提。这就是毛泽东在《新民主主义论》一文中对社会有机体结构——政治、经济、文化三者辩证关系的经典论述："一定的文化（当作观念形态的文化）是一定社会的政治和经济的反映，又给予伟大影响和作用于一定社会的政治和经济；而经济是基础，政治则是经济的集中的表现。这是我们对于文化和政治、经济的关系及政治和经济的关系的基本观点"。[③] 这一经典论述在马克思主义发展史上第一次把社会有机体明确分为经济、政治、文化三位一体的辩证系统结构，为我们重新认识社会有机系统的运行提供了新的视野，同时又凸显了文化是人类社会有机体结构中不可或缺的重要组成部分，文化的发展既是社会发展的重要手段，又是社会发展的重要目标。根据毛泽东这一论述，社会有机体基本结构是由经济、政治、文化三要素构成，它们是密切相关的有机系统，存在着决定与被决定、作用与反作用的关系，并由此构成社会有机体发展的内在动力，而其基础是经济要素。但由于近代中国的特殊国情，社会要发展进步，首先要解决的是社会形态的

---

① 《马克思恩格斯全集》第 3 卷，人民出版社，2002，第 15 页。
② 《列宁专题文集·论辩证唯物主义和历史唯物主义》，人民出版社，2009，第 185 页。
③ 《毛泽东选集》第 2 卷，人民出版社，1991，第 663～664 页。

变革，即通过新民主主义革命，建立新民主主义社会，这是第一步；第二步是社会主义革命，建立社会主义社会，这是性质不同的两个革命过程。也就是说，只有完成了反帝反封建的民族民主革命任务，建立了新的社会有机体，即新民主主义社会，新民主主义的经济与文化才有发展的前提条件。因此，毛泽东在考察分析近代中国社会经济、政治和文化结构时，其方法并不是先从经济这一基础要素开始的，而是从政治要素展开分析的。

1. 政治是经济的集中体现，政治革命的核心是夺取国家政权，但其最终目的是为经济服务的，并随着经济的发展而发展

首先，通过政治革命变革社会形态，建立一个新中国，这是中国社会经济文化发展的前提和先决条件。马克思主义认为，政治发展从根本上讲是由经济的进步和发展推动的，但由于政治的核心——国家政权产生后日益与社会相脱离，成为控制社会的一种独立力量，所以政治在受社会经济基础决定的同时，也具有相对独立性。这种相对独立性为政治对经济的反作用提供了前提条件。马克思、恩格斯在《共产党宣言》中反复强调无产阶级应以政治革命为经济革命的先导，指出："无产阶级将利用自己的政治统治，一步一步地夺取资产阶级的全部资本，把一切生产工具集中在国家即组织成为统治阶级的无产阶级手里，并且尽可能快地增加生产力的总量"。① 据此，毛泽东在认真分析近代中国半殖民地半封建社会性质的基础上，提出在中国要走上经济现代化发展的道路，就必须进行反帝反封建的民族民主革命，这是中国实现工业化、现代化的先决条件。对此，一方面，毛泽东把马克思主义的普遍原理与中国革命的具体实践相结合，从实践上开辟了一条通过建立根据地和武装斗争，以农村包围城市最后夺取全国政权的新道路，最终推翻了帝国主义、封建主义和官僚资本主义在中国的统治，建立了中华人民共和国，结束了中国近百年来的内部衰败化与半边缘化，第一次实现了国家的高度政治统一和社会稳定，使中国社会的经济发展真正地纳入了世界现代化的洪流中。另一方面，毛泽东又从理论上对近代中国的民族民主革命的目的进行了阐释，认为近代中国革命不是出发点，更不是归宿，革命的目的是解放生产力，促进生产力的大发展。也就是说，政治革命是经济发展的手段和条件，经济发展才是政治革命的目

---

① 《马克思恩格斯选集》第 1 卷，人民出版社，2012，第 421 页。

的。因此，"解放中国人民的生产力，使之获得充分发展的可能性，有待于新民主主义的政治条件在全中国境内的实现"。"中国工人阶级的任务，不但是为着建立新民主主义的国家而斗争，而且是为着工业化和农业化近代化而斗争"。① "社会主义革命的目的是为了解放生产力。农业和手工业由个体的所有制变为社会主义的集体所有制，私营工商业由资本主义所有制变为社会主义集体所有制，必然使生产力大大地获得解放。这样就为大大地发展工业和农业的生产创造了社会条件"。②

其次，政治革命的最终目的是为经济发展服务的。这就要求一旦新的社会建立起来就要为扫除各种先前的旧经济因素提供政治保证，从而使政治发展与经济发展朝着同一个方向前进，否则，国家政权会因经济发展的落后或危机而最终崩溃。恩格斯曾指出："政治权力在对社会独立起来并且从公仆变为主人以后，可以朝两个方向起作用。或者它按照合乎规律的经济发展的精神和方向发生作用，在这种情况下，它和经济发展之间没有任何冲突，经济发展加快速度。或者它违反经济发展而发生作用，在这种情况下，除去少数例外，它照例总是在经济发展的压力下陷于崩溃"。③ 所以，新的更高级的社会有机体建立后，要努力使政治建设与经济建设形成一种良性互动关系，相互促进，共同发展。毛泽东在《论联合政府》报告中明确写道："在新民主主义的政治条件获得之后，中国人民及其政府必须采取切实的步骤，在若干年内逐步地建立重工业和轻工业，使中国由农业国变为工业国"。④ 因此，"革命胜利以后，迅速地恢复和发展生产，对付国外的帝国主义，使中国稳步地由农业国转变为工业国，把中国建设成一个伟大的社会主义国家"。⑤ 新中国成立后，我们国家实行工人阶级领导的以工农联盟为基础的人民民主专政，毛泽东认为，其"专政的目的是为了保卫全体人民进行和平劳动，将我国建设成为一个具有现代工业、现代农业和现代科学文化的社会主义国家"。⑥ 事实上，"人民民主专政的政权，给我国的经济和文化的迅速发展开辟了道路。我们的政权的建立还不过短

---

① 《毛泽东选集》第 3 卷，人民出版社，1991，第 1081 页。
② 《毛泽东文集》第 7 卷，人民出版社，1999，第 1 页。
③ 《马克思恩格斯选集》第 3 卷，人民出版社，2012，第 563 页。
④ 《毛泽东选集》第 3 卷，人民出版社，1991，第 1081 页。
⑤ 《毛泽东选集》第 4 卷，人民出版社，1991，第 1437 页。
⑥ 《毛泽东文集》第 7 卷，人民出版社，1999，第 207 页。

短几年，人们可以看到，不论在经济方面，在文化、教育、科学方面，都已经出现了空前繁荣的局面"。①

再次，政治发展要自觉地随着经济社会的发展而变化。政治革命破坏旧的统治秩序而建立新的政治制度和秩序，解放被旧的生产关系以及在此之上的旧的上层建筑所束缚的生产力，为经济社会发展提供更为广阔的空间。但政治的发展如果就此停滞不前，将会影响甚至阻碍经济社会的发展，因为政治发展最终是由经济发展决定和推动的，应当随着经济社会发展的客观环境变化而不间断地向前发展。马克思曾指出："随着经济基础的变更，全部庞大的上层建筑也或慢或快地发生变革"。② 所以，毛泽东根据中国社会主义改造完成后国内的阶级矛盾已基本解决的现实，明确提出：革命时期的大规模的疾风骤雨式的群众阶级斗争已经基本结束，正确处理人民内部矛盾成为国家政治生活的主题，因此，我们一方面要"团结全国各族人民进行一场新的战争——向自然界开战，发展我们的经济，发展我们的文化，使全体人民比较顺利地走过目前的过渡时期，巩固我们的新制度，建设我们的新国家"。③ 另一方面，要"造成一个又有集中又有民主，又有纪律又有自由，又有统一意志、又有个人心情舒畅、生动活泼，那样一种政治局面，以利于社会主义革命和社会主义建设，较易于克服困难，较快地建设我国的现代工业和现代农业"。④

最后，政治还保证着经济活动的正确方向。在社会的政治与经济关系中，马克思、恩格斯是从两个层面上进行分析的：一是从人类社会发展的一般规律上论述经济是政治的决定性因素，强调政治是在经济基础上产生的上层建筑，政治的性质是由经济性质规定的，社会的政治变革归根到底是由经济基础决定的；二是从某一具体的历史环境或社会实践上论述政治和经济的交互作用，强调政治在社会经济发展中的关键作用，是统帅、是灵魂。正因为如此，毛泽东在领导中国革命和建设的过程中，根据近代以来中国社会的具体历史环境，非常关注政治在推动社会有机体变革和经济发展的重要性，指出："生产力、实践、经济基础，一般地表现为主要的

---

① 《毛泽东文集》第 7 卷，人民出版社，1999，第 275 页。
② 《马克思恩格斯选集》第 2 卷，人民出版社，2012，第 3 页。
③ 《毛泽东文集》第 7 卷，人民出版社，1999，第 216 页。
④ 《建国以来重要文献选编》第 10 册，中央文献出版社，1994，第 485 页。

决定的作用，谁不承认这一点，谁就不是唯物论者。然而，生产关系、理论、上层建筑这些方面，在一定条件之下，又转过来表现其为主要的决定的作用，这也是必须承认的。当着不变更生产关系，生产力就不能发展的时候，生产关系的变更就起了主要的决定的作用。当着如同列宁所说'没有革命的理论，就不会有革命的运动'的时候，革命理论的创立和提倡就起了主要的决定的作用。当着某一件事情（任何事情都是一样）要做，但是还没有方针、方法、计划或政策的时候，确定方针、方法、计划或政策，也就是主要的决定的东西。当着政治文化等等上层建筑阻碍着经济基础的发展的时候，对于政治上和文化上的革新就成为主要的决定的东西了。我们这样说，是否违反了唯物论呢？没有。因为我们承认总的历史发展中是物质的东西决定精神的东西，是社会的存在决定社会的意识；但是同时又承认而且必须承认精神的东西的反作用，社会意识对于社会存在的反作用，上层建筑对于经济基础的反作用。这不是违反唯物论，正是避免了机械唯物论，坚持了辩证唯物论"。① 在社会主义建设时期，毛泽东更强调"政治工作是一切经济工作的生命线。在社会经济制度发生根本变革的时期，尤其是这样"。② 他说，经济与政治、技术与政治必须统一，"思想、政治是统帅，是君，技术是兵，是臣，思想政治又是技术的保证"。又说："思想工作和政治工作是完成经济工作和技术工作的保证，它们是为经济基础服务的。思想和政治又是统帅，是灵魂。只要我们的思想工作和政治工作稍为一放松，经济工作和技术工作就一定会走到邪路上去"。③ 这就是说，中国共产党作为执政党要领导好人民进行经济建设，就必须进行好政治建设，制定正确的路线、方针和政策；否则，政治方向的失误最终必然影响经济的发展。当然，毛泽东也指出，思想政治工作"要结合着经济工作一道去做，不能孤立地去做"④，应将解决实际问题同解决思想问题结合起来。但从政治与经济关系的整体上看，毛泽东过多地强调了政治对经济的反作用，使政治活动一直处于对经济活动的超前状态，在一定程度上违背了经济对政治的决定性作用规律，最后使社会有机体内部的政治、经济

---

①　《毛泽东选集》第 1 卷，人民出版社，1991，第 325～326 页。
②　《毛泽东文集》第 6 卷，人民出版社，1999，第 449 页。
③　《建国以来毛泽东文稿》第 7 册，中央文献出版社，1992，第 25、53 页。
④　《毛泽东文集》第 6 卷，人民出版社，1999，第 450 页。

与文化结构出现了严重失衡，极大地阻碍了社会有机系统的高效运转。

2. 经济是政治的基础，阶级阶层的经济地位决定着自身的政治态度，政治生活斗争依赖着经济的保障

马克思主义认为，社会结构包括政治结构都是从人们的生产和生活过程中产生的，人们要生存就要从事生产，人们在物质生产过程中结成的生产关系就是社会关系。在阶级社会中，这种社会关系就体现为阶级关系，从而决定一定的社会结构包括政治结构。这是贯穿《共产党宣言》中的一个基本思想，即"每一历史时代的经济生产以及必然由此产生的社会结构，是该时代政治的和精神的历史的基础"[1]。所以，一切政治领域的冲突、斗争、变革和发展的根本原因应当到一定时代的经济领域中去寻找，理解社会的有机结构及其活动，必须考察社会的经济结构，这是社会有机体的"骨骼"系统，是全部社会关系的基础。毛泽东强调经济是政治的基础是与马克思、恩格斯的思想一脉相承的。一方面，毛泽东从近代中国深受帝国主义列强欺凌的事实中，深深地懂得经济技术落后是中国被挨打的主要原因，因此，发展经济和实现国家的工业化是近代以来中华民族的两大任务之一。他指出："中国落后的原因，主要的是没有新式工业。日本帝国主义为什么敢于这样地欺负中国，就是因为中国没有强大的工业，它欺侮我们的落后。"[2] 因此，"为着打败日本侵略者和建设新中国，必须发展工业"。[3] 中国社会的进步主要依靠工业的发展。"新民主主义的国家，如无巩固的经济做它的基础，如无进步的比较现时发达得多的农业，如无大规模的在全国经济比重上占极大优势的工业以及与此相适应的交通、贸易、金融等事业做它的基础，是不能巩固的"。[4] 因此，"工业必须是新民主主义社会的主要经济基础。只有工业社会才能是充分民主的社会"。[5] 在新民主主义革命胜利前夕，毛泽东再次告诫大家一定要重视经济建设问题，提出"从我们接管城市的第一天起，我们的眼睛就要向着这个城市的生产事业的恢复和发展。务须避免盲目地乱抓乱碰，把中心任务忘记了，

---

① 《马克思恩格斯文集》第 2 卷，人民出版社，2009，第 9 页。
② 《毛泽东文集》第 3 卷，人民出版社，1996，第 146～147 页。
③ 《毛泽东选集》第 3 卷，人民出版社，1991，第 1080 页。
④ 《毛泽东选集》第 3 卷，人民出版社，1991，第 1081 页。
⑤ 《毛泽东文集》第 3 卷，人民出版社，1996，第 184 页。

以至于占领一个城市好几个月，生产建设的工作还没有上轨道，甚至许多工业陷于停顿状态，引起工人失业，工人生活降低，不满意共产党。这种状态是完全不能容许的。为了这一点，我们的同志必须用极大的努力去学习生产的技术和管理生产的方法，必须去学习同生产有密切联系的商业工作、银行工作和其他工作。只有将城市的生产恢复起来和发展起来了，将消费的城市变成生产的城市了，人民政权才能巩固起来"。① 新中国成立后，为了巩固新生的人民民主政权，毛泽东反复强调全党要把工作重心转移到经济建设上来，努力学会做经济工作，以为新的上层建筑奠定坚实的经济基础。他说，现在是处在转变的时期，"由阶级斗争到向自然斗争，由革命到建设，由过去的革命到技术革命和文化革命"，"我们的根本任务已经由解放生产力变为在新的生产关系下面保护和发展生产力"。因此，"把党的工作的重点放到技术革命上去。这个问题必须引起全党的注意"。②另一方面，毛泽东根据对近代中国社会各阶级阶层在生产关系中占有生产资料状况的分析，认为它们不同的经济利益与地位决定了其不同的阶级立场和政治态度。也就是说，近代中国社会无论什么阶级和阶层，"它们对于中国革命的态度和立场如何，全依它们在社会经济中所占的地位来决定"。③ 毛泽东在《中国社会各阶级的分析》一文中对中国小资产阶级各阶层的政治态度进行了精辟的剖解，指出小资产阶级内的各阶层虽然同处在小资产阶级经济地位，但有三个不同的部分："第一部分是有余钱剩米的，即用其体力或脑力劳动所得，除自给外，每年有余剩"。"这种人胆子小，他们怕官，也有点怕革命。因为他们的经济地位和中产阶级颇接近，故对于中产阶级的宣传颇相信，对于革命取怀疑的态度。这一部分人在小资产阶级中占少数，是小资产阶级的右翼"。"第二部分是在经济上大体上可以自给的"，因为受帝国主义、军阀、封建地主、买办大资产阶级的压迫和剥削，他们对于革命"取了中立的态度，但是绝不反对革命。这一部分人数甚多，大概占小资产阶级的一半"。"第三部分是生活下降的"。因为生活逐步下降，这种人在精神上感觉的痛苦很大，所以，"这种人在革命运

---

① 《毛泽东选集》第 4 卷，人民出版社，1991，第 1428 页。
② 《毛泽东文集》第 7 卷，人民出版社，1999，第 289、218、351 页。
③ 《毛泽东选集》第 2 卷，人民出版社，1991，第 638 页。

动中颇要紧，是一个数量不小的群众，是小资产阶级的左翼"。① 毛泽东正是根据经济对政治的决定性作用，科学地制定了革命统一战线的政策策略。

另外，军事斗争、政权建设还依赖着经济的发展与支持，经济活动为政治活动提供物质保障。早在第二次国内革命战争时期，毛泽东就针对当时有些同志只要军事斗争而忽视经济建设的错误观点进行了批评，指出"过去有些同志认为革命战争已经忙不了，哪里还有闲工夫去做经济建设工作，因此见到谁谈经济建设，就要骂为'右倾'。他们认为在革命战争环境中没有进行经济建设的可能，要等战争最后胜利了，有了和平的安静的环境，才能进行经济建设。同志们，这些意见是不对的。抱着这些意见的同志，他们不了解如果不进行经济建设，革命战争的物质条件就不能有保障，人民在长期的战争中就会感觉疲惫"。② 新中国成立之初，面对资本主义与社会主义两大阵营的尖锐斗争，从保卫和巩固新生的社会主义政权角度，毛泽东多次强调要尽快地把我国建设成为伟大的社会主义现代化强国。他说，新的社会制度要使它最后巩固起来，必须实现国家的社会主义工业化，因此，"我国人民应当努力工作"，"准备在几个五年计划之内，将我们现在这样一个经济上文化上落后的国家，建设成为一个工业化的具有高度现代文化程度的伟大的国家"。③ 又说："我们必须打破常规，尽量采用先进技术，在一个不太长的历史时期内，把我国建设成为一个社会主义的现代化的强国"。④ 毛泽东的论述深刻体现了社会的政治变革与进步需要经济为其提供物质基础，否则新的社会政治系统难以长期有效运行，直至崩溃。

3. 文化是一定社会的政治和经济的反映，又反作用于一定社会的政治和经济，具有相对独立性

马克思主义认为，人既是历史的"剧作者"，又是历史的"剧中人"，他们自己导演自己的历史，也自己演绎自己的历史。人作为历史的主体是有思想、有感情、有目的的人，是历史的创造者，他们不断通过自觉能动

① 《毛泽东选集》第 1 卷，人民出版社，1991，第 5～6 页。
② 《毛泽东选集》第 1 卷，人民出版社，1991，第 119～120 页。
③ 《毛泽东文集》第 6 卷，人民出版社，1999，第 350 页。
④ 《毛泽东文集》第 8 卷，人民出版社，1999，第 341 页。

的活动改造旧的社会有机体、创造新的社会有机体，从而推动历史的前进和人类社会的进步。也就是说，人是具有思维能力的社会动物，人的一切经济活动和政治活动都不是像机器那样机械地进行的，而是在一定的观念支配下进行的，这种观念的东西，就是毛泽东在《新民主主义论》中所论述的"文化"。这种观念形态的文化就是社会意识结构或称文化结构，是建立在特定社会经济基础之上的思想上层建筑，它与制度的法律的政治上层建筑相对应，两者密不可分，共同构成了庞大的上层建筑体系，是社会有机体的"血肉"系统。

首先，由于历史过程中决定性的因素是经济，它最终决定着社会的政治与文化，同时政治又是经济的集中表现，所以，一定的文化只能是一定社会政治和经济在观念形态上的反映。对此，毛泽东明确地指出："在中国，有帝国主义文化，这是反映帝国主义在政治上经济上统治或半统治中国的东西"，"又有半封建文化，这是反映半封建政治和半封建经济的东西"；"帝国主义文化和半封建文化是非常亲热的两兄弟"，"是替帝国主义和封建阶级服务的，是应该被打倒的东西。不把这种东西打倒，什么新文化都是建立不起来的"。"至于新文化，则是在观念形态上反映新政治和新经济的东西，是替新政治新经济服务的"。① 在新民主主义革命时期，中华民族的新文化就是民族的科学的大众的反帝反封建的新民主主义文化，将来"以社会主义为内容的国民文化必须是反映社会主义的政治和经济的"。② 所以，"文化革命是在观念形态上反映政治革命和经济革命，并为它们服务的"。③ 这就是说，由于一切社会意识都是对社会存在的反映，包括意识形态在内的社会意识不过是以观念体系形式反映出来的社会存在，因此，作为观念形态的文化必然又要随着社会经济和政治的发展而发展。正如马克思、恩格斯所指出："人们的观念、观点和概念，一句话，人们的意识，随着人们的生活条件、人们的社会关系、人们的社会存在的改变而改变，这难道需要经过深思才能了解吗？"④

其次，文化具有阶级属性，反映一定阶级的利益。文化是人创造的，

---

① 《毛泽东选集》第 2 卷，人民出版社，1991，第 694、695 页。
② 《毛泽东选集》第 2 卷，人民出版社，1991，第 705 页。
③ 《毛泽东选集》第 2 卷，人民出版社，1991，第 699 页。
④ 《马克思恩格斯文集》第 2 卷，人民出版社，2009，第 50～51 页。

人又是从事生产活动和社会活动的现实的人。在阶级社会里，人们在生产活动中结成的社会关系必然反映为一定的阶级关系，每个人都是在一定阶级地位上进行文化创造活动，这种文化主体的阶级性决定了文化具有阶级属性，反映一定阶级的利益，并为一定阶级的政治和经济活动服务。正如毛泽东所说："在阶级社会中，每一个人都在一定的阶级地位中生活，各种思想无不打上阶级的烙印"。① 事实上，任何一个阶级在决定自身阶级地位的经济活动和政治活动中必定形成本阶级的特殊利益，这种特殊的阶级利益对于阶级成员的思想观念、价值取向都有决定的意义，任何超阶级的思想文化观念是不存在的。所谓"统治阶级的思想在每一时代都是占统治地位的思想。这就是说，一个阶级是社会上占统治地位的物质力量，同时也是社会上占统治地位的精神力量。支配着物质生产资料的阶级，同时也支配着精神生产资料，因此，那些没有精神生产资料的人的思想，一般地是隶属于这个阶级的。占统治地位的思想不过是占统治地位的物质关系在观念上的表现，不过是以思想的形式表现出来的占统治地位的物质关系；因而，这就是那些使某一个阶级成为统治阶级的关系在观念上的表现，因而这也就是这个阶级的统治的思想"。②

再次，文化具有相对独立性，反作用于经济与政治的活动。社会意识虽然根源和依赖于社会存在，但以自身固有的观念运行逻辑去反映社会存在。因此，作为观念形态的文化一经产生与形成，便作为一种超越社会存在的现象和力量而存在，具有自身的运行系统和特殊发展形式与规律，并对社会的经济活动和政治活动发挥巨大的能动作用，因而具有相对独立性。恩格斯指出："任何意识形态一经产生，就同现有的观念材料相结合而发展起来，并对这些材料作进一步的加工；不然，它就不是意识形态了，就是说，它就不是把思想当做独立地发展的、仅仅服从自身规律的独立存在的东西来对待了。"③ 毛泽东继承和发展了恩格斯的这一思想，认为："一定形态的政治和经济是首先决定那一定形态的文化的；然后，那一定形态的文化又才给予影响和作用于一定形态的政治和经济。"④ 在革命

---

① 《毛泽东选集》第 1 卷，人民出版社，1991，第 283 页。
② 《马克思恩格斯文集》第 1 卷，人民出版社，2009，第 550~551 页。
③ 《马克思恩格斯文集》第 4 卷，人民出版社，2009，第 309 页。
④ 《毛泽东选集》第 2 卷，人民出版社，1991，第 664 页。

战争年代，"文化是反映政治斗争和经济斗争的，但它同时又能指导政治斗争和经济斗争"，"如果不发展文化，我们的经济、政治、军事都要受到阻碍。"① 因此，"用文化教育工作提高群众的政治和文化的水平，这对于发展国民经济同样有极大的重要性。"② "革命文化，对于人民大众，是革命的有力武器。革命文化，在革命前，是革命的思想准备；在革命中，是革命总战线中的一条必要和重要的战线。而革命的文化工作者，就是这个文化战线上的各级指挥员。'没有革命的理论，就不会有革命的运动'，可见革命的文化运动对于革命的实践运动具有何等的重要性。"③ 针对近代中国社会经济和文化落后的情况，毛泽东反复强调，要努力改变文化落后的面貌，实现社会主义科学文化现代化。他指出："在革命胜利以后，我们的任务主要地就是发展生产和发展文化教育。"④ 又说："随着经济建设的高潮的到来，不可避免地将出现一个文化建设的高潮。中国人被人认为不文明的时代已经过去了，我们将以一个具有高度文化的民族出现于世界。"⑤

另外，既然在理论认识上承认文化是经济政治的反映，那么在实践活动中就一定要以与时俱进的态度来面对不断发展的经济和政治现状，也就是说，社会的进步发展必须要有一种能把握和体现时代精神和特征的先进文化来反映新的经济活动和政治活动，进而以这种先进文化引领和促进着社会经济与政治的发展。因此，新中国成立后，面对新的社会经济结构和政治结构，毛泽东指出，要加快改造旧文化，建设与新的社会形态相适应的新民主主义和社会主义的新文化，以推动社会的进步。1950 年 6 月，毛泽东正式提出，要"有步骤地谨慎地进行旧有学校教育事业和旧有社会文化事业的改革工作"，认为"在这个问题是上，拖延时间不愿改革的思想是不对的，过于性急、企图用粗暴方法进行改革的思想也是不对的"⑥。同时，鉴于人民解放战争已经基本结束，人民解放军的指挥员、战斗员一般的文化水平太低的情况，中共中央和毛泽东决定："全军除执行规定的作

① 《毛泽东文集》第 3 卷，人民出版社，1996，第 109～110、110 页。
② 《毛泽东选集》第 1 卷，人民出版社，1991，第 125～126 页。
③ 《毛泽东选集》第 2 卷，人民出版社，1991，第 708 页。
④ 中共中央文献研究室编《毛泽东文艺论集》，中央文献出版社，2002，第 129～130 页。
⑤ 《毛泽东文集》第 5 卷，人民出版社，1996，第 345 页。
⑥ 《毛泽东文集》第 6 卷，人民出版社，1999，第 71 页。

战任务和生产任务外，必须在今后一个相当时期内着重学习文化，以提高文化为首要任务，使军队形成为一个巨大的学校，组织广大指挥员和战斗员，尤其是文化水平低的干部，参加文化学习。"① 并对军队中干部和战士的学习时间、所要达到的学习程度，在职教育与离职教育的学习衔接和方法等都做了明确的规定。可以说，新中国成立初期以文化改造为主要形式的新民主主义和社会主义新文化的实践与普及，确立了马克思主义在整个文化思想领域的指导地位，这一先进文化成为国家的主流意识形态，成为体现中华民族凝聚力的精神信仰，进而极大地激发了人民群众建设社会主义经济和政治的巨大热情。

毛泽东在《新民主主义论》中从新民主主义社会形态的特征及其发展规律的角度来论述新民主主义经济、政治和文化三者的辩证关系，在这里，毛泽东把马克思、恩格斯建构的上层建筑明确地分为制度的法律的政治上层建筑和观念形态的文化上层建筑两大部分，并阐明了它们之间以及它们和经济的关系，这是毛泽东对马克思主义社会有机体理论的深化和发展，其目的在于突出文化在社会变革中的作用和地位，以及文化对新民主主义经济、政治与未来新中国建设的重要性。毛泽东强调："我们共产党人，多年以来，不但为中国的政治革命和经济革命而奋斗，而且为中国的文化革命而奋斗；一切这些的目的，在于建设一个中华民族的新社会和新国家。在这个新社会和新国家中，不但有新政治、新经济，而且有新文化。这就是说，我们不但要把一个政治上受压迫、经济上受剥削的中国，变为一个政治上自由和经济上繁荣的中国，而且要把一个被旧文化统治因而愚昧落后的中国，变为一个被新文化统治因而文明先进的中国。"② 换言之，通过民主革命而建立起来的一个新的社会形态必须是经济、政治和文化同时进步发展的新社会、新国家。由此，我们可以从毛泽东关于社会经济、政治、文化的众多论述中得出结论：在一个完整的社会有机体中，物质生活的生产构成其存在和发展的基本前提条件，社会的经济结构具有决定性的作用，而建立其上的社会的政治结构和文化结构在社会有机体中虽然不起决定的作用，但又具有相对独立性，对经济的发展和历史的进程有

---

① 《毛泽东文集》第 6 卷，人民出版社，1999，第 88 页。
② 《毛泽东选集》第 2 卷，人民出版社，1991，第 663 页。

着巨大的反作用，是社会有机体不可缺少的组成部分，在一定社会历史环境中往往是决定社会有机体生命活力的重要因素。因此，在今天全面建成小康社会，加快推进社会主义现代化，实现中华民族伟大复兴的进程中，我们既要坚持以经济建设为中心这一兴国之要，以新的发展理念来解决我国发展中遇到的问题，又要坚持走中国特色社会主义政治发展道路，不断推进政治体制改革。同时，必须大力弘扬和践行社会主义核心价值观，这是兴国之魂，决定着中国特色社会主义发展方向。只有正确处理社会经济、政治、文化的有机结合、运动和发展，我们的社会才能形成一个相对稳定，并具有自我更新和自我完善能力的生命有机整体。

四　社会有机体发展的根本目的和基础

马克思主义社会有机体理论强调，一方面社会作为人们活动的产物，是由一定的人及其活动构成的，个人是社会的细胞，个人的自由与发展是社会有机体生命活力的体现；另一方面，社会有机体的发展需要内部自身各个部分、各个系统之间保持一定的平衡，以及社会有机体与环境之间的平衡，只有保持这种平衡，才能使社会有机体健康发展。因此，毛泽东在推进中国革命和社会主义建设的实践中非常重视人本身状态的改变，以及人与变革社会和改造自然的关系，这是把握毛泽东社会有机体思想不可忽视的方面。

1. 变革社会必须把人民群众从长期的受压迫和剥削的状态下解放出来，改变其生存状态，发挥其革命和建设的积极性

近代中国灾难深重、贫穷落后，要变革这一社会，必须要动员千千万万的人民群众起来革命。如何发动民众，在毛泽东看来，一方面需要解放人民群众的个性，使民众从帝国主义和封建主义压迫中解放出来，获得个性自由和独立权利，另一方面需要给人民群众以物质利益，提高民众的生活水平，只有这样，才能调动人民群众进行革命和建设的积极性。因此，毛泽东在领导中国人民实现民族解放的同时十分重视人的个性解放和个性发展。他认为帝国主义和封建主义摧残人的个性，使中国人民的聪明才智不能得到发展。他说："民族压迫和封建压迫残酷地束缚着中国人民的个性发展，束缚着私人资本主义的发展和破坏着广大人民的财产。我们主张

的新民主主义制度的任务，则正是解除这些束缚和停止这种破坏，保障广大人民能够自由发展其在共同生活中的个性"。① "中国如果没有独立就没有个性，民族解放就是解放个性，政治上要这样做，经济上要这样做，文化上也要这样做。广大群众没有清楚的、觉醒的、民主的、独立的意识，是不会被尊敬的"。反过来说，"被束缚的个性如不得解放，就没有民主主义，也没有社会主义"。② "没有几万万人民的个性的解放和个性的发展"，"要想在殖民地半殖民地半封建的废墟上建立起社会主义社会来，那只是完全的空想"。③ 那么，如何实现个性解放和个性发展呢？毛泽东认为，生产资料和劳动产品归谁所有的财产所有权是决定人的个性解放和发展的经济基础，人的个性的发展程度同人们对物质生活条件的占有程度有关，因此，个性解放的基础就是消灭生产资料私有制，争取人的经济独立权利。这样，中国共产党人就把消灭私有制的历史任务与人的解放和发展的价值目标紧紧联系在一起，并在民主革命胜利后继续领导中国人民进行社会主义革命，通过社会主义三大改造，建立起社会主义生产资料公有制，使广大劳动人民真正成为生产资料的主人，成为全社会的主人，从而为人的个性解放和个性发展奠定了坚实的经济基础。

同时，毛泽东还从人的物质需要出发，强调要给人民以看得见的物质利益，不能饿着肚子去"正谊明道"，这是调动人民群众革命积极性的关键因素。改变人的生存状态，一切为着人民的物质利益和根本利益是以毛泽东为代表的中国共产党人孜孜以求的价值目标。在土地革命战争时期，毛泽东就指出："我们现在的中心任务是动员广大群众参加革命战争"，因为"革命战争是群众的战争，只有动员群众才能进行战争，只有依靠群众才能进行战争"。为此，谆谆告诫各级领导干部要深刻注意群众的生活问题，要"领导农民的土地斗争，分土地给农民；提高农民的劳动热情，增加农业生产；保障工人的利益；建立合作社；发展对外贸易；解决群众的穿衣问题，吃饭问题，住房问题，柴米油盐问题，疾病卫生问题，婚姻问题"。④ 1942 年 12 月，毛泽东在《经济问题与财政问题》一文中又指出：

---

① 《毛泽东选集》第 3 卷，人民出版社，1991，第 1058 页。
② 《毛泽东文集》第 3 卷，人民出版社，1996，第 336、208 页。
③ 《毛泽东选集》第 3 卷，人民出版社，1991，第 1060 页。
④ 《毛泽东选集》第 1 卷，人民出版社，1991，第 136、137 页。

"一切空话都是无用的，必须给人民以看得见的物质福利"，我们党要"组织人民、领导人民、帮助人民发展生产，增加他们的物质福利，并在这个基础上一步一步地提高他们的政治觉悟与文化程度"，①并认为这是我们党的根本路线和政策。所以，毛泽东在革命实践中非常重视经济工作，强调："我们不能饿着肚子去'正谊明道'，我们必须注意经济工作。离开经济工作而谈教育或学习，不过是多余的空话"。②当然，毛泽东在维护人民群众正当物质利益的同时，也要求把人的个体利益与民众的共同利益有机结合起来，阐明没有共同利益也就没有个人利益，特别是社会主义生产资料公有制基础上形成的以国家利益和集体利益为代表的共同利益，才是人民的根本利益和长远利益。因此，毛泽东在《论十大关系》中特别强调要兼顾国家、集体和个人三个方面的利益。他说："国家和工厂，国家和工人，工厂和工人，国家和合作社，国家和农民，合作社和农民，都必须兼顾，不能只顾一头。无论只顾哪一头，都是不利于社会主义，不利于无产阶级专政的"。③

2. 处理社会系统内部矛盾必须从中国六亿人口出发，统筹兼顾，适当安排

社会主义改造完成后，繁重的经济建设任务摆在党和人民面前，如何正确处理与经济建设相关的各种社会内部矛盾是党和各级政府需要考虑的重大问题，其目的就是调动一切积极因素，为了建设社会主义。对此，毛泽东指出："我们作计划、办事、想问题，都要从我国有六亿人口这一点出发，千万不要忘记这一点"，这是中国的国情。尽管我们的社会主义建设事业在蓬勃地发展着，成绩很大，但"在目前社会大变动的过渡时期，困难问题还是很多的。又发展又困难，这就是矛盾"，而解决这些矛盾的方法就是"统筹兼顾、适当安排"。"无论粮食问题，灾荒问题，就业问题，教育问题，知识分子问题，各种爱国力量的统一战线问题，少数民族问题，以及其他各项问题，都要从对全体人民的统筹兼顾这个观点出发，就当时当地的实际可能条件，同各方面的人协商，作出各种适当的安

① 《毛泽东文集》第 2 卷，人民出版社，1993，第 467 页。
② 《毛泽东文集》第 2 卷，人民出版社，1993，第 465 页。
③ 《毛泽东文集》第 7 卷，人民出版社，1999，第 30～31 页。

排"。① 即使是国民经济内部也要有计划按比例发展，以"求得安排积累和消费的适当比例，求得生产和需要之间的平衡"。② 毛泽东还根据"大跃进"的经验教训，强调搞社会主义建设，很重要的一个问题就是综合平衡。所谓综合平衡就是协调社会有机系统内部生产、交换、消费、交通、通信、教育等各种要素的相互关系，以形成社会各个部分相互衔接、相互配合、平稳运行的局面，这是社会有机体自我调节、自我完善的能力，是其生命力的表现。毛泽东指出："在整个经济中，平衡是个根本问题，有了综合平衡，才能有群众路线。有三种平衡：农业内部农、林、牧、副、渔的平衡；工业内部各个部门、各个环节的平衡；工业和农业的平衡。整个国民经济的比例关系是在这些基础上的综合平衡"。③

3. 发展生产力必须要解决好人与物即人与自然的矛盾

毛泽东认为，建设社会主义强国一个中心的任务就是大力发展社会主义的生产力，而"生产力有两项，一项是人，一项是工具。工具是人创造的。工具要革命，它会通过人来讲话，通过劳动者来讲话，破坏旧的生产关系，破坏旧的社会关系"，④ 以此推动社会的变革与发展。既然生产力是人与工具的辩证统一，因此，要发展生产力就必须解决好人与物即人与自然的关系。尽管在生产实践中包含着人与社会的关系，但是不管怎么样，都是以人与自然的关系为基础的。对此，毛泽东以大无畏的英雄气概提出了"向大自然开战"、"革地球的命"、"人类同时是自然界和社会的奴隶，又是它们的主人"⑤、"敢教日月换新天"、"人定胜天"的思想，认为解决人与自然的矛盾，其主要的方面来自人自身，只要充分发挥人的自觉能动性，就能改造自然、征服自然，从而极大地发展社会生产力。所以，毛泽东对人民群众通过奋斗改天换地的业绩给予了高度评价和赞扬。他曾为山西昔阳县大寨人靠勤劳双手开山凿坡、修造梯田换新天的动人事迹发出"农业学大寨"的口号，为江西余江县人民在党的领导下靠自己双手送走"瘟神"而浮想联翩、夜不能寐，挥毫写下"春风杨柳万千条、六亿神州

---

① 《毛泽东文集》第 7 卷，人民出版社，1999，第 227～228 页。
② 《毛泽东文集》第 7 卷，人民出版社，1999，第 215 页。
③ 《毛泽东文集》第 8 卷，人民出版社，1999，第 80 页。
④ 中共中央文献研究室编《毛泽东著作专题摘编》，中央文献出版社，2003，第 160～161 页。
⑤ 《毛泽东文集》第 8 卷，人民出版社，1999，第 326 页。

尽舜尧"，"借问瘟君欲何往、纸船明烛照天烧"的壮丽诗篇。毛泽东改造自然的雄心壮志，一方面来自他要尽快改变旧中国留下的"一穷二白"面貌、巩固新政权和建设新国家的迫切心情，使中国跻身世界强国之林，具有强烈的现实性和时代性；另一方面，他坚信人民群众的力量是无穷无尽的，只要发扬"愚公移山"的精神，没有战胜不了的困难。毛泽东这种运动、变化、斗争和发展的自然观对激发人民群众建设社会主义的热情，战胜自然灾害，发展生产力等方面有一定的积极作用，但它更多地强调的是人与自然的对立与斗争，而忽视人与自然的和谐统一，导致了人们在向大自然进军的过程中只讲"改天换地"和"人定胜天"，而忽略对自然环境的保护，结果造成了人们对自然资源的过度的粗放式的开发，破坏了生态环境和人与自然的和谐统一。事实上，社会是整个世界中的一个有机系统，社会有机体本身在生产方式的矛盾运动中不断向前发展，同时又与自然界发生作用与反作用的关系。一方面，社会是相对独立于自然界的，"人离开动物越远，他们对自然界的影响就越带有经过事先思考的、有计划的、以事先知道的一定目标为取向的行为的特征"，"而人则通过他所作出的改变来使自然界为自己的目的服务，来支配自然界"。① 另一方面，社会又是自然界的组成部分，我们对待自然界"决不像征服者统治异族人那样支配自然界，决不像站在自然界之外的人似的去支配自然界——相反，我们连同我们的肉、血和头脑都是属于自然界和存在于自然界之中的"。② 社会与自然界的关系实质上是人与自然的关系，是一种平衡关系，人对自然的获取不能超越社会与自然的平衡，否则社会有机体的运行就会受到自然的报复而失去平衡。因此，只有当人们成为自然界的自觉的和真正的主人时，他们才能成为自身的社会结合的主人，才能完全自觉地自己创造自己的历史，这是人类从必然王国进入自由王国的飞跃。

五 社会有机体发展的主体力量

社会发展虽然是一个自然历史过程，是客观的、不依人的意志为转移

---

① 《马克思恩格斯文集》第 9 卷，人民出版社，2009，第 558、559 页。
② 《马克思恩格斯文集》第 9 卷，人民出版社，2009，第 560 页。

的，但它又是一个人们有意识地参与的过程，这与自然发展是根本不同的，也是生物有机体系统不具备的特性。这一特性就是社会有机体的主体——人的主体性和能动性。也就是说，人类社会之所以是一个有机性程度极高的生命机体，就在于它具有自我意识，总是力求掌握自己赖以生存的世界，并且通过自身的能动性和创造性去构建一个更加美好、充满和谐的对象世界。因此，毛泽东在领导中国革命和建设的过程中始终重视人民群众在社会历史发展中的主体性和能动性，指出"人民，只有人民，才是创造世界历史的动力"①，中国革命和社会建设事业是千百万人民群众的事业，共产党一刻也离不开人民群众，必须充分发挥人民群众的历史主动性和创造性。

1. 历史是社会的人通过自己的活动创造的，人民群众是变革社会的决定力量

在社会的生产力与生产关系中，人既是生产力中最活跃的因素，也是生产关系的载体，是创造社会历史的力量。人民群众通过社会生产实践创造了社会的物质财富和精神财富，为社会的变革提供了物质前提和思想武器，又通过政治革命为社会的变革开辟道路。可以说，没有人民群众进行的或参加的革命斗争，任何社会有机体的变革都是不会成功的。对此，毛泽东指出："世间一切事物中，人是第一个可宝贵的。在共产党领导下，只要有了人，什么人间奇迹也可以造出来"。② 在革命战争条件下，毛泽东反复强调，兵民是胜利之本，战争的伟力之最深厚的根源存在于民众之中，"只要我们依靠人民，坚决地相信人民群众的创造力是无穷无尽的，因而信任人民，和人民打成一片，那就任何困难也能克服，任何敌人也不能压倒我们，而只会被我们所压倒"。③ 他还认为，人与武器相比，人是决定的因素："武器是战争的重要的因素，但不是决定的因素。决定的因素是人不是物"。④ 在社会主义条件下，毛泽东仍然坚持这一观点，认为，中国人口多，底子薄，建设社会主义最重要的是发挥人的作用。他说："社会的财富是工人、农民和劳动知识分子自己创造的。只要这些人掌握了自

① 《毛泽东选集》第 3 卷，人民出版社，1991，第 1031 页。
② 《毛泽东选集》第 4 卷，人民出版社，1991，第 1512 页。
③ 《毛泽东选集》第 3 卷，人民出版社，1991，第 1096 页。
④ 《毛泽东选集》第 2 卷，人民出版社，1991，第 469 页。

己的命运，又有一条马克思列宁主义的路线，不是回避问题，而是用积极的态度去解决问题，任何人间的困难总是可以解决的"。① 又说："人民群众有无限的创造力。他们可以组织起来，向一切可以发挥自己力量的地方和部门进军，向生产的深度和广度进军，替自己创造日益增多的福利事业"。② 这充分肯定了人民群众的巨大创造作用。

2. 只有充分发挥人民群众主体的自觉能动性和创造性，才能彻底改造旧世界，建设新世界

历史唯物主义的一个基本要求是，既要承认人类社会发展的客观规律性，又要承认人民群众作为历史主体的自觉能动性。正如马克思指出："人们自己创造自己的历史，但是他们并不是随心所欲地创造，并不是在他们自己选定的条件下创造，而是在直接碰到的、既定的、从过去承继下来的条件下创造。"③ 这就是说，人民群众的历史创造是在既定的社会经济政治文化环境中进行的，要受到社会客观规律的制约。但由于人民群众是社会发展的主体动力，社会发展的规律需要通过人民群众的历史活动才能形成和实现，所以，只有充分发挥人民群众主体的自觉能动性和创造性，才能更加有效地推动社会历史发展的进程。毛泽东在《论持久战》一文中指出："思想等等是主观的东西，做或行动是主观见之于客观的东西，都是人类特殊的能动性。这种能动性，我们名之曰'自觉的能动性'，是人之所以区别于物的特点。一切根据和符合于客观事实的思想是正确的思想，一切根据于正确思想的做或行动是正确的行动。我们必须发扬这样的思想和行动，必须发扬这种自觉的能动性"。④ 并且，毛泽东还认为，在特定的历史条件下人的自觉能动性甚至可以起决定的作用，这是人的本质力量的强有力的自我确证。特别是在革命战争中，这种人所特有的自觉能动性表现得更加突出。对此，毛泽东明确指出："战争是力量的竞赛，但力量在战争过程中变化其原来的形态。在这里，主观的努力，多打胜仗，少犯错误，是决定的因素。客观因素具备着这种变化的可能性，但实现这种可能性，就需要正确的方针和主观的努力。这时候，主观作用是决定的

① 《建国以来重要文献选编》第 7 册，中央文献出版社，1993，第 201 页。
② 《毛泽东文集》第 6 卷，人民出版社，1999，第 457 页。
③ 《马克思恩格斯文集》第 2 卷，人民出版社，2009，第 470～471 页。
④ 《毛泽东选集》第 2 卷，人民出版社，1991，第 477 页。

了"。因为，"力量对比不但是军力和经济力的对比，而且是人力和人心的对比。军力和经济力是要人去掌握的"。① 正是从人的自觉能动性在一定条件下起决定作用这一理念出发，面对强敌，中国人民充分发挥了自己的聪明才智和自觉能动性，创造了地道战、地雷战、铁道游击队、平原游击队等人民战争的战略战术，赢得了抗战的最后胜利。

新民主主义革命胜利后，毛泽东提出，要使中国人民成为新社会的主人，就必须使他们尽快地从旧社会的各种思想观念和行为模式的束缚下解放出来，这仍然要发挥人民群众的主体能动性。他说："过去为了结束帝国主义、封建主义和官僚资本主义的统治，为了人民民主革命的胜利，我们就实行了调动一切积极因素的方针。现在为了进行社会主义革命，建设社会主义国家，同样也实行这个方针"。② 只要我们有效地调动广大人民群众的主动性和创造性，就一定能把中国建设成一个伟大的社会主义现代化强国。

3. 通过广泛的政治动员，发动民众投身到中国革命和社会主义建设事业中去

所谓政治动员是指一定的政治主体如政党、政治集团等，为聚集力量实现某一政治目标而进行的政治宣传和政治鼓动行为。③ 在中国革命和建设的实践中，毛泽东为代表的中国共产党人举起民族主义和爱国主义大旗，将深受帝国主义和封建主义压迫的爱国民众通过政治动员集中起来，并用共产主义先进意识引导他们，增强其政治意识，培养其现代性品格，以使他们从盲目的被动的历史客体转变成有阶级意识的积极的历史主体。特别是通过土地革命、在农村建立党组织，不断向农民灌输无产阶级社会主义思想，增强其组织纪律性，鼓励其政治参与，帮助其克服传统价值观念和行为模式，使之逐渐具备现代素质。由于近代中国异常激烈和错综复杂的民族矛盾、社会矛盾和阶级矛盾，毛泽东非常重视政治动员对于发动民众进行革命战争的重要意义。1929 年毛泽东在为中国共产党红军第四军第九次代表大会写的决议案中指出："红军宣传工作的任务，就是扩大政治影响争取广大群众。由这个宣传任务之实现，才可以达到组织群众、武

---

① 《毛泽东选集》第 2 卷，人民出版社，1991，第 487、469 页。
② 《毛泽东文集》第 7 卷，人民出版社，1999，第 23 页。
③ 于光远主编《中国小百科全书》第 4 卷，团结出版社，1994，第 52 页。

装群众、建立政权、消灭反动势力、促进革命高潮等红军的总任务"。①
1938 年毛泽东在《论持久战》的讲演中，更强调了政治动员的重要性、目的和途径，指出："如此伟大的民族革命战争，没有普遍而深入的政治动员，是不能胜利的"。只要"动员了全国的老百姓，就造成了陷敌于灭顶之灾的汪洋大海，造成了弥补武器等等缺陷的补救条件，造成了克服一切战争困难的前提"。认为，政治动员就是"把战争的政治目的告诉军队和人民"，并"说明达到此目的的步骤和政策"，这样，"方能造成抗日的热潮，使几万万人齐心一致，贡献一切给战争"。同时，要用演说、传单布告、报纸书册、戏剧电影等老百姓喜闻乐见的语言和方法进行政治动员，要"联系战争发展的情况，联系士兵和老百姓的生活，把战争的政治动员，变成经常的运动"。② 毛泽东的这些认识标志着中国共产党已形成了一整套有关政治动员的科学体系，有力地保证了抗日战争的胜利，也为以后的政治动员和发动民众工作奠定了坚实的理论和实践基础。

新中国的成立，仅仅是万里长征的第一步，社会主义革命和建设的任务更加繁重而艰巨，因此，对民众进行有效的政治动员，以鼓舞他们的革命热情，并把他们的革命激情转化为保卫人民民主政权和建设经济的强大动力仍然是中国共产党的一项艰巨的政治任务。毛泽东相信："国家不分大小，只要充分动员人民，坚决依靠人民，进行人民战争，任何强大的敌人都是可以打败的"。③ 他在《论十大关系》中还分析了我国社会主义建设的十大矛盾，认为，这十个问题"都是围绕着一个基本方针，就是要把国内外一切积极因素调动起来，为社会主义事业服务"④，这实际上指明了政治动员在我国社会主义建设中的地位和作用，确立了党的政治动员的基本倾向。党的八大以后，毛泽东又根据国内阶级形势和社会主要矛盾的变化，提出政治动员要紧紧围绕发展社会生产力这个中心任务，主张通过发展党和国家的民主生活、改进国家行政体制、正确处理人民内部矛盾来调动广大人民群众的积极性。毛泽东在《扩大的中央工作会议上的讲话》中指出："我们充分地发扬了民主，就能把党内、党外广大群众的积极性调

---

① 《毛泽东文集》第 1 卷，人民出版社，1993，第 96 页。
② 《毛泽东选集》第 2 卷，人民出版社，1991，第 480～481 页。
③ 《建国以来毛泽东文稿》第 12 册，中央文献出版社，1998，第 458 页。
④ 《毛泽东文集》第 7 卷，人民出版社，1999，第 23 页。

动起来，就能使占总人口百分之九十五以上的人民大众团结起来。做到了这些，我们的工作就会越做越好，我们遇到的困难就会较快地得到克服，我们事业的发展就会顺利得多"。① 应该说，新中国成立初期，我们党和政府卓有成效地开展了如土地改革运动、镇压反革命运动、抗美援朝战争运动、"三反""五反"运动、改造知识分子运动等一系列大规模的政治动员，并建立健全像青年团、妇联、工会、农会等各级全国性群众组织，同时，充分利用国家机器，通过全国性的宣传网和政治教育来动员人民群众。所有这些极大地鼓舞了人民群众参与国家政治生活的热情，培养了他们的自主意识，为我国从新民主主义社会向社会主义社会过渡奠定了坚实的政治基础和群众基础。当然，在社会主义改造运动后期、"大跃进"和人民公社化运动中，由于把阶级斗争、群众运动作为政治动员的主要手段，政治动员出现了偏差，进而中断了经济社会发展的自然生长过程，造成了社会有机系统运行的无序和混乱，给社会主义革命和建设事业带来了巨大的危害。

毛泽东社会有机体思想是马克思主义社会有机体理论与中国革命和建设实践相结合的产物，是马克思主义中国化的社会有机体思想。毛泽东的这一思想是在直接继承马克思主义社会有机体理论的基础上，根据中国的具体国情，运用唯物辩证法从两个维度深刻揭示了近代以来中国社会的历史运动。

一是从纵向维度揭示了近代以来中国社会有机体的变革经历了从封建社会到半殖民地半封建社会的转变、从半殖民地半封建社会到新民主主义社会转变、从新民主主义社会到社会主义社会的转变的历史过程。这一系列社会变革和发展，既符合马克思主义关于人类社会发展是一个"自然历史过程"，是不以人的意志为转移的，又符合社会有机体形态的更替是历史决定性和人的主体选择性的辩证统一，而推动这一历史过程的根本动力是生产力与生产关系、经济基础与上层建筑的矛盾运动，其他方面如政治、文化等的变迁都是这一矛盾运动的反映。毛泽东认为，无论是资本主义社会以前的社会，包括资本主义社会，还是社会主义社会，包括未来的共产主义社会，社会的基本矛盾一直是存在的，它贯穿人类社会历史始

---

① 《毛泽东文集》第 8 卷，人民出版社，1999，第 311 页。

终，推动着社会有机体从低级向高级发展，这是社会有机整体的实质内容和运动变化的根源。但由于推进社会有机体发展的主体是"具有意识的、经过思虑或凭激情行动的、追求某种目的的人"①，所以在一定的社会历史条件下，主体可以在社会发展的多种可能性中做出自己的能动选择。同时，在阶级社会里，各阶级、集团依据自身利益、意志和行为而相互斗争，并作用于社会的自然历史过程，而阶级斗争、阶级革命并不是由生产力发展水平来决定的，在"统治阶级已经不可能照旧不变地维持自己的统治"，"被压迫阶级的贫困和苦难超乎寻常地加剧"，同时"统治阶级在政治上的危机，给被压迫阶段不满和愤慨的迸发造成突破口"，且"群众积极性大大提高"② 时，就会爆发社会革命，推翻旧的社会制度，建立新的社会制度。正因为如此，以毛泽东为代表的中国共产党人，以马克思主义为指导，根据近代中国半殖民地半封建社会的性质，科学地确定了中国革命的对象、任务、动力、性质和前途，进而领导中国人民通过武装斗争走向了新民主主义社会，又通过社会主义改造走向了社会主义社会，使中国社会越过了资本主义"卡夫丁峡谷"。这一历史选择既符合人类社会发展的一般规律，又适合中国国情，是中国人民的伟大选择和创造。

二是从横向维度揭示了近代以来中国社会有机体系统内部各构成要素之间的相互作用、相互关系，这些构成要素包括生产力、生产关系、经济基础、上层建筑之间的作用与反作用，阶级、阶层、集团之间的矛盾与斗争，经济、政治、文化之间的作用与反映，人与社会、人与自然之间的协调与发展等多方面。毛泽东认为，社会有机体系统内部这些构成要素并不是杂乱无章和偶然地结合在一起的，而是一个相互联系、相互作用、相互影响、不断生成的有机整体，它们之间的辩证运动和发展推动了近代中国的新陈代谢。毛泽东还进一步指出，在社会有机体众多的构成要素中，由于人是最活跃的要素，因此，从客观现实出发，发挥人的主体动力是变革社会有机体的重要路径。在这里，毛泽东为我们变革社会有机体形态，改革社会不合理的各种制度和结构，调整不利于维持社会活动和人们之间交往的秩序与规则，促进社会有机化程度的不断提高和人的全面发展提供了

---

① 《马克思恩格斯文集》第 4 卷，人民出版社，2009，第 302 页。
② 《列宁全集》第 26 卷，人民出版社，2017，第 230 页。

现实的途径和方法。

以上纵横两个维度，毛泽东都紧紧围绕人类社会发展的物质基础——生产力与生产关系和社会历史的主体——人，以及人与社会、人与自然的关系来揭示近代以来中国社会有机体演变的原因、动力和规律，强调社会是一个有生命活力的有机体，必须从多个层面全面系统地分析近代以来的中国社会发展，深刻认识中国走向社会主义的必然规律，正确对待社会主义现代化建设中出现的各种复杂现象与矛盾，从而为我们今天坚持以人民发展为中心，正确处理自然、人、社会之间的和谐发展关系，全面推进中国特色社会主义"五位一体"总体布局，提高人对制度体制创新的自觉能动性，促进生产力与生产关系、经济基础与上层建筑之间相协调，以实现社会有机体的健康、有序、充满活力地发展奠定了坚实的理论基础。同时，毛泽东的社会有机体思想告诉我们，在分析考察一个社会有机系统及其运动时，还要坚持一切从实际出发，坚持唯物辩证法的历史决定性与人的主体选择性、历史合规律性与合目的性的有机统一，这是我们坚定不移地高举中国特色社会主义伟大旗帜，坚定中国特色社会主义道路自信、理论自信、制度自信、文化自信的历史依据和哲学基础。

当然，毛泽东的社会有机体思想在指导中国革命和建设的实践进程中也存在一定的历史局限性。一是由于近代中国社会的特殊环境以及中国封建社会历史发展巨大惰性，毛泽东在考察社会有机整体时过分关注生产关系对生产力的反作用，忽视了生产力对生产关系的决定性作用，进而也就忽视了社会主义基本制度确立后大力发展社会生产力的根本任务，严重影响了社会主义现代化经济建设。二是在分析经济、政治、文化三位一体的社会有机整体时，过分突出了作为上层建筑的政治发展对经济发展的反作用，忽视了人民群众正当的物质利益需求，并用政治灌输、思想斗争和道德约束等意识形态的手段力量来最大限度地消除人们对物质利益的追求，因而使人们丧失了来自个人利益方面的积极性，使整个社会有机体的运行处在失去动力的状态，机体的生命力在不断地萎缩。三是在强调人的主体力量发挥时，过分夸大了人的主观能动性的作用；在强调社会政治动员时，不分革命战争时期还是和平建设时期，一律运用群众运动的方式进行革命和建设，忽略了社会历史发展的客观规律。所有这些，都是我们今天在推进中国特色社会主义社会有机体不断发展和进步时不可忘却的教训。

第八章　邓小平的社会有机体思想

邓小平作为中国改革开放的总设计师，在推进中国特色社会主义现代化事业的进程中，根据马克思主义社会有机体理论所揭示的人类社会及其运动和发展规律，在反思我国社会主义现代化建设经验与教训的基础上，形成了自身具有鲜明时代精神和民族特色的社会有机体思想。他指出，社会有机体前进的原动力和物质基础是经济发展，必须大力发展生产力；强调改革是解决社会主义社会基本矛盾的有效形式和根本途径，是推动社会有机体进步发展的强大动力；坚持人民群众是推动社会有机体向前发展的主体力量，必须充分调动人民群众的积极性、能动性、创造性；认为人民的共同富裕和社会的全面进步是社会有机体发展的根本目的，必须坚持"两手抓，两手都要硬""先富带动后富""两个大局"等一系列社会整体协调发展战略，以保持社会有机体运行的高效、稳定和有序，最终实现社会有机体从差序发展到共同发展的目标。

一　社会有机体赖以存在和发展的物质基础

在构成社会有机体内部各要素和结构之间，生产力和生产关系、经济基础和上层建筑之间的矛盾运动是推动社会有机体向前发展的主要因素，其中生产力的发展对社会有机体的演变更替起着最终的决定作用。马克思指出："随着新生产力的获得，人们改变自己的生产方式，随着生产方式即谋生的方式的改变，人们也就会改变自己的一切社会关系。"① 正是生产力的不断提高，不断打破着社会有机体内部各要素和结构基本相适应的状况，突破现有的生产关系，引发新的不平衡和矛盾，从而推动着社会有机体的发展和进步。因此，社会有机体的演变更替是以经济因素为最终动因的社会系统的各种构成要素和结构交互作用的结果。这表明，物质生产实践是整个现存社会有机体的基础，"物质生活的生产方式制约着整个社会生活、政治生活和精神生活的过程"②，并决定着其他社会领域乃至整个社会历史的变化。正如恩格斯所言："每一历史时代主要的经济生产方式和交换方式以及必然由此产生的社会结构，是该时代政治的和精神的历史所赖以确立的基础，并且只有从这一基础出发，这一历史才能得到说明。"③正因为如此，无产阶级在夺取资产阶级的全部资本和生产资料以后，要"尽可能快地增加生产力的总量"④。列宁指出："无产阶级取得国家政权以后，它的最主要最根本的需要就是增加产品数量，大大提高社会生产力。"⑤ 一旦社会生产力发展停滞了，就会带来贫困和动荡。因此，社会主义必须建立在强大的物质基础之上，只有通过发展生产力，建立强大的物质基础，社会主义国家政权才能稳固，才能"使无产阶级能够拿出为农民日常生活和改善经济所必需的产品来交换农民的粮食，小农和无产阶级的联盟才能完全正常和巩固"⑥，才能在经济方面逐步赶上或超过西方发达国家，避免落后挨打的命运，从而最终战胜资本主义。可以说，解放和发展生产力，以获得社会有机体存在和发展的物质基础，是马克思主义社会有机体理论的重要内容。

邓小平不仅继承了历史唯物主义这一基本原理，而且在社会主义条件下发展了这一基本原理，把它作为社会主义的根本任务和社会主义优越性的集中体现。他说："我们革命的目的就是解放生产力，发展生产力。离开了生产力的发展、国家的富强、人民生活的改善，革命就是空的。"⑦ 因

---

① 《马克思恩格斯文集》第 1 卷，人民出版社，2009，第 602 页。
② 《马克思恩格斯文集》第 2 卷，人民出版社，2009，第 591 页。
③ 《马克思恩格斯文集》第 2 卷，人民出版社，2009，第 14 页。
④ 《马克思恩格斯文集》第 2 卷，人民出版社，2009，第 52 页。
⑤ 《列宁专题文集·论社会主义》，人民出版社，2009，第 301 页。
⑥ 《列宁专题文集·论社会主义》，人民出版社，2009，第 236～237 页。
⑦ 《邓小平文选》第 2 卷，人民出版社，1994，第 231 页。

此，"社会主义阶段的最根本任务就是发展生产力，社会主义的优越性归根到底要体现在它的生产力比资本主义发展得更快一些、更高一些，并且在发展生产力的基础上，不断改善人民的物质文化生活。如果说我们建国以后有缺点，那就是对发展生产力有某种忽略。社会主义要消灭贫穷。贫穷不是社会主义，更不是共产主义。"① 这是邓小平在总结世界社会主义运动和我国社会主义建设正反两方面经验教训，以及分析现阶段我国社会主义社会主要矛盾的基础上作出的科学论断。为此，他反复强调："马克思主义的基本原则就是要发展生产力"，"共产主义是建立在生产力高度发展的基础上的"；② "搞社会主义，中心任务是发展社会生产力。一切有利于发展社会生产力的方法，包括利用外资和引进先进技术，我们都采用"；③ "社会主义的任务很多，但根本一条就是发展生产力，在发展生产力的基础上体现出优越于资本主义，为实现共产主义创造物质基础"；④ "共产主义的第一阶段是社会主义，社会主义就是要发展生产力，这是一个很长的历史阶段。生产力不断发展，最后才能达到共产主义"。⑤ 在这里，邓小平首先恢复了生产力在社会有机体系统中的决定性地位：一方面从历史唯物主义的高度，阐明了生产力是全部人类历史的出发点和基础；另一方面从社会主义"首要的和根本的任务"出发，阐明了发展生产力是社会主义的一个基本原则，进而确立了大力发展生产力在社会主义现代化建设中的中心地位，强调这是社会主义本质和社会主义制度优越性的集中体现，是发展中国的关键。

正是在邓小平这一重要思想的指引下，肩负复兴中华民族和发展社会主义双重使命的中国共产党人开始深入思考贫穷是不是社会主义？社会主义的根本任务究竟是什么？中国社会主义现代化事业怎样才能克服困难和挫折发展起来，并最终战胜资本主义？通过对这一系列重大现实问题的思考，中国共产党人实事求是地恢复了历史唯物主义的本来面目，坚决、及时地把党的工作重心转移到以经济建设为中心这一轨道上来，大力发展生

---

① 《邓小平文选》第 3 卷，人民出版社，1993，第 63～64 页。
② 《邓小平文选》第 3 卷，人民出版社，1993，第 116 页。
③ 《邓小平文选》第 3 卷，人民出版社，1993，第 130 页。
④ 《邓小平文选》第 3 卷，人民出版社，1993，第 137 页。
⑤ 《邓小平文选》第 3 卷，人民出版社，1993，第 228 页。

产力，建设强大的社会主义物质基础，推动当代中国社会有机体的发展与进步。邓小平作为一个高瞻远瞩的马克思主义理论家和实践家，他认为，在整个社会主义历史时期的根本任务就是发展社会生产力，只有大力发展生产力、发展经济，才能为解决社会主义社会出现的各种矛盾提供强大的物质基础，使社会主义现代化建立在坚实可靠的基础上。而这一对历史唯物主义本真精神的深刻理解，使他提出了一系列关于发展生产力的思想和举措。

1. "发展是硬道理"，要以经济建设为中心，一心一意搞现代化建设

马克思主义认为，物质资料的生产是人类社会生存和发展的前提和基础，吃、穿、住、行所必需的物质资料和产品是社会有机体运行的基本物质条件，只有坚持以发展生产力为主题，社会有机体才能不断得以进步。从新中国成立以来我国经济发展的实践和社会面临的主要矛盾来看，大力发展生产力对于解决社会矛盾、加快推进社会主义现代化建设具有决定意义。所以，邓小平强调，要以经济建设为中心，一心一意搞四个现代化。他说："中国解决所有问题的关键是要靠自己的发展。"[1] "我们当前以及今后相当一个历史时期的主要任务是什么？一句话，就是搞现代化建设。能否实现四个现代化，决定着我们国家的命运、民族的命运。"[2] 因此，"经济工作是当前最大的政治，经济问题是压倒一切的政治问题"；[3] "离开了经济建设这个中心，就有丧失物质基础的危险。其他一切任务都要服从这个中心，围绕这个中心，决不能干扰它，冲击它。"[4] 只有坚持以经济建设为中心，坚持发展是硬道理，紧紧抓住和充分利用好重要战略机遇期，大力解放和发展生产力，不断增强综合国力，才能更好地解决前进道路上的矛盾和问题，实现社会主义现代化的宏伟目标。对这个问题，邓小平强调，既要解放思想、放开手脚，又要注意稳定协调，同时发挥社会主义制度能够集中力量办大事的优势，相信在今后的现代化建设过程中，出现若干个发展速度比较快、效益比较好的阶段是能够实现的。

① 《邓小平文选》第 3 卷，人民出版社，1993，第 265 页。
② 《邓小平文选》第 2 卷，人民出版社，1994，第 162 页。
③ 《邓小平文选》第 2 卷，人民出版社，1994，第 194 页。
④ 《邓小平文选》第 2 卷，人民出版社，1994，第 250 页。

2. 衡量一切工作的最根本的是非标准是生产力标准

早在 1945 年，毛泽东就指出："中国一切政党的政策及其实践在中国人民中所表现的作用好坏、大小，归根到底，看它对于中国人民的生产力的发展是否有帮助及其帮助之大小，看它是束缚生产力的，还是解放生产力的。"[1] 邓小平继承和发展了这一观点，把是否有利于发展社会生产力作为是否促进社会有机体发展的最根本标准。1979 年他在中国文学艺术工作者第四次代表大会上提出："对实现四个现代化是有利还是有害，应当成为衡量一切工作的最根本的是非标准。"[2] 他又说："社会主义经济政策对不对，归根到底要看生产力是否发展，人民收入是否增加。"[3] 1987 年邓小平在会见喀麦隆总统保罗·比亚时指出，评价一个国家的政治体制、政治结构和政策是否正确，关键看三条："第一是看国家的政局是否稳定；第二是看能否增进人民的团结，改善人民的生活；第三是看生产力能否得到持续发展。"[4] 1992 年初南方谈话时，他又进一步指出：判断姓"资"还是姓"社"的标准，"应该主要看是否有利于发展社会主义社会的生产力，是否有利于增强社会主义国家的综合国力，是否有利于提高人民的生活水平"[5]。在"三个有利于"标准中，最根本的是生产力标准，因为生产力是社会有机体发展的决定力量，是解决社会主要矛盾和问题的前提条件，因而也是衡量社会进步与否的根本标准。

3. 科学技术是第一生产力

科学技术作为社会有机体的一个重要组成部分，是构成社会生产力的基本要素之一，也是生产力系统中最活跃最反映时代进步的因素之一，发展科学技术是发展生产力的重要途径。恩格斯《在马克思墓前的讲话》中曾说："在马克思看来，科学是一种在历史上起推动作用的、革命的力量。"[6] 深刻揭示了科学技术与发展生产力的内在联系，强调科学技术是一种生产力。邓小平继承了历史唯物主义关于"科学是生产力"的思想，并且结合现代科学技术发展的最新成果和我国社会主义建设的具体情况，在

---

① 《毛泽东选集》第 3 卷，人民出版社，1991，第 1079 页。
② 《邓小平文选》第 2 卷，人民出版社，1994，第 209 页。
③ 《邓小平文选》第 2 卷，人民出版社，1994，第 314 页。
④ 《邓小平文选》第 3 卷，人民出版社，1993，第 213 页。
⑤ 《邓小平文选》第 3 卷，人民出版社，1993，第 372 页。
⑥ 《马克思恩格斯选集》第 3 卷，人民出版社，2012，第 1003 页。

马克思主义发展史上第一次提出了"科学技术是第一生产力"的著名论断。1978年3月他《在全国科学大会开幕式上的讲话》中说:"科学技术作为生产力,越来越显示出巨大的作用",因为构成生产力的基本因素是生产资料和劳动力,而"历史上的生产资料,都是同一定的科学技术相结合的;同样,历史上的劳动力,也都是掌握了一定科学技术知识的劳动力"①。因此,科学技术一旦同生产资料与劳动力相结合,就会迅速形成强大的生产力,进而促进社会有机体的发展与进步。这是邓小平在新的历史条件下对科学技术发展的本质属性和时代价值的高度肯定,也是对现代社会生产力发展的新特点和新趋势的深刻揭示和概括。1988年9月5日,邓小平在会见捷克斯洛伐克总统胡萨克时正式提出:"历史在前进,我们却停滞不前,就落后了。马克思说过,科学技术是生产力,事实证明这话讲得很对。依我看,科学技术是第一生产力。我们的根本问题就是要坚持社会主义的信念和原则,发展生产力,改善人民生活,为此就必须开放。否则,不可能很好地坚持社会主义。"② 这表明:首先,科学技术在现代社会生产力构成要素中是起着第一位的决定作用因素;其次,发展现代社会生产力必须依靠科学技术的先导作用;再次,加快我国社会主义现代化经济建设必须依靠科技进步和提高劳动者素质,充分调动劳动者的积极性。正如邓小平所说:"四个现代化,关键是科学技术的现代化。没有现代科学技术,就不可能建设现代农业、现代工业、现代国防。没有科学技术的高速度发展,也就不可能有国民经济的高速度发展。"③

二 改革是推动社会有机体发展的强大动力

社会是活动着和发展着的活的有机体,处在生生不息、革故鼎新的持续过程中,不断从一种生产方式过渡到另一种生产方式,从一种社会形态过渡到另一种社会形态。马克思指出:"现在的社会不是坚实的结晶体,而是一个能够变化并且经常处于变化过程中的有机体。"④ "它有自己的产

---

① 《邓小平文选》第2卷,人民出版社,1994,第87、88页。
② 《邓小平文选》第3卷,人民出版社,1993,第274页。
③ 《邓小平文选》第2卷,人民出版社,1994,第86页。
④ 《马克思恩格斯选集》第2卷,人民出版社,2012,第84页。

生、活动和向更高形式过渡即转化为另一种社会有机体的特殊规律。"① 这就是"社会的物质生产力发展到一定阶段，便同它们一直在其中运动的现存生产关系或财产关系（这只是生产关系的法律用语）发生矛盾。于是这些关系便由生产力的发展形式变成生产力的桎梏。那时社会革命的时代就到来了。随着经济基础的变更，全部庞大的上层建筑也或慢或快地发生变革"②。这告诉我们，在社会生产方式的矛盾运动过程中，生产力决定生产关系，生产关系对生产力具有反作用。当生产力发展到一定程度时，生产关系就会由原先推动生产力发展的形式变成阻碍生产力发展的桎梏，这时就要改变原有的生产关系。因此，变革、调整和完善生产关系使之适应生产力的发展，就成为推动社会有机体发展进步的强大动力。马克思所阐明的这一基本原理，为我们考察和认识人类社会历史发展状况，提供了有力的思想武器。但限于当时客观的历史实际，马克思所揭示的主要是社会有机体形态变革的一般规律和发展的总体趋向，对于经过革命实践建立起新的社会主义制度后，是否还有解放生产力以及如何解放生产力的问题没有做出具体的阐述，只是对社会主义制度下的改革做过一般性的描述。恩格斯指出："所谓'社会主义社会'不是一种一成不变的东西，而应当和任何其他社会制度一样，把它看成是经常变化和改革的社会。"③ 列宁也说道："今后在发展生产力和文化方面，我们每前进一步和每提高一步都必定同时改善和改造我们的苏维埃制度。"④

毛泽东运用对立统一规律深刻揭示了矛盾是普遍存在的，强调社会主义社会仍充满着矛盾，正是社会的基本矛盾运动推动着社会主义社会向前发展。但由于特定的历史环境，毛泽东对社会主义条件下生产力与生产关系、经济基础与上层建筑之间的矛盾基本适应前提下的不适应估计不足，试图通过在生产资料所有制关系方面片面追求"一大二公"来推动生产力的发展，通过上层建筑的政治革命和思想革命以巩固经济基础，因而并没有通过改革的途径来科学解决社会主义基本矛盾既相适应又不适应这一问题，以促进我国社会主义经济基础的巩固和生产力的进一步发展。

① 《列宁全集》第 1 卷，人民出版社，2013，第 378 页。
② 《马克思恩格斯选集》第 2 卷，人民出版社，2012，第 2~3 页。
③ 《马克思恩格斯文集》第 10 卷，人民出版社，2009，第 588 页。
④ 《列宁选集》第 4 卷，人民出版社，2012，第 613 页。

　　邓小平在深刻总结中国革命与建设的正反经验和国际共产主义运动经验教训的基础上，把马克思主义关于人类社会基本矛盾的原理与中国特色社会主义建设实际相结合，认为社会主义制度的确立并不标志着一劳永逸地解决了生产力与生产关系、经济基础与上层建筑之间的矛盾，在社会主义条件下还会出现束缚生产力发展的各种经济体制、政治体制，进而创造性地提出了改革是解决社会主义社会基本矛盾的有效形式和根本途径，是推动社会有机体发展的强大动力。1992 年，邓小平在南方谈话中指出："革命是解放生产力，改革也是解放生产力。推翻帝国主义、封建主义、官僚资本主义的反动统治，使中国人民的生产力获得解放，这是革命，所以革命是解放生产力。社会主义基本制度确立以后，还要从根本上改变束缚生产力发展的经济体制，建立充满生机和活力的社会主义经济体制，促进生产力的发展，这是改革，所以改革也是解放生产力。"① 他强调："改革的性质同过去的革命一样，也是为了扫除发展社会生产力的障碍，使中国摆脱贫困落后的状态。从这个意义上说，改革也可以叫革命性的变革。"② 因此，它不同于以往历史上的一般改革，具有以下特征。

　　1. 改革不是改变社会主义性质，而是必须坚持社会主义方向

　　党的十一届三中全会实行的改革开放是具有社会主义方向的。邓小平强调："在改革中坚持社会主义方向，这是一个很重要的问题。我们要实现工业、农业、国防和科技现代化，但在四个现代化前面有'社会主义'四个字，叫'社会主义四个现代化'。我们现在讲的对内搞活经济、对外开放是在坚持社会主义原则下开展的。社会主义有两个非常重要的方面，一是公有制为主体，二是不搞两极分化。"③ 他认为，中国的改革根据自己的经验，不可能走资本主义道路，"道理很简单，中国十亿人口，现在还处于落后状态，如果走资本主义道路，可能在某些局部地区少数人更快地富起来，形成一个新的资产阶级，产生一批百万富翁，但顶多也不会达到人口的百分之一，而大量的人仍然摆脱不了贫穷，甚至连温饱问题也都不可能解决"④。中国的改革如果放弃社会主义，必然导致两极分化和阶级矛

---

① 《邓小平文选》第 3 卷，人民出版社，1993，第 370 页。
② 《邓小平文选》第 3 卷，人民出版社，1993，第 135 页。
③ 《邓小平文选》第 3 卷，人民出版社，1993，第 138 页。
④ 《邓小平文选》第 3 卷，人民出版社，1993，第 207～208 页。

盾的空前激化，使社会动荡不安，国家和民族四分五裂。这样，中国的社会发展就将化为乌有，这是中国人民所不愿看到的。因此，只有坚持社会主义改革方向，才能调动一切积极因素，从而促进生产力的发展，给社会主义带来生机，才能使社会主义的优越性充分体现出来。邓小平指出："不坚持社会主义，不改革开放，不发展经济，不改善人民生活，只能死路一条。"①

2. 改革是一场深刻的革命，是中国的第二次革命，是解放和发展生产力的必由之路

邓小平在论及改革时曾指出："我们搞的实质上是一场革命。"② 这就是说，当代中国所进行的改革不是枝节的，不是针对原有经济体制、政治体制、文化体制等个别方面和个别环节的修修补补，而是从根本上改变原有的一切束缚生产力发展的旧体制与发展模式，从而解放生产力、发展生产力，是事物由旧质向新质的飞跃。因此，改革是一场深刻的广泛的革命，是解放和发展生产力的必由之路。他多次强调："改革是中国的第二次革命"，③ "如果现在再不实行改革，我们的现代化事业和社会主义事业就会被葬送。"④ 正如党的十一届三中全会公报指出："实现四个现代化，要求大幅度地提高生产力，也就必然要求多方面地改变同生产力发展不适应的生产关系和上层建筑，改变一切不适应的管理方式、活动方式和思想方式，因而是一场广泛、深刻的革命。"⑤ 这表现在：一是从改革的深度来看，邓小平所设计的改革不是一般意义的改革，而是要变革传统的集中统一的封闭僵化的社会主义计划经济体制为充满生机活力的社会主义市场经济体制，充分调动国家、集体和个人各方面的积极性，为生产力的发展扫除障碍；二是从改革的广度来看，这场改革涉及国家经济体制、分配体制、政治体制、科技体制、教育体制、文化体制等一切社会体制及社会生活领域，其广泛性是前所未有的，必将给人们的思维方式、行为习惯、生活理念、价值判断等带来全面的根本性变化和影响；三是从改革的目的和任务来看，这场

---

① 《邓小平文选》第 3 卷，人民出版社，1993，第 370 页。
② 《邓小平文选》第 3 卷，人民出版社，1993，第 174 页。
③ 《邓小平文选》第 3 卷，人民出版社，1993，第 113 页。
④ 《邓小平文选》第 2 卷，人民出版社，1993，第 150 页。
⑤ 《三中全会以来重要文献选编》（上），中央文献出版社，1982，第 5 页。

改革与过去的革命一样，都是为了解放被束缚了的生产力，使生产力获得快速的发展，进而推动整个社会有机体的发展。因而，改革就具有了革命的意义。这是对马克思关于社会有机体发展动力理论的重大贡献。

3. 改革是社会主义制度的自我更新和自我完善

在邓小平看来，改革不是要改变社会主义的根本制度，而是在坚持社会主义制度的基本前提下，改革不适合生产力发展的生产关系和上层建筑，建立、完善和发展适应生产力发展的生产关系和上层建筑的方面和环节，使社会主义制度得到自我更新和自我完善，其目的是从根本上改革不适应生产力发展的旧的经济体制和政治体制，建立充满生机和活力的新体制，从而解放和发展生产力，促进社会有机体的进步。因此，改革是社会主义条件下解放和发展生产力的必由之路，不改革，生产力发展就会停滞，社会主义现代化事业就会被葬送。社会主义社会是一个不断改革发展的历史过程。这就回答了自列宁、毛泽东以来一直试图回答和解决的如何巩固和发展社会主义制度的重要问题。

当然，在邓小平看来，改革是一项复杂的有机系统工程，是一场深刻的社会革命，必然引起社会结构和人们的思想观念与利益关系的变革，各种社会矛盾就会出现，这在一定的历史条件下会引起某些不稳定因素，如果不及时加以引导，任其发展，就可能导致社会有机体的失衡，影响社会的有序发展。因此，在推进改革的过程中，必须正确处理改革、发展和稳定之间的辩证关系。改革是社会有机体发展的强大动力，通过改革不合理的生产关系，革故鼎新，为社会发展创造良好的稳定的政治经济文化生态环境，进而促进生产力的发展。没有改革，中国就不可能走出一条中国特色社会主义的正确道路，我们的事业就不可能顺利进行。发展是目标，中国的改革和稳定的出发点就是为了社会的经济发展，发展是硬道理，是解决中国所有问题的关键。没有发展，中国就不可能实现现代化，也就不可能保持党和国家的长治久安。稳定是改革和发展的前提，没有稳定，改革和发展就无从进行。邓小平指出："中国的主要目标是发展，是摆脱落后，使国家的力量增强起来，人民的生活逐步得到改善。要做这样的事，必须有安定的政治环境。没有安定的政治环境，什么事情都干不成。"[①] "我们

---

① 《邓小平文选》第3卷，人民出版社，1993，第244页。

要让国内外明白，加强控制是为了稳定，是为了更好地改革开放，进行现代化建设。"① 在这里，邓小平从社会有机体的系统性出发，强调正确处理改革、发展和稳定的内在关系，是保持社会有机体有序运行和发挥整体功能的重要条件，"三者关系处理得当，就能总揽全局，保证经济和社会的顺利发展；处理不当，就会吃苦头，付出代价"②。同时，从社会有机体系统构成要素的地位和作用来看，经济社会发展具有决定意义，改革和稳定是为其服务的。所以，改革力度的大小和时机的选择要与社会发展的承受度和提供的条件相一致；稳定也是为了巩固发展的成果，只有经济社会发展了，稳定才有可靠的物质基础。但在实际处理社会有机体内部这三者内在关系的时候，邓小平认为，应根据特定的历史阶段和时代要求进行动态地协调，当不改革束缚生产力发展的旧的生产关系，生产力就不能发展，社会就没有动力，历史就不能前进时，深化改革就将成为工作的重点和矛盾的主要方面；同样，当社会不稳定因素直接影响改革和发展事业时，稳定就成为压倒一切的政治任务，"凡是妨碍稳定的就要对付，不能让步，不能迁就"③。这表明，邓小平在把握社会有机体内部各构成要素的地位和作用时，是依据其时间、地点和条件的变化而不断地转化自己的在特定历史阶段的工作重点和方向，充分显示其深刻的辩证思维和高超的领导艺术。

邓小平坚持"改革是中国的第二次革命"的科学论断，不仅从理论上解决了在社会主义制度下当代中国如何进一步解放和发展生产力的问题，大大深化了人们对社会主义基本矛盾运动规律的认识，而且从实践上给中国特色社会主义发展注入了生机和活力，大大促进了我国社会生产力的发展，快速增强了我国的综合国力，明显提高了我国人民的生活水平，使社会主义制度的优越性不断显现，从而有力地证明了改革是推进社会有机体发展的强大动力。

三　人民群众是推动社会有机体发展的历史主体

社会有机体是由人组成的，人是社会历史的主体，没有人的主体活

---

① 《邓小平文选》第 3 卷，人民出版社，1993，第 287 页。
② 《十四大以来重要文献选编》（中），中央文献出版社，1997，第 1461 页。
③ 《邓小平文选》第 3 卷，人民出版社，1993，第 286 页

动，就没有社会，就没有历史。但创造历史的人，是现实的具体的人，而不是抽象的人，是依据一定的物质条件从事实践活动的人，是在既定的历史条件下能动地表现自己的人。对此，马克思恩格斯明确指出："我们的出发点是从事实际活动的人"，它"不是处在某种虚幻的离群索居和固定不变状态中的人，而是处在现实的、可以通过经验观察到的、在一定条件下进行的发展过程中的人。"① 并且创造历史的人，不是个人，而是从事实践活动的人民群众，正是人民群众的历史创造活动，推动着社会有机体不断向前发展。因此，社会有机体的发展变化过程是通过人民群众的历史实践活动而形成的有规律的运动，人类社会发展的每一个合乎规律的具体形态，都是在人民群众的历史活动和能动选择中具体地生成的，而不是先验地预成的。所以，一定的历史主体是社会有机体发展动力系统的重要载体。

社会主义制度的建立，为人民群众主体地位的确立提供了客观的历史条件。但由于我国社会主义社会脱胎于半殖民地半封建社会，几千年封建思想根深蒂固，加之高度集中统一的计划经济模式，人民群众的主体意识淡漠、主体地位并没有得到真正的体现，严重影响了人民群众创造历史主动性和积极性的发挥。邓小平在总结历史经验教训的基础上，坚持历史唯物主义关于社会有机体发展与人的实践活动关系的基本原理，并依据世界现代化发展趋势和当代中国所处的特定历史阶段，重申了"人民主体论"的思想，进一步阐述了人民群众在中国特色社会主义事业发展中的历史地位和作用，深刻揭示了社会有机体历史运动的本质、过程和动力。

1. 人民群众是社会有机体发展的历史主体，是中国革命和建设的决定力量

邓小平指出："马克思主义向来认为，归根结底地说来，历史是人民群众创造的。工人阶级必须依靠本阶级的群众力量和全体劳动人民的群众力量，才能实现自己的历史使命——解放自己，同时解放全体劳动人民。"② 充分强调了人民群众是创造历史的主体，是中国革命和建设的决定力量。在战争年代，我们党团结和依靠人民，发挥人民群众对敌斗争的主

① 《马克思恩格斯选集》第 1 卷，人民出版社，2012，第 152、153 页。
② 《邓小平文选》第 1 卷，人民出版社，1994，第 217 页。

动精神，打败了日本侵略者和国民党用美式装备武装起来的几百万现代化军队，赢得了革命的胜利。同样，在社会主义革命和建设时期，我们党团结和依靠人民，调动一切积极因素，完成了三大改造，确立了社会主义制度，使占世界人口1/4的东方大国进入社会主义社会，实现了中国历史上最广泛最深刻的社会变革。今天我们改革的一个重要方面就是要解放思想，冲破禁锢，废除压制人民群众主体性发挥的旧体制，促进人们主体意识的觉醒，从而建立有利于调动人民群众主体积极性创造性的新体制，变革生产关系，加快生产力的发展。可以说，在社会有机体历史发展的过程中，人民群众是顺应生产力发展要求的社会力量，是变革旧的生产关系建立新的社会制度的社会力量，通过人民群众的历史合力最终决定着社会有机体的发展方向，推动着社会有机体发展前行。

2. 人民群众的利益高于一切，必须促进人的全面发展

这是邓小平人民主体价值观的突出表现。首先，要站在人民的立场上推进中国的改革开放。邓小平认为，中国的现代化事业与人民群众的价值目标是一致的，代表着人民的根本利益。"社会主义现代化建设是我们当前最大的政治，因为它代表着人民的最大的利益、最根本的利益"①。因此，"一定要根据现在的有利条件加速发展生产力，使人民的物质生活好一些，使人民的文化生活、精神面貌好一些"②。这就是说，中国的改革开放和社会主义现代化事业的整个逻辑起点和立脚点不是别的，而是人民群众的根本利益。所以，"我们所做的一切事情，都必须符合人民的利益，对于损害人民利益的事情就应该加以反对，加以纠正；对于人民的困难就必须毫不犹豫地采取办法，有步骤、有方法地加以解决"③。这是贯彻党的宗旨的必然要求，也是对社会主义本质理解深化的具体结论，体现了邓小平以人民群众为主体的历史观和执政为民的无私胸怀。其次，要把是否满足人民群众利益作为衡量检验各项政策和策略的价值标准。邓小平指出："中国共产党员的含意或任务，如果用概括的语言来说，只有两句话：全心全意为人民服务，一切以人民利益作为每一个党员的最高准绳。"④ 在他

---

① 《邓小平文选》第2卷，人民出版社，1994，第163页。
② 《邓小平文选》第2卷，人民出版社，1994，第128页。
③ 《邓小平文集（1949—1974）》（上卷），人民出版社，2014，第114页。
④ 《邓小平文选》第1卷，人民出版社，1994，第257页。

看来，中国特色社会主义现代化事业每一理论、每一政策是否正确，其价值判断依据只能是人民群众的社会实践，以及是否给人民群众带来实实在在的利益。因此，邓小平在为改革开放作出重大战略决策时，都始终把尊重群众、相信群众、依靠群众作为各项工作的出发点，把是否满足人民群众的根本利益作为衡量和检验各项政策措施的价值标准，体现了他对党负责和对人民负责的高度一致性。他说："社会主义现代化建设的极其艰巨复杂的任务摆在我们的面前。很多旧问题需要继续解决，新问题更是层出不穷。党只有紧紧地依靠群众，密切地联系群众，随时听取群众的呼声，了解群众的情绪，代表群众的利益，才能形成强大的力量，顺利地完成自己的各项任务。"[①] 最后，要把推动社会发展与促进人的全面发展有机结合起来。社会有机体发展与人的发展是相统一的，是一个相互促进的过程，其进步总是历史地、具体地体现在人的发展的程度上，人的发展是社会有机体发展的最高目标。邓小平从人民群众是历史创造主体这一原则出发，始终把人民群众看作是社会历史发展的实践主体和价值主体，提出要努力变革生产关系，创造一切社会条件，促进人的全面发展。在他看来，人不仅仅是经济社会发展的手段，更是经济社会发展的目的，发展经济的最终目的是促进人的全面发展。中国共产党人所奋斗所争取的一切都与人民群众的根本利益休戚相关，党除了人民群众的利益外没有任何特殊的利益，我们坚持和发展社会主义的目的就是要使全国人民共同富裕起来。而要做到这一点，就必须一切从实际出发，着眼于中国社会主义初级阶段的基本国情，着眼于当代中国人的发展现状，努力发展社会生产力，不断改善人民群众的物质生活条件，提高人民群众的生活水平，这是实现人的全面发展的前提条件。当然，人的全面发展的实现是一个动态的历史过程，是一个逐步地实现的过程。因此，只有把人民群众的根本利益建立在现实社会实践的基础上，不断调动人民群众的积极性、主动性和创造性，才能通过经济社会发展一步一步促进人的全面发展。

3. 人民群众的历史活动推动着改革开放的实践，必须尊重人民群众的首创精神

中国特色社会主义事业是人民群众在实践中创造和发展的事业，一切

---

① 《邓小平文选》第 2 卷，人民出版社，1994，第 342 页。

领导者、决策者只有深入群众，通过各种方式方法倾听和了解人民群众的呼声和意见，及时总结和吸取人民群众的智慧和经验，才能顺应历史发展潮流，制定出符合实际的方针和政策。"党对于人民群众的领导作用，就是正确地给人民群众指出斗争的方向，帮助人民群众自己动手，争取和创造自己的幸福生活"①。邓小平非常尊重人民群众在历史实践中的首创精神，他在总结我国农村经济体制改革经验时就说："农村搞家庭联产承包，这个发明权是农民的。农村改革中的好东西，都是基层创造出来，我们把它拿来加工提高作为全国的指导。"② 事实上，当代中国的改革从农村开始，给农民自主权，给基层自主权，这样就把农民的积极性调动起来了，把基层的积极性调动起来了，农村的面貌发生了翻天覆地的变化。同时，农村从家庭联产承包责任制发展到乡镇企业，异军突起，解决了占农村剩余劳动力 50% 的人的出路问题。这是当时许多人所始料不及的。当然，农村改革的成功增强了人们推进改革的信心，为进行以城市为重点的全面经济体制改革积累了经验。中国改革发展的这一历史进程，充分表明了以邓小平为核心的第二代中央领导集体从解决中国的实际问题出发，始终尊重人民群众的首创精神，不断对人民群众的历史活动进行总结和分析，并从中汲取有益的智慧加以概括提升，进而为现实的社会实践提供理论指导。正如邓小平自己所说："改革开放中许许多多的东西，都是由群众在实践中提出来的"，"绝不是一个人的脑筋就可以钻出什么新东西来"，家庭联产承包责任制、乡镇企业，都是"群众的智慧，集体的智慧。我的功劳是把这些新事物概括起来，加以提倡"③。

四　社会有机体发展是辩证系统的协调推进工程

社会有机体是一个由不同社会要素和结构构成并相互联系、相互制约、相互作用的有机整体。其中，不同社会要素和结构之间的相互依存、相互作用将时刻影响着整个社会有机体的正常运行和持续发展。因此，对于社会有机体这样一个巨大而复杂的社会系统工程，在推进其发展过程中

---

① 《邓小平文选》第 1 卷，人民出版社，1994，第 217 页。
② 《邓小平文选》第 3 卷，人民出版社，1993，第 382 页。
③ 《邓小平年谱（1975—1997）》（下），中央文献出版社，2007，第 1350 页。

必须要全面兼顾到有机体系统各构成要素和结构之间的统筹协调，只有正确认识社会有机体系统中各构成要素和结构之间的动态发展及其实践条件，才能科学把握其发展的必然趋势。邓小平正是从社会有机体系统相互依存原理从发，坚持把社会主义现代化建设作为一项相互关联的系统工程来抓，提出"两手抓，两手都要硬"的社会主义建设战略方针，认为"搞四个现代化一定要有两手，只有一手是不行的"①。既抓物质文明，又抓精神文明；既抓民主，又抓法制；既抓改革开放，又抓打击犯罪；既抓经济建设，又抓惩治腐败。他始终认为，"两手抓，两手都要硬"是具体的、多方面的，反映了社会主义政治、经济、文化、法律之间的内在的辩证关系，以及全面建设社会主义现代化强国的客观要求。只有坚持"两手抓、两手都要硬"，社会主义现代化建设才能靠得住。

1. 物质文明与精神文明一起抓，相互促进，相互依赖

随着社会主义现代化建设的不断深入发展，更多的人认识到，社会有机体发展不是单一的经济增长，而是综合平衡的发展。只有物质文明和精神文明同时建设，全面协调发展，中国现代化才有希望。对此，邓小平明确指出："我们现在搞两个文明建设，一是物质文明，一是精神文明。"②在这里，邓小平不是一般地抽象地谈论两个文明建设，而是依据社会有机体发展的基本原理，结合时代要求，赋予其新的社会历史内涵。一方面，物质文明是精神文明的基础，没有物质文明建设，精神文明建设就没有坚实的经济基础。由于社会有机体主要是通过物质生产来完成同外部自然各方面交换的，因此，物质生产在社会主义现代化建设中具有基础地位。"物质是基础，人民的物质生活好起来，文化水平提高了，精神面貌会有大变化"③。邓小平强调："在社会主义国家，一个真正的马克思主义政党在执政以后，一定要致力于发展生产力，并在这个基础上逐步提高人民的生活水平。这就是建设物质文明。过去很长一段时间，我们忽视了发展生产力，所以现在我们要特别注意建设物质文明。"④ 只有以提高人民生活水平为目标的物质文明建设好了，才能为精神文明建设提供良好的基础。另

① 《邓小平文选》第3卷，人民出版社，1993，第154页。
② 《邓小平文选》第3卷，人民出版社，1993，第156页。
③ 《邓小平文选》第3卷，人民出版社，1993，第89页。
④ 《邓小平文选》第3卷，人民出版社，1993，第28页。

一方面，精神文明是中国特色社会主义的本质特征之一，精神文明建设对物质文明建设有巨大的制约作用。精神文明作为一种强大的精神动力和智力支持，是我们战胜困难的精神支柱，也是物质文明建设沿着社会主义轨道发展的思想保证。因此，健康向上的精神文明建设不仅为物质文明建设服务并且促进其发展，反之则阻碍物质文明的发展。邓小平说："不加强精神文明的建设，物质文明的建设也要受破坏，走弯路。光靠物质条件，我们的革命和建设都不可能胜利。"①　"为什么我们过去能在非常困难的情况下奋斗出来，战胜千难万险使革命胜利呢？就是因为我们有理想，有马克思主义信念，有共产主义信念。"②　因此，我们要在建设高度物质文明的同时，提高全民族的科学文化水平，发展高尚的丰富多彩的文化生活，建设高度的社会主义精神文明。只有两个文明都搞好了，才是中国特色的社会主义，才能体现出社会主义的优越性。邓小平不仅提出了"社会主义精神文明"这一范畴，而且主张物质文明和精神文明一起抓，相辅相成，共同发展，深刻揭示了社会有机体发展中两个文明之间的辩证关系。

2. 发展社会主义民主与健全社会主义法制建设一起抓，实现由人治向法治的转变

从专制、人治到民主、法制、法治，这是一场极为深刻的社会变革，也是社会有机体走向现代文明和向更高社会形态迈进的必由之路。作为中国改革开放的总设计师，邓小平在推进中国特色社会主义现代化建设进程中，鉴于"文化大革命"所导致的无法无天而造成的对社会民主政治生活的空前破坏，高度关注社会主义民主与法制的建设，指出："为了保障人民民主，必须加强法制。必须使民主制度化、法律化，使这种制度和法律不因领导人的改变而改变，不因领导人的看法和注意力的改变而改变"；"做到有法可依，有法必依，执法必严，违法必究。"③　在邓小平看来，我们国家有几千年封建社会的历史，缺乏社会主义民主和法制的基础，现在已到了刻不容缓的建设时候了，必须改变以领导人的看法和意见为"法"的依据，努力从人治走向法治。他强调："民主和法制，这两个方面都应加强，过去我们都不足。要加强民主就要加强法制。没有广泛的民主是不

①　《邓小平文选》第3卷，人民出版社，1993，第144页。
②　《邓小平文选》第3卷，人民出版社，1993，第110页。
③　《邓小平文选》第2卷，人民出版社，1994，第146、147页。

行的，没有健全的法制也是不行的"；"民主要坚持下去，法制要坚持下去。这好像两只手，任何一只手削弱都不行。"① 邓小平不仅从理论上深刻阐述了健全社会主义民主与法制的重要性和紧迫性，而且从实践上进一步推进这方面的工作。1980 年 8 月，邓小平在中央政治局扩大会议上作了关于《党和国家领导制度的改革》的报告，提出要适应党和国家政治生活民主化和法制化的需要，对党和国家的领导制度及其他制度进行全面改革，要集中力量解决领导干部职务终身制问题，将权力的运作纳入法制化的轨道，这对推动中国政治体制改革和促进法制发展具有重要的里程碑意义。后来，邓小平自己带头退休，开创了运用制度改革来废除领导干部职务终身制的新风气，大大推进中国社会主义民主和法制建设的历史进程。

3. 改革开放与打击经济、刑事犯罪一起抓，保障改革开放顺利进行

邓小平一贯重视打击经济、刑事犯罪，并把它与改革开放、对内搞活经济发展齐抓并举，认为这是确保我们坚持走社会主义道路、保持党和国家政权的纯洁性、顺利实现社会主义现代化事业的重要保证。早在 1982 年 4 月，邓小平根据改革开放以来我国经济领域里犯罪猖獗、大量干部被腐蚀的状况，明确指出："我们要有两手，一手就是坚持对外开放和对内搞活经济的政策，一手就是坚决打击经济犯罪活动。没有打击经济犯罪活动这一手，不但对外开放政策肯定要失败，对内搞活经济的政策也肯定要失败。有了打击经济犯罪活动这一手，对外开放、对内搞活经济就可以沿着正确的方向走。"② 他谆谆告诫全党同志，在改革开放历史进程中，必须充分认识打击经济犯罪的重要性和紧迫性，如果不把经济犯罪这种社会毒瘤割除，它就不仅会破坏社会主义市场经济秩序和现代化建设，而且会直接损害党和国家的肌体，腐蚀和葬送一大批党员领导干部。1983 年 7 月，邓小平在与公安部负责同志谈话时又指出："刑事案件、恶性案件大幅度增加，这种情况很不得人心。几年了，这股风不但没有压下去，反而发展了。原因在哪里？主要是下不了手，对犯罪分子打击不严、不快，判得很轻。对经济犯罪活动是这样，对抢劫、杀人等犯罪活动也是这样。"③ 因此，对于严重犯罪分子，"必须坚决逮捕、判刑，组织劳动改造，给予严

---

① 《邓小平文选》第 2 卷，人民出版社，1994，第 189 页。
② 《邓小平文选》第 2 卷，人民出版社，1994，第 404 页。
③ 《邓小平文选》第 3 卷，人民出版社，1993，第 33 页。

厉的法律制裁。必须依法杀一批，有些要长期关起来。还要不断地打击，冒出一批抓一批"；"必须依法从重从快集中打击，严才能治住。搞得不疼不痒，不得人心"①。1992 年，邓小平在南方谈话中再次重申："要坚持两手抓，一手抓改革开放，一手抓打击各种犯罪活动。这两只手都要硬，打击各种犯罪活动，扫除各种丑恶现象，手软不得"。② 他还特别强调，打击经济、刑事犯罪活动"是一个长期的经常的斗争"，"至少是伴随到实现四个现代化那一天"③。

4. 经济建设与惩治腐败一起抓，促进经济建设快速发展

腐败现象不是从来就有的，它是伴随着私有制和阶级的产生而出现的，是一种社会历史现象。无论是奴隶社会、封建社会，还是资本主义社会，甚或是社会主义社会，由于生产力发展的水平、特定的历史环境和社会条件，腐败现象是客观存在的。它是寄生在社会有机体上的一颗毒瘤，严重影响着一个民族国家的社会公正、社会稳定和社会经济发展。因此，古今中外一切英明的统治者，为了巩固自己的执政地位，维护社会有机体的长治久安，都坚决反对和克服腐败现象。邓小平在设计改革开放宏伟蓝图时，就对经济建设过程中将会出现的腐败现象保持高度的警觉，强调必须坚持一手抓经济建设，一手抓惩治腐败，抓廉政建设，否则，经济建设就会偏离社会主义发展方向。1986 年 1 月，邓小平在中央政治局常委会上谈到经济建设与惩治腐败的关系时说："经济建设这一手我们搞得相当有成绩，形势喜人，这是我们国家的成功。但风气如果坏下去，经济搞成功又有什么意义？会在另一方面变质，反过来影响整个经济变质，发展下去会形成贪污、盗窃、贿赂横行的世界。"④ 只有通过惩治腐败，才能端正党风，促进社会风气的进步，为社会主义经济建设的快速发展创造良好的政治生态环境。1989 年 5 月 13 日，邓小平在住地同杨尚昆等谈话，指出："对惩治腐败，过去说了不少的话，但没有认真贯彻，趁此机会把自己的队伍纯洁一下也有好处。"⑤ 同年 6 月 16 日，他在同江泽民、李鹏等中央

---

① 《邓小平文选》第 3 卷，人民出版社，1993，第 34 页。
② 《邓小平文选》第 3 卷，人民出版社，1993，第 378 页。
③ 《邓小平文选》第 2 卷，人民出版社，1994，第 403 页。
④ 《邓小平文选》第 3 卷，人民出版社，1993，第 154 页。
⑤ 《邓小平年谱（1975—1997）》（下），中央文献出版社，2007，第 1275 页。

负责同志谈话时进一步强调："惩治腐败，至少抓一二十件大案，透明度要高，处理不能迟"；"要整好我们的党，实现我们的战略目标，不惩治腐败，特别是党内的高层的腐败现象，确实有失败的危险。"① 所以，"我们一手抓改革开放，一手抓惩治腐败，这两件事结合起来，对照起来，就可以使我们的政策更加明朗，更能获得人心"。② 当然，"我们要反对腐败，搞廉洁政治。不是搞一天两天、一月两月，整个改革开放过程中都要反对腐败"。③

邓小平始终坚持"两手抓、两手都要硬"的战略方针，把社会主义现代化作为一项系统工程来建设，这实际上牢牢抓住了现实社会中的各种矛盾，并善于从矛盾着的双方去认识和解决问题，使各项工作相互制约和配合，极大地发挥社会有机体系统内部各要素相互依存的整体功能，确保了中国改革开放的顺利进行和巨大成功。

五 社会有机体发展具有不同步性和时序差异性

事物发展的不平衡规律是宇宙间的普遍规律。社会有机体是一个由经济、政治、文化多要素和结构构成的复杂的巨大系统，不同的国家，甚至同一国家的不同地区，由于社会系统内部各要素和结构在发展上的不一致、不协调，往往会导致社会有机体发展过程的不平衡，这种经济政治文化发展的不平衡性造成了社会有机体各个层次各个区域发展具有不同步性，通常有先有后，参差推进，其表现形式复杂多样。但它们之间又不是相互割裂的，而是相互影响，相互作用，有机联系的。社会有机体发展的这一不平衡性规律告诉我们，在中国这样一个经济政治文化发展极不平衡的大国，无论是进行革命还是从事社会主义现代化建设，都必须坚持一切从实际出发，既要善于把握"两点论"，又要关注"重点论"，在系统协调中突出发展的差异性、先后有序性，这是一个后发现代化国家进程中由于经济政治文化发展不平衡状况导致的必然要求，也成为我国社会主义现代化发展进程中不得不面对的一个重大问题。为了解决这一现实问题，邓小

---

① 《邓小平文选》第 3 卷，人民出版社，1993，第 313 页。
② 《邓小平文选》第 3 卷，人民出版社，1993，第 314 页。
③ 《邓小平文选》第 3 卷，人民出版社，1993，第 327 页。

平在承认社会发展具有差异性的基础上，从动态的角度考察了社会有机体的运行和发展问题，强调要注重社会发展的阶段性目标与总目标的辩证关系，并以此提出了先富带动后富、共同富裕、"两个大局"等一系列推进中国社会主义现代化建设的差序发展战略，强调现代化建设的任务是多方面的，各个方面需要综合平衡，需要系统协调，但不是齐头并进，许多政策措施需要先试验、后推广，由点到面，渐次展开，这是一条渐进式的改革之路，也是一条通向成功的改革之路。

1. 允许一部分人、一部分地区先富裕起来，最终达到共同富裕

社会主义发展的最终目标和归宿是要实现全国人民的共同富裕，但这是一个漫长的历史过程。由于中国的土地广大，各地区的生产力发展水平、经济条件和社会历史发展状况差异较大，不可能一下子就达到共同富裕的目标，只能由一部分人和一部分地区先富裕起来，然后逐步推到全国。在邓小平看来，"走社会主义道路，就是要逐步实现共同富裕"，至于共同富裕的构想是什么，他认为："一部分地区有条件先发展起来，一部分地区发展慢点，先发展起来的地区带动后发展的地区，最终达到共同富裕"①。因此，早在1978年，邓小平就指出："要允许一部分地区、一部分企业、一部分工人农民，由于辛勤努力成绩大而收入先多一些，生活先好起来。"② 因为，"一部分人生活先好起来，就必然产生极大的示范力量，影响左邻右舍，带动其他地区、其他单位的人们向他们学习。这样，就会使整个国民经济不断地波浪式地向前发展，使全国各族人民都能比较快地富裕起来"③。针对当时有人对一部分人和一部分地区先富裕起来会不会导致两极分化的疑虑，邓小平说："农村、城市都要允许一部分人先富裕起来，勤劳致富是正当的。"④ 只有一部分人、一部分地区先富起来、发展快一点，带动和帮助大部分人和大部分地区，才能达到加速发展、共同富裕的根本目标。在这里，邓小平坚决反对过去的平均主义和吃"大锅饭"的做法。他说："我们坚持走社会主义道路，根本目标是实现共同富裕，然而平均发展是不可能的。过去搞平均主义，吃'大锅饭'，实际上是共同

① 《邓小平文选》第3卷，人民出版社，1993，第373、374页。
② 《邓小平文选》第2卷，人民出版社，1994，第152页。
③ 《邓小平文选》第2卷，人民出版社，1994，第152页。
④ 《邓小平文选》第3卷，人民出版社，1993，第23页。

落后，共同贫穷，我们就是吃了这个亏。改革首先要打破平均主义，打破
'大锅饭'，现在看来这个路子是对的。"① 但为了防止富的愈来愈富，穷的
愈来愈穷，产生两极分化，邓小平明确指出："社会主义的目的就是要全
国人民共同富裕，不是两极分化。如果我们的政策导致两极分化，我们就
失败了；如果产生了什么新的资产阶级，那我们就真是走了邪路了。"② 因
此，他强调，一方面对西北、西南和其他一些生产和群众生活还很困难的
地区，国家应当从各方面给予帮助，从物质上给予有力的支持。同时，要
使先富裕起来的地区和一部分先富裕起来的人帮助落后地区更好地发展。
另一方面"对一部分先富裕起来的个人，也要有一些限制，例如，征收所
得税。还有，提倡有的人富裕起来以后，自愿拿钱出来办教育、修路"。③
当然，依据现实的中国国情，邓小平认为，"太早这样办也不行，现在不
能削弱发达地区的活力，也不能鼓励吃'大锅饭'"④。至于什么时候开始
提出和解决，以及在什么基础上提出和解决可能产生的两极分化问题，邓
小平指出，这个问题要认真研究，"可以设想，在本世纪末达到小康水平
的时候，就要突出地提出和解决这个问题。到那个时候，发达地区要继续
发展，并通过多交利税和技术转让等方式大力支持不发达地区。不发达地
区又大都是拥有丰富资源的地区，发展潜力是很大的。总之，就全国范围
来说，我们一定能够逐步顺利解决沿海同内地贫富差距的问题"⑤。邓小平
反复强调："社会主义原则，第一是发展生产，第二是共同致富。我们允
许一部分人先好起来，一部分地区先好起来，目的是更快地实现共同富
裕。正因为如此，所以我们的政策是不使社会导致两极分化，就是说，不
会导致富的越富，贫的越贫。坦率地说，我们不会容许产生新的资产阶
级。"⑥ 但现实的生活是，今天国民收入的差距仍然很大，基尼系数居高不
下，绝大部分财富集中到了少数人手中，这样人们对改革的初衷，对先富
后富、共同富裕不免产生疑问，不断拷问着这一政策的正确性。对此，党
的十八届三中全会从政策设计和制度安排上为消除两极分化、实现共同富

① 《邓小平文选》第 3 卷，人民出版社，1993，第 155 页。
② 《邓小平文选》第 3 卷，人民出版社，1993，第 111 页。
③ 《邓小平文选》第 3 卷，人民出版社，1993，第 111 页。
④ 《邓小平文选》第 3 卷，人民出版社，1993，第 374 页。
⑤ 《邓小平文选》第 3 卷，人民出版社，1993，第 374 页。
⑥ 《邓小平文选》第 3 卷，人民出版社，1993，第 172 页。

裕提出了全面深化改革的正确方向和路径："以促进社会公平正义、增进人民福祉为出发点和落脚点"，"紧紧围绕更好保障和改善民生、促进社会公平正义深化社会体制改革，改革收入分配制度，促进共同富裕。"①

2. 东部西部、沿海内地要服从"两个大局"，相互促进和相互发展

民主革命时期，以毛泽东为代表的中国共产党人依据中国经济政治文化发展的不平衡性规律，开辟井冈山革命根据地，探索出了一条以农村包围城市、武装夺取全国政权的革命成功道路。社会主义改造完成后，毛泽东又在广泛深入调查研究和"以苏联为鉴"的基础上，发表了著名的《论十大关系》，提出了"关于沿海工业和内地工业的关系"、"汉族和少数民族的关系"的重要论述，成为邓小平关于我国现代化建设"两个大局"战略构想的理论先导。党的十一届三中全会以来，随着社会主义现代化的全面展开，邓小平清醒地认识到我国社会经济政治文化发展依旧不平衡的客观实际，开始对全国区域范围内的经济协调发展进行深刻思考，进而提出了东部西部、沿海内地相互促和相互发展的"两个大局"的战略构想。他说："沿海地区要加快对外开放，使这个拥有两亿人口的广大地带较快地先发展起来，从而带动内地更好地发展，这是一个事关大局的问题。内地要顾全这个大局。反过来，发展到一定的时候，又要求沿海拿出更多力量来帮助内地发展，这也是个大局。那时沿海也要服从这个大局。"② 这是邓小平根据社会有机体系统内部各要素发展不平衡性规律提出的符合中国经济发展客观要求的重要战略思想。之所以如此构想，邓小平认为：一方面，世界经济形势突飞猛进，必须利用一切有利条件，抓住改革开放时机，发展自己。他说："现在，周边一些国家和地区经济发展比我们快，如果我们不发展或发展得太慢，老百姓一比较就有问题了。所以，能发展就不要阻挡，有条件的地方要尽可能搞快点，只要是讲效益，讲质量，搞外向型经济，就没有什么可以担心的。"③ "比如广东，要上几个台阶，力争用二十年的时间赶上亚洲'四小龙'。比如江苏等发展比较好的地区，就应该比全国平均速度快。又比如上海，目前完全有条件搞得更快一点。

① 《中共中央关于全面深化改革若干重大问题的决定》，人民出版社，2013，第3、4页。
② 《邓小平文选》第3卷，人民出版社，1993，第277~278页。
③ 《邓小平文选》第3卷，人民出版社，1993，第375页。

上海在人才、技术和管理方面都有明显的优势，辐射面宽"①。因此，从
1984 年开始中央就决定设立深圳、珠海、汕头、厦门四个经济特区，以探
索加快东部沿海发展的新路子，最终形成了从经济特区、沿海开放城市、
沿海经济开放区，到加快中西部大开发、促进内地区域经济获得较快发展
的战略差序。另一方面，由于地理环境和社会历史发展原因，我国东部沿
海和西部内地在资源禀赋、生产力发展水平、交通运输、水电设施、经济
文化、教育水平等方面差异极大，因而不可能用一个政策和一个标准实现
同步发展，必须因地制宜，实施时序差异发展战略。与西部内地相比较而
言，我国东部沿海地区自然条件优越，交通发达，经济基础较好，人才、
信息和技术优势明显，因此，国家出台鼓励政策，促进东部沿海地区利用
有利条件加快经济发展，形成优势，然后带动和支持西部内陆地区经济社
会发展，最终实现全国各地区共同发展、共同富裕。"两个大局"的战略
构想与实施，极大地推进了东部沿海地区经济文化的繁荣，也带动了西部
内陆地区经济文化的发展，两者相互促进，相互协调，有序推进，充分体
现了马克思主义社会有机体理论关于经济社会发展是一个具有不同步性和
时序差异性的历史过程。

　　邓小平的社会有机体思想是马克思主义社会有机体理论与中国具体国
情和时代特征相结合的产物。邓小平的这一思想依据世界历史发展趋势和
改革开放的社会实践，在反思我国社会主义现代化建设经验教训的基础
上，深刻阐述了我国社会主义社会有机体赖以存在的物质基础、发展动
力、主体力量、战略方针、推进时序等一系列重大理论问题，并且这一理
论思维不是从应有的传统的社会主义观念出发去解释社会主义、发展社会
主义，而是从现有的中国具体实际出发来观察我国社会主义发展的基础，
思考我国社会主义发展的未来，进而从实践上系统回答了在中国这样一个
生产力发展水平低、人口众多、经济文化发展极不平衡的东方大国如何通
过社会主义改革的有效方式来实现中国式现代化和促进社会全面发展等一
系列重大问题，为坚持和发展中国特色社会主义指明了一条正确的道路。
正如他自己所说："我们当然不会由科学的社会主义退回到空想的社会主
义，也不会让马克思主义停留在几十年或一百多年前的个别论断的水平

----

① 《邓小平文选》第 3 卷，人民出版社，1993，第 375～376 页。

上。所以我们反复说，解放思想，就是要运用马列主义、毛泽东思想的基本原理，研究新情况，解决新问题。"① 从这个意义上说，邓小平的社会有机体思想以鲜明的时代精神和独特的民族特色大大丰富和发展了马克思主义社会有机体理论，并在新的历史条件下，赋予其新的活力和广阔的理论发展前景，生动体现了邓小平作为改革开放的总设计师所具有的求实精神和创新思维，以及对社会有机体发展所具有的历史机遇的深刻洞察和科学把握。

一方面，邓小平的社会有机体思想在继承马克思主义社会有机体理论关于物质生产是人类社会赖以存在和发展前提的基础上，突出强调我国社会主义初级阶段的主要矛盾仍然是人民日益增长的物质文化需要同落后的社会生产之间的矛盾，必须把发展生产力摆在首要位置，并作为检验一切工作是非得失的根本标准，提出以经济建设为中心，一心一意搞现代化建设，以经济发展推动社会有机体的全面发展。他特别强调发展生产力、发展经济对中国特色社会主义现代化建设的决定性意义，认为社会有机体发展是一项多层次、多方位的系统工程，但在这个系统工程中，经济建设是中心，处于核心地位，"离开了经济建设这个中心，就有丧失物质基础的危险"②。因为经济发展是整个社会有机体前进的原动力和物质基础，没有这个物质基础，社会有机体就不可能获得根本的发展和进步。所以，"先把经济搞上去，一切都好办。现在就是要硬着头皮把经济搞上去，就这么一个大局，一切都要服从这个大局。"③ 这在马克思主义社会有机体理论发展史上具有极强的理论价值和实践意义，体现了继承与创新的辩证统一。但邓小平的社会有机体思想在论述坚定不移地以经济建设为中心、解放和发展生产力时，又突出强调社会是一个相互制约、相互促进的有机整体，其内部构成要素和系统之间的协调发展是整个社会有机体正常运转的基本前提，认为社会发展不是某个组成部分的孤立发展，也不是各个部分发展的简单组合，而是一个整体互动的推进过程。因此，必须坚持经济发展与社会发展相协调，社会发展与人的全面发展相一致，物质文明与精神文明建设、社会主义民主与法制建设、改革开放与打击犯罪、经济建设与惩治

---

①　《邓小平文选》第 2 卷，人民出版社，1994，第 179 页。
②　《邓小平文选》第 2 卷，人民出版社，1994，第 250 页。
③　《邓小平文选》第 3 卷，人民出版社，1993，第 129 页。

腐败相促进，坚持"两手抓、两手都要硬"的发展战略，以保持社会有机体运行的高效、稳定和有序。在这里，邓小平的社会有机体思想既继承了马克思主义社会有机体理论关于社会整体协调发展的思想精华，同时又依据中国社会主义初级阶段的客观实际更为深刻地提出了解决改革开放过程中经济与政治、文化、社会生活等诸多领域如何协调和怎样协调的战略性问题，实现了这一理论从抽象思维到具体实践的重大升华，而且这些具体的原则、政策和战略方针有很强的针对性，贴近现实，易于操作，能够直接指导人们的实践活动，从而拓展了马克思主义社会有机体理论研究的新视野、新领域。

另一方面，邓小平的社会有机体思想创造性地运用历史唯物主义关于社会基本矛盾是推动社会有机体发展的动力原理，系统地阐述了社会主义社会有机体发展的动力理论，认为社会主义条件下生产关系与生产力、上层建筑与经济基础之间的矛盾运动仍然是社会主义社会发展的根本动力，但由于它们之间的矛盾是非对抗性的，所以解决的途径和方式不是革命，只能是改革，包括经济体制、政治体制、科技体制、教育体制、文化体制等方面的改革。因而改革对推动社会主义社会有机体整体发展具有革命性的意义，它是社会主义社会发展的直接动力。同时，人民群众又是推动社会主义改革发展的决定性主体力量，改革是依靠人民群众创造力的社会变革过程，改革力量的最深厚的源泉存在于人民群众之中，因而需要通过改革调动人民群众主体的创造性积极性能动性，充分发挥其推动社会主义现代化建设的决定性主体力量的作用，激发社会有机体的创造活力。正是从这一理念出发，邓小平始终坚持人民立场，强调社会有机体发展的根本目的是人民的共同富裕和社会的全面发展进步。无论是生产力的发展，还是综合国力的增强，都是为了提高人民的生活水平，最终达到共同富裕共同发展。可以说，邓小平的社会有机体思想在时代坐标上更关注的是社会基本矛盾的相互依存性在社会发展中的作用，而不是其斗争性在社会发展中的作用，这就从根本上解决了社会主义社会发展的动力问题，为社会主义改革奠定了坚实的理论基础，大大深化了马克思主义社会有机体理论关于社会基本矛盾的动力理论。

第九章 马克思主义社会有机体思想与"四个全面"战略布局

"四个全面"战略布局是一个内在的、统一的有机整体，它与马克思主义社会有机体理论既一脉相承又与时俱进。从马克思主义社会有机体思想视域对"四个全面"战略布局进行解读，可以深化对这一战略布局哲学意义的深刻理解：全面建成小康社会揭示了社会有机体进步发展的根本目的；全面深化改革体现了社会有机体自我调节、自我完善的生命特征；全面依法治国确立了社会有机体发展的最佳治理方式；全面从严治党确保了社会有机体沿着正确的方向前行；"四个全面"坚持全面协调发展，保证了社会有机体的有序、整体推进。

一 "四个全面"揭示了社会有机体进步发展的根本目的

马克思认为，社会有机体发展的最终目标是实现人的自由全面发展，无论是社会经济的发展，还是政治和文化的发展，归根到底是为了人的发展，是以人为目的的发展。在《共产党宣言》中，马克思、恩格斯对未来共产主义社会曾做了如下描绘："代替那存在着阶级和阶级对立的资产阶级旧社会的，将是这样一个联合体，在那里，每个人的自由发展是一切人的自由发展的条件。"[①] 这告诉我们，判断社会有机体发展的根本标尺是以社会历史实践主体所追求的价值理想实现程度来确定的，也就是说，严格

---

① 《马克思恩格斯文集》第 2 卷，人民出版社，2009，第 53 页。

意义上的社会有机体发展都应是以促进人的全面发展为根本出发点和归宿的，其发展的所有成果最终都需要用人的全面发展程度来检验、来衡量。因此，中国特色社会主义社会有机体发展必须坚持以人为本，以实现人的全面发展为目标，紧紧围绕人民最关心最直接最现实的利益问题来谋发展、促发展，不断提升人民群众的物质和文化生活水平。正是基于这一逻辑理念，全面建成小康社会，要坚持人民群众是推进社会有机体发展的价值主体的马克思主义基本原理，从几千年来中国老百姓最朴素的愿望和追求出发，坚定不移地走共享发展、共同富裕的道路，让发展的成果惠及全体人民。应当说，全面建成小康社会战略目标的提出既是马克思主义社会有机体理论关于人的全面发展主题的内在要求和本质特征，也是现阶段中国共产党向人民和历史作出的庄严承诺，更加凸显了人民群众的价值主体地位和社会有机体发展的根本目的。

事实上，我们党在不同历史时期，总是根据人民意愿和事业发展需要，提出富有感召力的奋斗目标，团结带领人民为之奋斗。全面建成小康社会作为我们实现中国特色社会主义现代化和中华民族伟大复兴中国梦的阶段性奋斗目标，是我们党根据新的历史条件下国内外形势新变化，顺应我国经济社会新发展和广大人民群众新期待，对全面建设小康社会目标进行充实和完善，而提出的更具明确政策导向、更加针对发展难题、更好顺应人民意愿的新要求，其目的就是要着眼于人民福祉，通过发展生产力，满足人民日益增长的美好生活需要，促进人的全面发展。根据党的十八大报告界定，全面建成小康社会的具体内容包括：经济持续健康发展，人民民主不断扩大，文化软实力显著增强，人民生活水平全面提高，资源节约型、环境友好型社会建设取得重大进展。[1] 这一系统性目标的实现，意味着中国特色社会主义现代化程度和水平的全面提升，从而为中华民族伟大复兴奠定坚实的基础。但在推进这一奋斗目标的历史实践中，我国经济社会发展还面临着许多新课题和新矛盾。从国际形势来看，世界经济低速增长，各种形式的保护主义抬头，国际竞争更加激烈；我国周边环境中的战略压力和地缘政治风险有所突出，世界政治、经济、社会等领域不稳定不确定因素明显增多。从国内形势来看，发展中不平衡、不协调、不可持续

---

① 《十八大以来重要文献选编》（上），中央文献出版社，2014，第13～14页。

问题依然突出，科技创新能力不强，产业结构不合理，农业基础依然薄弱，资源环境约束加剧，制约科学发展的体制机制障碍较多，深化改革开放和转变经济发展方式任务艰巨；城乡区域发展差距和居民收入分配差距仍然较大；社会矛盾明显增多，部分群众生活比较困难；一些领域存在道德失范、诚信缺失现象；一些领导干部理想信念动摇、领导科学发展能力不强；一些领域消极腐败现象易发多发，反腐败斗争形势依然严峻等等。① 因此，在新的历史条件下推进全面建成小康社会，就必须更加注重推动科学发展，更加注重促进社会和谐，更加注重用改革的办法解决前进中的问题。

第一，全面建成小康社会要坚持从人民主体地位出发，牢牢把握党的全心全意为人民服务的宗旨，从单纯追求经济增长的单向度发展转向经济、社会、文化、生态和人的全面发展，使发展成果真正惠及十几亿人民。正如习近平所说："中国梦归根到底是人民的梦，必须紧紧依靠人民来实现，必须不断为人民造福"。② "人民对美好生活的向往，就是我们的奋斗目标"。③ 全面建成小康社会科学解决了中华民族复兴中国梦长远目标与现阶段人民群众需要之间的关系，回应了人民群众的热切期待和呼声，具有鲜明的人民性，是中国共产党人改善民生政治逻辑的生动体现。

第二，全面建成小康社会要坚持走中国特色社会主义道路，这是实现社会主义现代化、创造人民美好幸福生活的必由之路。道路问题是关系党的事业兴衰成败的首要问题。中国特色社会主义道路是科学社会主义理论与近代以来中国社会发展历史实践的产物，它根植于中国大地，反映了千千万万中国人民的意愿，是推动中国社会发展和时代进步、实现中华民族伟大复兴的发展道路，体现了中国特色社会主义发展的客观规律和发展趋势，体现了中国人民共同的价值认同和梦想追求。在中国，实现人民对美好生活的向往，只能举中国特色社会主义旗帜、走中国特色社会主义道路。

第三，全面建成小康社会要坚持"全面"这个核心，这是不分地域的全面小康，是不让一个人掉队的全面小康。习近平一再强调，全面建成小康社会"最艰巨最繁重的任务在农村、特别是在贫困地区"，"小康不小

① 《十八大以来重要文献选编》（上），中央文献出版社，2014，第4页。
② 《十八大以来重要文献选编》（上），中央文献出版社，2014，第235页。
③ 《十八大以来重要文献选编》（上），中央文献出版社，2014，第70页。

康，关键看老乡"，"一个民族都不能少"，"不能丢了农村这一头"，"决不能让一个苏区老区掉队"。① 因此，要根据全国实际情况，一方面加大对农村和中西部地区扶持力度，支持这些地区加快改革开放、增强发展能力、改善人民生活，让广大农民公平参与改革发展进程、共享改革发展成果；另一方面，鼓励有条件的地方在现代化建设中继续走在前列，为全国改革发展作出更大贡献。

全面建成小康社会就是要真正做到发展为了人民、发展依靠人民、发展的成果由人民共享；就是要让人民"有更好的教育、更稳定的工作、更满意的收入、更可靠的社会保障、更高水平的医疗卫生服务、更舒适的居住条件、更优美的环境"，"孩子们能成长得更好、工作得更好、生活得更好"。② 只有这样，才能极大地满足社会不同阶级、阶层与利益群体的自身价值诉求，凝聚人心，汇聚共识，调动一切积极因素，激发全社会的创造活力，使中国特色社会主义事业发展获得最广泛最可靠的群众基础和最深厚的力量源泉。所有这些，充分体现了马克思主义的群众史观，深化了我们对社会有机体发展进步本质的认识。

二 "四个全面"体现了社会有机体自我调节自我完善的生命特征

社会是一个具有自我组织、自我调节、自我更新和自我意识功能的有机整体。③ 社会的这种整体性依赖于有机体内部各种经济的、政治的、文化的构成要素是一个相互联系、相互作用的生命系统，并且各种要素在整个社会系统中具有相应的地位与作用，它为了应对各种复杂环境提出的挑战以维持系统自身整体的发展，必须不断地对自身进行调整和改革，这就是社会有机体自我调节、自我更新的具有生命特征的机制，也是社会有机体异于并优于生物有机体的地方。社会有机体的生命力就表现为这种自我调节、自我更新的能力，通过自组织调整和改革而保持社会有机体生命的

---

① 人民日报评论员：《让全面小康激荡中国梦：二论协调推进"四个全面"》，《人民日报》2015 年 2 月 26 日。
② 《十八大以来重要文献选编》（上），中央文献出版社，2014，第 70 页。
③ 李秀林等主编《辩证唯物主义和历史唯物主义原理》，中国人民大学出版社，2004，第 92 页。

活力。正如列宁所说："辩证方法要我们把社会看作活动着和发展着的活的机体"。① 同时，随着生产力的快速发展和人们交往活动的日益频繁，社会生活的有机化程度不断提高，对维持社会有机体系统内部各构成要素相对稳定和平衡的条件要求也随之提高，这就越来越需要及时地对社会有机系统内部的各种制度和规则进行适时地调整和改革，这是社会有机体为保持有效运行和稳定发展进行自组织自我调节能力的充分体现。但由于不同社会形态的性质和矛盾的类型不一样，社会有机体自我调节和自我更新的手段和方法是不一样的。在以阶级和剥削为基础的社会，社会基本矛盾不可能通过自我调节和自我完善来维持社会的稳定和统治，只能是通过暴力革命方式方法推翻旧的统治阶级和制度，建立新的社会，确立新的制度和社会秩序。社会主义社会是与以往阶级社会本质不同的社会形态，不存在激烈的阶级对抗，社会基本矛盾可以通过深化改革来解决，以实现社会有机体的自我调节和自我完善，保持社会的长治久安。因此，改革的过程就是社会有机体自我完善、自我更新、自我发展的过程，改革在社会主义社会具有以往社会不可比拟的重大意义。因此，习近平指出："改革开放是党在新的历史条件下领导人民进行的新的伟大革命，是决定当代中国命运的关键抉择"；"中国特色社会主义在改革开放中产生，也必将在改革开放中发展壮大"。②

如上所说，改革作为社会有机体发展的一种基本形式，也是社会主义社会发展的重要形式。所以，恩格斯曾明确指出："所谓'社会主义社会'不是一种一成不变的东西，而应当和任何其他社会制度一样，把它看成是经常变化和改革的社会"。③ 恩格斯的这一科学论断，深刻揭示了社会主义社会改革的历史必然性和社会主义发展的根本动力和路径。然而，当代中国的改革是一场伟大的革命，它不是对原有经济体制枝节的、细微的变革，而是从传统的计划经济体制转向社会主义市场经济体制，不是某一领域或某一方面的改革，而是全方位、多层次的改革。既要改革各种不适应生产力发展的生产关系，又要改革各种不利于维持社会有机体运行的各种制度和规则。不仅经济领域需要改革，政治领域和文化领域也要改革；所

---

① 《列宁全集》第 1 卷，人民出版社，1984，第 159 页。
② 《习近平关于全面深化改革论述摘编》，中央文献出版社，2014，第 1 页。
③ 《马克思恩格斯选集》第 4 卷，人民出版社，2012，第 601 页。

以，改革成为中国特色社会主义有机体自我调节和自我完善的主要手段，"是当代中国发展进步的活力之源，是我们党和人民大踏步赶上时代前进步伐的重要法宝"。① 其主要目标是完善和发展中国特色社会主义制度，推进国家治理体系和治理能力现代化。

1. 增强全面深化改革的信心和勇气

习近平指出："中国改革经过 30 多年，已进入深水区，可以说，容易的、皆大欢喜的改革已经完成了，好吃的肉都吃掉了，剩下的都是难啃的硬骨头"。② 也就是说，未来的改革会遇到许多难以想象的阻力和困难，会受到各种既得利益集团的反对和阻挠，会受到习惯势力和传统观念的重重制约，更会受到现有制度框架的约束。因此，必须坚定改革信心，增强政治勇气和智慧，敢于啃硬骨头，敢于涉险滩，敢于向积存多年的顽瘴痼疾开刀，"不失时机深化重要领域改革，坚决破除一切妨碍科学发展的思想观念和体制机制弊端，构建系统完备、科学规范、运行有效的制度体系，使各方面制度更加成熟更加定型"③，以持续推进全面深化改革这场攻坚战。

2. 坚持社会主义改革方向

自党的十一届三中全会把工作重心转到社会主义现代化建设以后，在改革开放问题上一直存在两种对立观点：一种是中国共产党主张的作为"社会主义制度自我完善"的改革开放，强调改革开放必须在坚持四项基本原则的基础上进行，而不能背离社会主义的基本方向。另一种是坚持"西化"立场的人所主张的改革开放，其实质是坚持资本主义道路的价值取向。针对后一种价值取向，习近平多次强调："改革开放是一场深刻革命，必须坚持正确方向，沿着正确道路推进"，"我们的改革开放是有方向、有立场、有原则的"，是"在中国特色社会主义道路上不断前进的改革"，是"不断推动社会主义制度自我完善和发展，而不是对社会主义制度改弦易张"。④ 因此，全面深化改革既不能走封闭僵化的老路，也不走改旗易帜的邪路。我们必须从社会发展的总趋势，从社会主

---

① 《习近平关于全面深化改革论述摘编》，中央文献出版社，2014，第 3 页。
② 《习近平谈治国理政》，外文出版社，2014，第 101 页。
③ 《十八大以来重要文献选编》（上），中央文献出版社，2014，第 14 页。
④ 《习近平关于全面深化改革论述摘编》，中央文献出版社，2014，第 14、15 页。

义制度的自我完善、自我发展的高度来认识改革，始终坚持改革的社会主义方向。

3. 把握改革的内在规律，坚持正确的方法论

全面深化改革是一项艰巨复杂的社会系统工程，遇到的困难就像一筐螃蟹，抓起一个又牵起另一个，涉及的利益关系错综复杂，牵一发而动全身，必须从纷繁复杂的事物表象中把握改革脉搏和内在规律，坚持正确的方法论，既要有顶层设计和整体谋划，又要加强各项改革的系统性、协同性、可行性的研判，充分考虑各项改革举措之间的关联性、耦合性；既要做到眼前和长远相统筹、全局和局部相配套、渐进和突破相衔接，又要以重要领域和关键环节作为突破口，在牵一发而动全身的关键点上发力，使各项改革任务相互配套、相互促进、相得益彰。

4. 改革只有进行时没有完成时

社会有机体发展一直是在生产力与生产关系、经济基础与上层建筑的基本矛盾运动中展开的，现实社会中确立的各种制度和规则都是在人们的社会交往过程中产生的，都是为了维护一定的社会秩序而存在的，随着当代社会生产力迅速发展，现存的上层建筑的各种制度和规则也必然要随之发生变化，以适应社会生产力的发展。在社会主义社会，上层建筑这些变化只能通过社会主义制度的自我调节、自我完善来实现。如果社会主义社会不能适时地进行这种调整和变革，它就会在社会矛盾冲突中走向灭亡，为新的社会有机体所代替。所以，社会改革不仅是广泛的，而且是持久的。在中国特色社会主义制度不断发展完善的过程中，必须不断推进改革。正如习近平所说："实践发展永无止境，解放思想永无止境，改革开放也永无止境"①，我们必须在新的历史起点上全面深化改革。

三　"四个全面" 确立了社会有机体发展的最佳治理方式

社会有机体作为一定生产方式的集合体，具有复杂的系统结构，需要通过一定的制度和规则来实施有效的管理和控制。不仅社会的物质生产活动需要管理，社会的公共政治生活和文化活动也需要管理，而且随着社会

---

① 《习近平关于全面深化改革论述摘编》，中央文献出版社，2014，第30页。

生产力的不断发展，社会管理的任务越加繁重。这就需要建立相应的各种管理机构和相应的法律制度与规范，保持一定的社会秩序，以维护社会有机体更大规模的发展，以及合理解决社会物质生产实践与交往中出现的各种矛盾，这是不以统治阶级的意愿而改变的。所以，依法治国也就成为一个社会有机体向更高层次进步的必然要求。同时，任何一个社会有机体都是无数人交往活动的产物，交往将不同的人们和不同的利益主体紧密联系在一起，成为一个统一的有机整体。但由于不同利益主体的人们在利益、能力、观念、立场、诉求等方面客观存在差别，这些差别在一定的历史条件下还会演化为社会矛盾，引发社会冲突。社会有机体为了不至于在这种矛盾冲突中走向衰落和灭亡，就需要一定的规章制度和法律规范、需要寻找一种有效的国家治理方式，以化解或缓和这些不断产生的社会矛盾和社会冲突，法治也就应运而生。其实，在社会有机体发展的历史进程中，国家的治理方式经历了神治、人治和法治三个阶段，德国社会学家马克斯·韦伯也曾把社会的统治类型分为专制型、卡里斯玛型和法理型。应该说，法治是人类迄今为止最佳的国家治理方式，因为法治具有社会凝聚力、稳定性、科学性、可预见性和明确性，通过它可以统筹社会力量、平衡社会利益、调节社会关系、规范社会行为。从这个意义上说，全面推进依法治国是坚持和发展中国特色社会主义的本质要求和重要保障，是实现国家治理体系和治理能力现代化的必然要求。只有坚持法治的引领和规范，才能确保我国社会在深刻变革中既生机勃勃又井然有序。

1. 全面推进依法治国是深刻总结我国社会主义法治建设成功经验和深刻教训作出的重大抉择

新中国成立初期，以毛泽东同志为代表的中国共产党人在废除旧法统的同时，积极运用新民主主义革命时期根据地法制建设的成功经验，抓紧建设社会主义法治，1954年中华人民共和国第一部宪法颁布实施，确立了人民代表大会制度这一根本政治制度，初步奠定了社会主义法治的基础。然而，要在中国这样一个有着数千年人治传统的国家实现法治，是非常艰难的。后来，我国社会主义法治建设历经曲折，特别是"文化大革命"使法制遭到了严重破坏。改革开放以来，党和政府开始强调法制建设，并将民主与法制并提。党的十一届三中全会指出："为了保障人民民主，必须加强社会主义法制，使民主制度化、法律化，使这种制度和法律具有稳定性、连续性和极大的权威，做到有法可依，有法必依，执法必严，违法必究"①，强调了加强社会主义法制的重要性，重新开始了因 "文化大革命" 而中断的社会主义法治建设的进程。20 世纪 80 年代以后，党和政府越来越重视我国的法制建设，并把它作为我国政治发展的长远目标。1997 年党的十五大报告首次明确提出了 "建设社会主义法治国家" 的战略目标，强调 "依法治国是党领导人民治理国家的基本方略，是发展社会主义市场经济的客观需要，是社会文明进步的重要标志，是国家长治久安的重要保障"②。1999 年九届全国人大二次会议通过的《宪法修正案》规定："中华人民共和国实行依法治国，建设社会主义法治国家"③。经过多年努力，我国的法制建设取得了长足的发展。党的十八大提出 "法治是治国理政的基本方式"，党的十八届三中全会提出 "建设法治中国"，党的十八届四中全会首次以依法治国为主题，审议并通过了《中共中央关于全面推进依法治国若干重大问题的决定》，提出了全面推进依法治国的总体目标、根本原则、重大任务和具体举措，为坚持走中国特色社会主义法治道路，建设中国特色社会主义法治体系指明了前进的方向，提供了基本遵循。

2. 全面推进依法治国是全面深化改革、完善和发展中国特色社会主义制度的重要保障

当前，我国已进入深化改革的攻坚期和深水区，国际形势复杂多变，"我们面对的改革发展稳定任务之重前所未有、面对的矛盾风险挑战之多前所未有、人民群众对法治的期盼和要求也越来越高"④。因此，依法治国在党和国家工作全局中的地位更加突出、作用更加重大。一方面，要处理好改革与法治的关系，以全面依法治国为全面深化改革提供稳定性、权威性和规范性，凡属重大改革要于法有据，使改革与法治同步推进，按照法治方式推进改革，确保改革沿着法治轨道有序推进，并及时巩固、发展改革成果。另一方面，通过推进全面依法治国，不断改革和完善中国特色社会主义经济、政治、文化、社会、生态和党的建设等领域的体制机制和法律法规，以保障这些领域的治理都实现法律化、制度化、规范化。因此，

---

① 《三中全会以来重要文献选编》（上），中央文献出版社，1982，第 11 页。
② 《十五大以来重要文献选编》（上），中央文献出版社，2000，第 31 页。
③ 《十五大以来重要文献选编》（上），中央文献出版社，2000，第 808 页。
④ 《习近平关于全面依法治国论述摘编》，中央文献出版社，2015，第 9～10 页。

不断完善和发展中国特色社会主义制度，迫切要求厉行法治，让政府和人民共享法治红利。

3. 全面推进依法治国是提高党的执政能力和执政水平、实现国家治理体系和治理能力的必然要求

习近平指出："治理一个国家、一个社会，关键是要立规矩、讲规矩、守规矩。法律是治国理政最大最重要的规矩"。① 它是实践证明的正确的、成熟的方针政策的制度化、定型化。没有全面依法治国，社会有机体就不能有序运行，就难以实现社会和谐稳定；没有全面依法治国，就治不好国、理不好政。我们必须更加自觉地运用法治思维和法治方式来进行国家和社会治理，推进党执政的制度化、规范化、程序化，以依法执政促进和保障科学执政、民主执政。因此，为子孙万代计、为长远发展谋，推进国家治理体系和治理能力现代化，必须坚定不移厉行法治，全面推进依法治国。

4. 全面推进依法治国，是全面建成小康社会、实现中华民族伟大复兴的中国梦的根本保障

全面建成小康社会战略目标的实现，从根本上说要依靠法治来保障，通过法治来推动。历史经验表明，"凡是顺利实现现代化的国家，没有一个不是较好解决了法治和人治问题的"。② 所以，法治问题是进入现代化国家必须要迈过去的一个门槛。中国要越过"中等收入陷阱"，防止"塔西佗陷阱"，抵御"西方分化陷阱"，就必须下决心、花大力气解决国家治理方式的问题。从这个意义上说，全面依法治国是国家治理领域一场广泛而深刻的革命，这一战略举措，是实现全面建成小康社会战略目标和全面深化改革的重要保障。中国是一个有 13 亿人口的大国，地域辽阔，民族众多，社会有机体结构和运行系统纷繁复杂。我们党要在这样一个大国有效执政和长期执政，跳出"历史周期律"，实现经济发展、政治清明、文化昌盛、社会公正、生态良好，必须秉持法律这个准绳、用好法治这个方式。

四 "四个全面"保障了社会有机体沿着正确的方向前行

社会有机体的有效运行是一个复杂而综合的系统工程，无论是社会资

---

① 《习近平关于全面依法治国论述摘编》，中央文献出版社，2015，第 12 页。
② 《习近平关于全面依法治国论述摘编》，中央文献出版社，2015，第 12 页。

源的充分利用和最优配资，还是社会内部结构不同利益主体或统一主体之间权力权利的对等与责任承担，无论是社会经济发展，还是改革创新、依法治国，实现国家治理体系和治理能力的现代化，都需要一个引领和推动社会有机体进步发展的核心力量，以为坚持群众利益、实现社会和谐稳定、激发社会活力提供根本保证。事实上，一个社会有机体要达到善治，很重要的一个方面是取决于政府官员的综合素质，在当代中国主要是党的领导干部的素质和能力。党的执政能力强不强、执政水平高不高，党的领导核心地位巩固不巩固，不仅影响到社会有机体发展的各个系统、各个方面，而且影响到推进社会有机体发展主体的积极性主动性创造性能否有效发挥、人民当家作主的地位是否巩固。因此，只有以提高党的执政能力和执政水平为重点，提高各级领导干部、各方面管理者的素质和能力，才能形成推进社会有机体进步发展的先进能力和核心力量。正如毛泽东指出："政治路线确定之后，干部就是决定的因素"。① 从这一战略高度看，将全面从严治党放置于中国特色社会主义总体布局中，实质上是要锻造我们事业更加坚强的领导核心。因为，中国发展要行稳致远，需要从容驾驭的领航者，要中国现代化列车驰向远方，需要强劲有力的火车头。我们国家和民族的发展必须要有一个主轴，中华民族走向繁荣、富强和文明，必须有一个坚强的领导核心，这个领导核心无可替代，这就是执政的中国共产党。党的领导是社会经济、政治、文化、生态发展的"稳定器"，是确保中国特色社会主义有机体沿着正确的方向前进和实现"中国梦"的政治保证。

但从现实的政治生态环境来说，我们党还面临着进行具有许多新的历史特点的伟大斗争的考验，党的领导水平和执政水平，党的组织建设状况及党员、干部素质、能力、作风等方面，与党所肩负的历史任务相比，都有不小差距，党风廉政建设和反腐败斗争形势依然严峻复杂等。因此，从对民族负责、对人民负责和对党负责的高度，习近平强调："打铁还需自身硬。我们的责任，就是同全党同志一道，坚持党要管党、从严治党，切实解决自身存在的突出问题，切实改进工作作风，密切联系群众，使我们党始终成为中国特色社会主义事业的坚强领导核心"。② 全面从严治党，抓

① 《毛泽东选集》第2卷，人民出版社，1991，第526页。
② 《十八大以来重要文献选编》（上），中央文献出版社，2014，第70页。

住了使党成为中国特色社会主义事业坚强领导核心的根本，为当代中国社会有机体的发展提供了根本的政治保证。因此，站在始终保持党同人民群众的血肉联系、使党始终成为引领中国特色社会主义有机体沿着正确方向前进的领导核心的高度，全面从严治党，必须坚持以下根本路径和战略举措。

1. 把好思想建设的"总开关"，坚持思想建党和制度建党紧密结合

思想建党是我们党的优良传统和政治优势，强调要不断以无产阶级思想克服各种非无产阶级思想，用中国特色社会主义理论体系武装全党，引导党员干部坚定理想信念，坚守共产党人的精神追求，这是制度建设的基础，也是确保全面从严治党的前行方向。制度建党带有根本性、全局性、稳定性和长期性，它要求用严格的党内法规规范党内权力的运作和党员的各种行为，做到用制度管权管事管人，以保证全面从严治党的贯彻落实。同时，以制度建设的成效巩固思想建设的成果。正如习近平所指出的："从严治党靠教育，也靠制度，二者一柔一刚，要同向发力、同时发力"；①"要使加强制度治党的过程成为加强思想建党的过程，也要使加强思想建党的过程成为加强制度治党的过程"。②

2. 坚持从严管理干部

全面从严治党，首先是管好干部，从严治吏，正风反腐。习近平指出："正确的政治路线要靠正确的组织路线来保证。干部掌握着方方面面的权力，是党的理论和路线方针政策的具体执行者，如果干部队伍素质不高、作风不正，那党的建设是不可能搞好的"。③ 一方面，要从坚定理想信念、加强道德修养、规范权力行使、培育优良作风上从严管理干部；另一方面，要按照"三严三实"要求，全方位扎紧制度笼子，把权力关进制度的笼子里，强化纪律意识和规矩意识，把从严管理干部贯彻落实到干部队伍建设的全过程。同时，要以作风建设为突破口，持续深入改进作风。从解决"四风"问题延伸开去，使党的作风建设成为制度化，确保党的先进性和纯洁性。

3. 严明党的纪律，发挥人民监督作用

我们党有一个重要的特点和优点，这就是高度的行为整合能力，它来

---

① 《习近平关于全面从严治党论述摘编》，中央文献出版社，2016，第104页。
② 《十八大以来重要文献选编》，中央文献出版社，2016，第95页。
③ 《十八大以来重要文献选编》，中央文献出版社，2016，第97页。

自党自上而下的铁的纪律。就个人而言，它要求对党的无限忠诚，不计个人得失；就全党而言，它强调意志和行动的统一，不允许各自为政。铁的纪律保证了我们党行为力量的有效整合，在行动时步调一致，从而使党历经曲折而坚不可摧、坚如磐石。因此，全面从严治党就必须严明党的纪律，纪律面前人人平等，党内不允许有不受纪律约束的特殊党员。同时，根据形势和党的建设需要不断完善党的纪律规定，深入把握从严治党的规律，以增强从严治党的系统性、预见性、创造性、实效性。全面从严治党还要依靠人民，充分发挥人民建言献策和批评监督的作用，善于把人民群众中蕴藏的治国理政、管党治党的智慧和力量聚集起来，以提升我们党的领导能力和执政水平。

中国共产党担负着民族独立、人民解放的历史重任，经过革命、建设和改革的接力奋斗，已成为中华民族伟大复兴的领导核心。坚持党的领导是"四个全面"战略布局之魂，是中国特色社会主义最本质的特征，没有中国共产党及其坚强领导，"四个全面"战略布局就失掉了社会主义属性、迷失了社会主义方向。正如毛泽东所说："中国共产党是全中国人民的领导核心。没有这样一个核心，社会主义事业就不能胜利"。[①] 因此，协调推进"四个全面"战略布局只有坚持全面从严治党，永葆党的先进性和纯洁性，才能把好中国特色社会主义有机体前行的政治方向，使中国特色社会主义道路越走越宽广。

五　"四个全面"保证了社会有机体的有序整体推进

马克思主义坚持把社会当作一个相互联系、相互作用、相互依赖的有机整体，反对"经济唯物主义"，认为"历史过程中的决定性因素归根到底是现实生活的生产和再生产"，但经济因素不是唯一决定性的因素，虽然"经济状况是基础，但是对历史斗争的进程发生影响并且在许多情况下主要是决定着这一斗争的形式的，还有上层建筑的各种因素"，[②] 如政治斗争、宪法和法律，以及宗教观点和教义体系等。因此，人类社会发展的最

---

① 《毛泽东文集》第7卷，人民出版社，1999，第303页。
② 《马克思恩格斯文集》第10卷，人民出版社，2009，第591页。

终结果是由无数个平行四边形产生一个合力的历史结果，"而这个结果又可以看做一个作为整体的、不自觉地和不自主地起着作用的力量的产物"。① 所以，无论哪个社会形态的经济、政治、文化结构都是一个统一的有机整体，社会有机体进步发展其实质是社会各种因素相互作用的结果。因此，社会是处在不断变化和发展中的有机整体和复杂系统，必须辩证地全面地整体地认识社会各种要素在社会发展中的有机统一。

"四个全面"战略布局强调社会有机体发展的全面性、整体性和协调性，坚持社会经济发展、体制改革、法治规范、党的建设等全面发展，协调推进。它不是简单并列关系，而是有机联系、相互贯通的顶层设计，是既有全局又有重点的施政总纲和发展路线图，是既有部署"过河"任务又有指导如何解决"桥或船"的问题，是既有执政目标，又有执政理念、执政方式和执政党自身建设的有机统一。因此，贯彻落实"四个全面"战略布局，必须把全面发展与协调推进作为重点，深刻认识和把握其科学内涵和逻辑关系。

1. "四个全面"分属四大有机系统，是战略目标与战略举措的逻辑关系

其中全面建成小康社会是这个战略布局的目标系统，处于引领地位，规定了其他三个全面的战略发展方向；"全面深化改革"和"全面依法治国"是确保战略目标实现的动力系统和法治保障系统，是发展中国特色社会主义的战略举措或战略路径，如鸟之两翼、车之两轮，共同推动着全面建成小康社会战略目标的实现，推进着全面从严治党深入发展；全面从严治党是现实战略目标的引航系统，是全面建成小康社会、全面深化改革、全面依法治国坚持正确道路、沿着正确方向、实施有序推进，进而得以全面实现各项既定目标的根本保证。正如习近平所强调："不全面深化改革，发展就缺少动力，社会就没有活力。不全面依法治国，国家生活和社会生活就不能有序运行，就难以实现社会和谐稳定。不全面从严治党，党就做不到'打铁还需自身硬'，也就难以发挥好领导核心作用"。②

---

① 《马克思恩格斯文集》第10卷，人民出版社，2009，第592页。
② 《习近平关于全面依法治国论述摘编》，中央文献出版社，2015，第14～15页。

2. "四个全面" 中的 "每一个 '全面'，都是一整套结合实际、继往开来、勇于创新、独具特色的战略举措和系统思想"①

协调推进 "四个全面"，必须正确处理好整体与部分、长远与当前、重点与非重点、机遇与挑战、目标与手段的关系，"既要注重总体谋划，又要注重牵住 '牛鼻子'"，② 必须用系统性、整体性、协同性的观点看问题，善于把握矛盾，处理矛盾，促进矛盾向有利方面的转化。"四个全面" 战略布局有机结合起来，相辅相成、相互促进、相得益彰，标志着我们党治国理政方略与时俱进的新创造、马克思主义与中国实践相结合的新飞跃。

3. 推进 "四个全面" 必须处理好全局与局部的关系

毛泽东曾经指出："局部性的东西是隶属于全局性的东西的"，"然而全局性的东西，不能脱离局部而独立，全局是由它的一切局部构成的"。③ 这就是说，我们在贯彻落实 "四个全面" 战略布局时，既要站在全局的高度，把自己的注意力和着力点摆在全局上面，明确自己在全国一盘棋中的地位和作用，着眼全局，而不陷入事务主义或因小失大；又要根据本地区本部门的实际情况、经济社会发展需要以及突出的矛盾问题，实事求是、因地制宜地创造性开展工作。同时，在实践中要不断注意调整局部之间的关系，特别是对全局具有决定意义的某一局部的研究和把握。所谓 "一着不慎，满盘皆输"，我们要关注对全局有决定意义的一着。

"四个全面" 战略布局是一个内在的统一的有机整体，都内在统一于中国特色社会主义现代化事业进程中，它们相互促进、相互支撑，共同推进着这中华民族伟大复兴中国梦的实现，充分体现了马克思主义社会有机体理论关于社会结构和社会系统的全面协调发展的观点，深化了我们对共产党执政规律、社会主义发展规律、人类社会发展规律的认识，彰显了理论逻辑、实践逻辑、历史逻辑的辩证统一，丰富和发展了马克思主义社会有机体理论宝库。

---

① 人民日报评论员：《引领民族复兴的战略布局：一论协调推进 "四个全面"》，《人民日报》2015 年 2 月 25 日。
② 《习近平谈治国理政》第 2 卷，外文出版社，2017，第 23 页。
③ 《毛泽东选集》第 1 卷，人民出版社，1991，第 175 页。

第十章　马克思主义社会有机体思想与
新时代文化建设

　　文化是民族的血脉，是人民的精神家园。随着现代社会的发展，文化在综合国力竞争中的地位不断凸显，它在推动经济发展、引领政治改革、维护社会稳定、保护生态环境等方面发挥着重要作用。习近平深谙文化建设之于国家、民族和社会发展的重大意义，他指出，一个民族只有物质和精神都富有，才能成为一个有强大生命力和凝聚力的民族，"实现我们的发展目标，不仅要在物质上强大起来，而且要在精神上强大起来。"① 习近平从马克思主义关于社会有机体的整体性、发展性、开放性和人本性特征出发，认为文化建设在中国特色社会主义事业整体格局中有极其重要的战略意义，强调要汲取中华优秀传统文化的养分以实现社会主义文化创新发展，要加强与不同文明之间的交流互鉴以保持社会主义文化活力，要重视人民在社会主义文化建设中的主体性地位。习近平关于文化建设的论述坚持和发展了马克思主义社会有机体理论，深刻揭示了中国特色社会主义文化建设的基本规律，为建设社会主义文化强国、实现中华民族伟大复兴的中国梦指明了方向。

一　社会有机体的整体性与新时代文化建设总体布局的战略意义

　　马克思认为，人类社会是一个由多种要素构成的有机整体，其要素不

---

① 《习近平谈治国理政》，外文出版社，2014，第46页。

是杂乱地堆砌在一起，而是在物质生产的基础上，形成了特定的经济结构、政治结构和文化结构。同时，经济、政治、文化三大结构在社会有机体中所处的地位不同，发挥的作用也不同，它们相互作用、相互影响、相互依存，共同推动社会有机体的发展，使社会有机体呈现出整体功能大于部分之和的特征。事实上，相对于经济建设，文化的力量往往是隐性的，是"润物细无声"的，极具渗透力的，文化的力量融入于经济、政治、社会以及生态文明建设之中，关系着中国特色社会主义事业的整体推进。

1. 文化是"经济发展的'助推器'"

从社会有机体的结构要素看，经济是文化的基础，经济结构从根本上决定文化结构，但是，文化并不是经济的附属品和派生物，一定的文化一旦形成，就具有相对独立性，有其自身发展的独特规律，并能动地作用于经济基础。在习近平看来，文化是"经济发展的'助推器'"①，文化进步对经济发展具有极大的推动作用，为经济发展提供强大的精神动力和智力支持。他指出："文化赋予经济发展以深厚的人文价值，使人的经济活动与动物的谋生行为有质的区别；文化赋予经济发展以极高的组织效能，促进社会主体间的相互沟通和社会凝聚力的形成；文化赋予经济发展以更强的竞争力，先进文化与生产力中的最活跃的人的因素一旦结合，劳动力素质会得到极大地提高，劳动对象的广度和深度会得到极大的拓展，人类改造自然、取得财富的能力与数量会成几何级数增加。"② 正因为如此，习近平鼓励大力发展文化与经济交融互动、融合发展的文化经济。他在浙江任省委书记时就指出："浙江人敏于挖掘文化传统中的经济元素和商业契机，善于向经济活动中注入更多文化内涵，以文化的力量推动经济的发展"③，文化经济是浙江经济发展的一大特色，是文化经济点亮了浙江经济。

2. 文化是"政治文明的'导航灯'"

在社会有机体的结构中，政治与文化同属于上层建筑的范畴，一定的文化是对一定政治的反映，它服从和服务于一定的政治。但是，文化发展并不是随着政治的发展亦步亦趋，它常常具有超前性和预见性，引领现实社会的政治发展。18世纪欧洲启蒙运动时期，自然科学、哲学、伦理学、

① 习近平：《之江新语》，浙江人民出版社，2007，第149页。
② 习近平：《之江新语》，浙江人民出版社，2007，第149页。
③ 习近平：《之江新语》，浙江人民出版社，2007，第232页。

政治学、经济学、历史学、文学、教育学等领域取得的巨大成就促进了人的思想解放和意识觉醒，思想启蒙为欧洲的资产阶级政治革命指明了方向。20 世纪的中国亦是如此，中国先进的知识分子苦苦追寻救国救民的真理而又屡屡受挫之际，"十月革命一声炮响，给我们送来了马克思列宁主义"①，马克思主义关于人类社会发展规律的科学论断为中国的先进知识分子所接受和信仰。正是在马克思主义这一先进文化的科学指导下，中国共产党人带领中国人民经过艰苦卓绝的奋斗，推翻了黑暗的封建统治，建立了人民当家做主的社会主义国家，揭开中国政治发展的新篇章。习近平把文化比喻为政治文明的"导航灯"，认为"文化力量对政治制度、政治体制的导向和引领作用十分明显"②。因此，必须要用先进的文化观念武装全党和全国各族人民，"巩固马克思主义在意识形态领域的指导地位，巩固全党全国人民团结奋斗的共同思想基础"③。中国共产党只有始终代表先进文化的前进方向，才能引领政治文明的发展方向，推动政治体制不断发展完善。

3. 文化是"社会和谐的'黏合剂'"

社会有机体是一个相互联系、相互作用的整体，当社会有机体的各要素处于和谐、协调的状态时，就会形成凝聚力和向心力，维护社会有机体的稳定、持续发展，否则，社会有机体的发展就会受到影响和制约。随着改革开放的不断深入和经济社会的快速发展，我国社会出现了收入分配不均、地区发展不平衡、生态环境破坏等一系列突出矛盾，对社会的可持续发展产生了威胁。习近平认为，文化具有凝聚人心的作用，是"社会和谐的'黏合剂'"④，"文化建设是构建和谐社会的重要保证和必然要求"⑤，构建社会主义和谐社会要充分发挥文化的作用。一方面，"和合"思想是中华传统文化的精髓，中华民族自古就有"贵和尚中，善解能容，厚德载物，和而不同"的宽容品格，这是融于每一个中华儿女血液中的文化基因，对我们今天的思想观念和行为方式仍有极大影响，因此，要大力弘扬

---

① 《毛泽东选集》第 4 卷，人民出版社，1991，第 1471 页。
② 习近平：《之江新语》，浙江人民出版社，2007，第 149 页。
③ 《习近平谈治国理政》，外文出版社，2014，第 153 页。
④ 习近平：《之江新语》，浙江人民出版社，2007，第 149 页。
⑤ 习近平：《之江新语》，浙江人民出版社，2007，第 150 页。

中华优秀传统文化，充分挖掘其中有益的思想资源，为构建社会主义和谐社会凝聚力量。另一方面，"要化解人与自然、人与人、人与社会的各种矛盾，必须依靠文化的熏陶、教化、激励作用，发挥先进文化的凝聚、润滑、整合作用。"① 文化具有强大的凝聚力，能够在潜移默化中对人产生影响和同化作用，可以加强社会各阶层人民之间的认同感，推动思想共识的形成。因而，习近平十分重视社会主义核心价值观建设，发挥核心价值观整合社会意识的作用，使社会系统得以正常运转、社会秩序得以有效维护。

4. 文化是生态文明建设的"奠基石"

自然环境是社会有机体存在和发展的前提条件，人与自然的关系是人类社会最基本的关系。党的十八大将生态文明建设作为"五位一体"总体布局的一个方面提出，表明了党和国家大力推进生态文明建设的鲜明态度和坚定决心。生态文明建设作为一项系统工程，涉及方方面面的内容，但归根到底还是要在全社会牢固树立保护生态环境的观念，使保护生态环境成为广大群众能够普遍认同的价值理念和自觉自为的实践活动。因此，加强生态文明建设归根到底还是要加强生态文化建设。习近平指出，人们对环境保护和生态建设的认知过程和所有认知过程一样，要经历"一个由表及里、由浅入深、由自然到自发到自觉自为的过程"。② 要想缩短从自发到自为的过程，就需要各有关部门加大宣传力度，提升群众的环保意识，在全社会形成了保护生态环境的文化氛围。因此，习近平在浙江工作期间就指出："加强生态文化建设，在全社会确立起追求人与自然和谐相处的生态价值观，是生态省建设得以顺利推进的重要前提。生态文化的核心应该是一种行为准则、一种价值理念。我们衡量生态文化是否在全社会扎根，就是要看这种行为准则和价值理念是否自觉体现在社会生产生活的方方面面。"③

二　社会有机体的发展性与中华优秀传统文化的传承发展

在《资本论》第 1 版序言中，马克思明确指出："现在的社会不是坚

---

① 习近平：《之江新语》，浙江人民出版社，2007，第 149 页。
② 习近平：《之江新语》，浙江人民出版社，2007，第 13 页。
③ 习近平：《之江新语》，浙江人民出版社，2007，第 48 页。

实的结晶体，而是一个能够变化并且经常处于变化过程中的有机体。"① 社会有机体的变化发展是在继承基础上的发展，新形态的社会有机体是在对旧形态的社会有机体进行"扬弃"的基础上发展而来的。"人们自己创造自己的历史，但是他们并不是随心所欲地创造，并不是在他们自己选定的条件下创造，而是在直接碰到的、既定的、从过去承继下来的条件下创造。"② 恩格斯也曾经指出："我们自己创造着我们的历史，但是第一，我们是在十分确定的前提和条件下创造的。其中经济的前提和条件归根到底是决定性的。但是政治等等的前提和条件，甚至那些萦回于人们头脑中的传统，也起着一定的作用，虽然不是决定性的作用。"③ 可见，作为社会有机体中的一个部分，文化的发展也具有历史继承性。事实上，文化比经济、政治具有更强的延续性，传统的思想、观念对新时代的思想、观念会产生更加长远的影响。因此，在实现文化现代化、建设社会主义文化强国的历史进程中，如何对待传统文化是摆在我们面前的一个重要课题。

1. 坚持批判性，对传统文化有鉴别地加以对待，有扬弃地予以继承

社会有机体的发展过程从根本上说就是社会有机体不断自我"扬弃"的过程。社会有机体中文化的发展亦是如此，正确认识本国的传统文化，是任何国家实现文化现代化过程中必须解决好的问题。当前，有人认为传统文化已经失去了生命力，主张全盘否定中华传统文化；还有人认为传统文化在今天仍具有极强的包容性，应当全面继承。事实上，这两种观点都不能科学、客观地揭示文化发展的正确道路。中华民族在五千多年的发展历程中创造了丰富的精神财富，"天行健，君子以自强不息"的刚健精神、"人生自古谁无死，留取丹心照汗青"的爱国情操、"富贵不能淫，威武不能屈"的高尚气节、"民为本，社稷次之，君为轻"的民本精神、"君子和而不同"的宽广胸怀、"出入相友，守望相助"的友爱精神都是传统文化的精华。但是，几千年的封建历史，也遗留下来不少文化糟粕，"三纲五常""三从四德""男尊女卑"等思想成为禁锢人性的魔咒，束缚着社会发展的步伐。尽管这些封建思想经历过五四时期的批判和涤荡，其影响力已经大大减弱，但是它们并没有彻底地消失，在当今社会中或多或少还是

---

① 《马克思恩格斯选集》第 2 卷，人民出版社，2012，第 84 页。
② 《马克思恩格斯选集》第 1 卷，人民出版社，2012，第 669 页。
③ 《马克思恩格斯选集》第 4 卷，人民出版社，2012，第 604~605 页。

能看到一些影子。建设中国特色社会主义先进文化的首要前提就是要科学对待传统文化，采取马克思主义的辩证方法，坚持一分为二地看待传统文化，对传统文化中不符合时代发展的内容坚决地摒弃，对传统文化中有价值有意义的内容充分地发扬，既不能骄傲自大、故步自封，把传统文化看成包治百病的"灵丹妙药"，也不能数典忘祖、妄自菲薄，把传统文化贬得一文不值。习近平指出："对历史文化特别是先人传承下来的价值理念和道德规范，要坚持古为今用、推陈出新，有鉴别地加以对待，有扬弃地予以继承，努力用中华民族创造的一切精神财富来以文化人、以文育人。"①

2. 坚持民族性，反对历史虚无主义和文化虚无主义

由于地理环境、生产方式、思维方式的不同，不同民族的社会有机体会表现出不同的民族特征，民族性是不同社会有机体的天然属性。传统文化是对一个民族思想观念、风俗习惯、生活方式、情感样式的综合反映和集中表达，社会主义文化只有与民族性相适应，才能得到认同和接受，才能获得长远的发展。在人类文化发展的历史长河中，中华民族曾经创造了炫耀夺目的文明，但是，近代以来，封建主义的旧中国在人类文明史上全面落后了。鸦片战争以后，中国先进知识分子为了寻求救国救民的道路，开始了一场从器物到制度再到文化的探索之旅，他们最终将中国落后的根源归结为封建文化的落后，并以激烈而决绝的态度对传统文化进行了彻底地批判和全面地否定，对中华民族今天的发展仍有深远的影响。时隔百年，我们重新审视这一历史，应当认识到，对于传统文化的全盘否定是错误的，也是十分有害的。党的十八大以来，习近平多次强调传统文化对社会主义文化发展的重要意义。2014年10月，习近平在中央政治局第十八次集体学习时指出："我们共产党人是坚定的马克思主义者，我们党的指导思想就是马克思列宁主义、毛泽东思想和中国特色社会主义理论体系。同时，我们不是历史虚无主义者，也不是文化虚无主义者，不能数典忘祖、妄自菲薄。中华传统文化源远流长、博大精深，中华民族形成和发展过程中产生的各种思想文化，记载了中华民族在长期奋斗中开展的精神活动、进行的理性思维、创造的文化成果，反映了中华民族的精神追求，其

① 《习近平谈治国理政》，外文出版社，2014，第164页。

中最核心的内容已经成为中华民族最基本的文化基因。"① 中国的今天是从中国的昨天和前天发展而来，中国文化的今天也必须根植于中国文化的昨天和前天。"抛弃传统、丢掉根本，就等于割断了自己的精神命脉。博大精深的中华优秀传统文化是我们在世界文化激荡中站稳脚跟的根基。中华文化源远流长，积淀着中华民族最深层的精神追求，代表着中华民族独特的精神标识，为中华民族生生不息、发展壮大提供了丰厚滋养。"②

3. 坚持时代性，在汲取中华优秀传统文化养分基础上实现社会主义文化创新发展

社会有机体处于不断发展进化过程中，遵循着从简单到复杂，从低级到高级的发展规律。作为社会有机体的一部分，文化的发展也处于不断发展进步之中。社会主义文化发展以对中华优秀传统文化的继承为前提，但是，仅有继承是不够的，文化的发展还需要与时代需求相适应。只有站在时代的高度，将中华优秀传统文化与时代精神相结合，让中华民族最基本的文化基因与当代文化相适应、与现代社会相协调，才能实现中华传统文化的创新发展。习近平多次提出要在全社会弘扬和培育社会主义核心价值观，为当前的中国特色社会主义建设服务，他说："核心价值观是文化软实力的灵魂、文化软实力建设的重点。这是决定文化性质和方向的最深层次要素。一个国家的文化软实力，从根本上说，取决于其核心价值观的生命力、凝聚力、感召力。"③ 构建具有强大感召力的核心价值观，要实现中华优秀传统文化与现代文明的有机融合。一方面，中华优秀传统文化讲仁爱、重民本、守诚信、崇正义、尚和合、求大同的时代价值，是涵养社会主义核心价值观的重要源泉。习近平指出："中华文明绵延数千年，有其独特的价值体系。中华优秀传统文化已经成为中华民族的基因，植根在中国人内心，潜移默化影响着中国人的思想方式和行为方式。今天，我们提倡和弘扬社会主义核心价值观，必须从中汲取丰富营养，否则就不会有生命力和影响力。"④ 另一方面，社会主义核心价值观也是构建社会主义和谐

---

① 《牢记历史经验历史教训历史警示 为国家治理能力现代化提供有益借鉴》，《人民日报》2014 年 10 月 14 日。
② 《习近平谈治国理政》，外文出版社，2014，第 164 页。
③ 《习近平谈治国理政》，外文出版社，2014，第 163 页。
④ 《习近平谈治国理政》，外文出版社，2014，第 170 页。

社会、维护社会主义社会有机体持续稳定发展的必然要求。因此，社会主义核心价值观既与中华传统文化相契合，又与时代发展主题相适应，是中国共产党在新时代对中华优秀传统文化的创造性转化、创新性发展。正如习近平所总结的："我们提倡的社会主义核心价值观，就充分体现了对中华优秀传统文化的传承和升华。"①

三　社会有机体的开放性与社会主义文化的世界交流

马克思主义认为，每一个社会有机体都存在于一定的环境之中，它们不是封闭的、自给自足的，而是开放的、与外界处于持续的物质能量交换过程中，任何一个社会有机体都不能脱离它的环境而存在。近代以来，人类日益突破狭隘的地域局限，成为联系日益紧密的整体，社会有机体的开放性特征也因此更加凸显。马克思指出，资本主义的生产方式促使历史向"世界历史"转变，每一个社会有机体都是世界历史的有机组成部分，都不能脱离它而孤立发展。"资产阶级，由于开拓了世界市场，使一切国家的生产和消费都成为世界性的了……过去那种地方的和民族的自给自足和闭关自守状态，被各民族的各方面的互相往来和各方面的互相依赖所代替了。物质的生产是如此，精神的生产也是如此。各民族的精神产品成了公共的财产。"② 伴随着经济全球化的浪潮，文化全球化的特征也日益明显，任何一个民族的文化都不能脱离世界文明而存在。因此，认识社会有机体的开放性特征，加强中华文化与不同文明之间的交流互鉴，是保持社会主义文化活力的必然要求。

1. 从历史角度看，源远流长、博大精深的中华文化是中外文明交流互鉴的智慧结晶

社会有机体的发展过程就是不断与外界环境进行物质能量交换而不断壮大的过程。人类历史发展的过程，就是文明不断交流、融合、创新的过程，一个民族的文化在与其他民族文化的交流互鉴中不断丰富。源远流长、博大精深的中华文化就是中外文明交流互鉴的智慧结晶。中华文明经

---

① 《习近平谈治国理政》，外文出版社，2014，第171页。
② 《马克思恩格斯选集》第1卷，人民出版社，2012，第404页。

历了 5000 多年的历史变迁，其延绵不绝、博大精深的根源就在于中华文化能够与不同文明之间展开频繁的交流互鉴，不断丰富发展自身。2014 年 3 月 27 日，习近平在联合国教科文组织总部的演讲中指出："中华文明是在中国大地上产生的文明，也是同其他文明不断交流互鉴而形成的文明。"① 中华民族是一个乐于学习、善于学习的民族，在漫长的古代社会，中华民族始终用一种海纳百川的广阔胸怀对先后传入中国的佛教、伊斯兰教、基督教等外来文化进行学习、消化，并与中国本土文化融合，实现了文化的创新，最终形成具有中国特色的文化。在不断借鉴、吸收外来文明有益成果的同时，中华民族还不断推动中华文化走向世界。从公元前 100 多年开辟的丝绸之路到唐朝中外文化交流的活跃期再到明代郑和的七次远洋航行，中华民族为推动中外文明的交流和发展作出了巨大的贡献。正是由于中华文明与其他文明不断交流、碰撞，中华文化才能保持顽强的生命力，生生不息、发展壮大。

2. 从现实角度看，学习借鉴世界文明的有益成果是保持社会主义文化活力的必然要求

社会有机体的发展需要从外界获取能量，以增强自身机体的活力。文化的发展也需要从其他一切优秀文明成果中汲取营养。习近平指出："历史告诉我们，只有交流互鉴，一种文明才能充满生命力。"② 回顾历史，灿烂辉煌的中华文明在清朝走向了没落，其根本的原因在于清朝实行的闭关锁国政策隔断了中华民族与其他文明的交流互鉴，以至于中华文明落后于世界文明而不自知。闭关自守、盲目自大只会导致社会主义文化失去活力，变成一潭死水。习近平指出，学习和借鉴世界文明的有益成果是保持社会主义文化活力的必然要求，要时刻关注世界形势的发展变化，"对世界上出现的新事物新情况，对各国出现的新思想新观点新知识，我们要加强宣传报道，以利于积极借鉴人类文明创造的有益成果"③。在思想文化相互激荡的国际环境中，中国文化既不能盲目奉行"拿来主义"，用别的文化代替自己本民族的文化，也不能敝帚自珍，骄傲自大，故步自封，只有用广阔的胸怀和开放的心态，"了解世界上不同民族的历史文化，去其糟

---

① 《习近平谈治国理政》，外文出版社，2014，第 260 页。
② 《习近平谈治国理政》，外文出版社，2014，第 259 页。
③ 《习近平谈治国理政》，外文出版社，2014，第 156 页。

粕，取其精华，从中获得启发，为我所用"①，才能不断为本民族文化注入新鲜血液，保持本民族文化的生机与活力。

3. 从未来发展看，促进世界文明共荣发展，是推动社会主义文化发展的长远之计

一个音符无法演奏出优美的旋律，一种色彩难以描绘出多彩的画卷。随着时代的发展，不同社会有机体之间相互联系、相互依存的程度日益加深，形成了"你中有我、我中有你的命运共同体"②。"一枝独秀不是春，百花齐放春满园。"文明因交流而多彩，文明因互鉴而丰富，推动不同文明的交流互鉴、共荣发展，不仅不会使社会主义文化在世界文化的竞争中处于劣势，反而有益于我国社会主义文化的长远发展。因为，世界文化百花园越是欣欣向荣，越能为中华文化的发展创造良好的环境、提供持续的养分。习近平指出："对待不同文明，我们需要比天空更宽阔的胸怀。文明如水，润物无声。我们应该推动不同文明相互尊重、和谐共处，让文明交流互鉴成为增进各国人民友谊的桥梁、推动人类社会进步的动力、维护世界和平的纽带。我们应该从不同文明中寻求智慧、汲取营养，为人们提供精神支撑和心灵慰藉，携手解决人类共同面临的各种挑战。"③ 他强调，国家有大小之分，文明无高低之别，不同的文明之间因为平等才有交流互鉴的前提，不同文明应加强交流对话，"不仅'各美其美'，而且'美人之美，美美与共'"④，推动世界文明共同繁荣发展。

四　社会有机体的人本性与人民群众在文化建设中的主体地位

唯物史观认为，人是社会有机体中最基本的构成要素，也是社会有机体中唯一能动的要素。一方面，人民群众是历史的创造者，人民群众不仅创造了丰富的物质财富，还创造着宝贵的精神财富，人是社会历史舞台的"剧作者"；另一方面，人作为社会有机体的构成要素之一，也是社会历史舞台的"剧中人"，社会发展的最终目标是人的发展。因此，以人为本是

---

① 《习近平谈治国理政》，外文出版社，2014，第406页。
② 《习近平谈治国理政》，外文出版社，2014，第261页。
③ 《习近平谈治国理政》，外文出版社，2014，第262页。
④ 《习近平谈治国理政》，外文出版社，2014，第311页。

社会有机体发展的主题。人与文化的关系就如同人与社会的关系，文化的本质就是"人化"，人作为思想、观念的生产者创造了文化，文化也在不断塑造着人，最终实现人的全面而自由的发展。人既是文化建设的创造主体，也是文化建设的价值主体。

1. 文化即"人化"

一个社会有机体的发展水平最终要用人的发展程度来衡量。马克思认为，在资本主义社会有机体中，"资产者把无产者不是看作人，而是看作创造财富的力量"①，因此，人变成了单向度的、异化的人，而在马克思所描绘的共产主义蓝图中，这种情况被改变，人不再是单向度的、异化的人，而是全面自由发展的人。在治国理政的过程中，习近平始终将人民群众的利益诉求放在第一位，他深情地说："我们的人民是伟大的人民。在漫长的历史进程中，中国人民依靠自己的勤劳、勇敢、智慧，开创了各民族和睦共处的美好家园，培育了历久弥新的优秀文化。我们的人民热爱生活，期盼有更好的教育、更稳定的工作、更满意的收入、更可靠的社会保障、更高水平的医疗卫生条件、更舒适的居住条件、更优美的环境，期盼孩子们能成长得更好、工作得更好、生活得更好。人民对美好生活的向往，就是我们的奋斗目标。"② 同时，习近平非常重视人民群众在文化建设中的创造主体和价值主体地位，坚持依靠人民群众建设和发展社会主义文化，坚持建设和发展社会主义文化的根本目的是满足人民群众的需求，实现人民群众的全面自由发展。他说："文化即'人化'，文化事业即养人心志、育人情操的事业。人，本质上就是文化的人，而不是'物化'的人；是能动的、全面的人，而不是僵化的、'单向度'的人。人类不仅追求物质条件、经济指标，还要追求'幸福指数'；不仅追求自然生态的和谐，还要追求人际关系的和谐与精神生活的充实，追求生命的意义。"③

2. 人民群众是社会主义文化建设的创造主体

习近平深知："人民是历史的创造者，群众是真正的英雄。人民群众

---

① 《马克思恩格斯全集》第42卷，人民出版社，1979，第262页。
② 《十八大以来重要文献选编》（上），中央文献出版社，2014，第70页。
③ 习近平：《之江新语》，浙江人民出版社，2007，第150页。

是我们力量的源泉。"① 一方面，人民群众是社会主义文化创造的主力军和直接力量。人是社会历史的主体，人在创造物质财富的同时，也不断创造着精神财富。因此，必须尊重和发挥人民群众的主体地位和首创精神，只有充分调动人民群众的积极性、主动性和创造性，才能实现社会主义文化的大发展、大繁荣；另一方面，人民群众的火热生活是文艺创作的源泉和社会主义文化创造的间接力量。1942 年，毛泽东《在延安文艺座谈会上的讲话》中指出："人民生活中本来存在着文学艺术原料的矿藏，这是自然形态的东西，是粗糙的东西，但也是最生动、最丰富、最基本的东西；在这点上说，它们使一切文学艺术相形见绌，它们是一切文学艺术的取之不尽、用之不竭的唯一的源泉。"② 时隔 72 年，习近平在北京主持召开文艺工作座谈会时再次强调，文艺创作者要扎根人民、扎根生活，他说："人民是文艺创作的源头活水，一旦离开人民，文艺就会变成无根的浮萍、无病的呻吟、无魂的躯壳。能不能搞出优秀作品，最根本的决定于是否能为人民抒写、为人民抒情、为人民抒怀。要虚心向人民学习、向生活学习，从人民的伟大实践和丰富多彩的生活中汲取营养，不断进行生活和艺术的积累，不断进行美的发现和美的创造。"③

3. 人民群众是社会主义文化建设的价值主体

社会有机体的一切发展，最终都是为了人的全面而自由的发展。"经济发展以社会发展为目的，社会发展以人的发展为归宿，人的发展以精神文化为内核"。④ 追求丰富多彩的精神文化生活是人类固有的特性，人民群众不仅是文化创作的主体，还是文化消费的主体。在社会主义社会，应当把满足人民群众的文化需求、提高人的精神境界、促进人的全面发展作为社会主义文化建设的价值旨归。改革开放以来，随着人民群众的物质需求得到较大满足，巨大的文化需求正不断形成。但是，相对于巨大的文化需求，我国的文化供给能力还十分薄弱，这为资本主义文化的入侵提供了可乘之机。习近平指出，"文化产品的意识形态属性与产业属性是一致的，

① 《十八大以来重要文献选编》（上），中央文献出版社，2014，第 70 页。
② 《毛泽东选集》第 3 卷，人民出版社，1991，第 860 页。
③ 《坚持以人民为中心的创作导向 创作更多无愧于时代的优秀作品》，《人民日报》2014 年 10 月 16 日。
④ 习近平：《之江新语》，浙江人民出版社，2007，第 150 页。

219

占领市场与占领阵地是一致的，社会效益与经济效益是一致的，文化产品的先进性与实现人民群众的文化利益是一致的。"① 因此，要提高文化产品的供给数量和质量，只有高质量、有吸引力、先进的文化产品，才能被广大人民群众接受，占领市场、赢得群众，最终实现文化的教育功能。习近平要求我国的文艺工作者："要把满足人民精神文化需求作为文艺和文艺工作的出发点和落脚点，把人民作为文艺表现的主体，把人民作为文艺审美的鉴赏家和评判者，把为人民服务作为文艺工作者的天职。"② 要充分发挥文化"化人"的作用，用先进的文化感染人、鼓舞人，不断提高人民群众的精神境界、实现人的自由全面发展。习近平认为，文化"化人"的功能主要是通过教育途径实现的，他强调："全面实施素质教育，是促进人的全面发展的有效保证"，"基础教育要做到以人为本，就是要加强素质教育，不仅使学生德智体美全面发展，而且使学生的人格、个性也得到和谐发展；不仅要开发学生的智力，而且要培养学生的创新和实践能力；不仅要'授之以鱼'、教授学生'学会'，而且要'授之以渔'、教授学生'会学'；不仅要教学生学习文化知识，而且还要教学生懂得立身做人的基本道理，使学生心智健全、人格完善、体格健康，得到全面发展和整体发展。"③

　　一个国家的强盛首先是文化的昌盛，一个民族的觉醒首先是文化的觉醒。习近平从马克思主义关于社会有机体的整体性、发展性、开放性和人本性特征出发，立足于中国特色社会主义伟大实践，深刻阐述了文化建设的战略意义、丰富内涵、发展动力和基本规律，大大丰富了马克思主义社会有机体理论关于文化建设的理论宝库。同时，马克思主义社会有机体理论又以其对社会主义文化建设长远图景的科学指引，为新时代我国社会主义文化建设提供了方法论指导，为创造中华文化新辉煌、实现中华民族伟大复兴的中国梦指明了方向。

---

① 习近平：《之江新语》，浙江人民出版社，2007，第9页。
② 《习近平谈治国理政》第2卷，外文出版社，2017，第314~315页。
③ 习近平：《之江新语》，浙江人民出版社，2007，第162页。

第十一章　马克思主义社会有机体思想与中国道路

中国道路是中国人民和中国共产党人依据近代以来中国社会变迁的客观规律，把马克思主义基本原理同中国实际和时代特征结合起来而成功探索出的中国特色的现代化强国富民之路。从马克思主义社会有机体理论的视域对中国道路进行科学总结和理论阐释，可以清晰地看到：中国道路的成功开辟和顺利前行，遵循着马克思主义关于社会有机体的变革是历史决定性与主体选择性的辩证统一；社会有机体生存发展的前提与基础是物质资料的生产实践；社会有机体发展的动力源泉是人民群众主体能动性的创造发挥；社会有机体发展的整体合力形成是内部结构和构成要素的有效运行；社会有机体发展的稳步推进需要"摸着石头过河"与加强顶层设计相统一。发挥马克思主义社会有机体理论对人类社会历史发展的前瞻性研判，必将为中国道路的继续前行提供坚实的哲学依据、强大的精神动力和智力支持。

一　中国道路坚持历史决定性和主体选择性的辩证统一与社会有机体发展的客观规律

马克思主义认为，人类社会是物质世界的一个有机组成部分，因而社会有机体的变化和发展，一方面与自然界一样，是一个不以人的意志为转移的客观的物质发展过程，是一个自然历史过程，具有客观物质性。马克思在《资本论》第 1 卷第 1 版序言中曾指出："我的观点是把经济的社会形态的发展理解为一种自然史的过程"①。对此,列宁总结道:"达尔文推翻了那种把动植物物种看做彼此毫无联系的、偶然的、'神造的'、不变的东西的观点,探明了物种的变异性和承续性,第一次把生物学放在完全科学的基础之上。同样,马克思也推翻了那种把社会看做可按长官意志(或者说按社会意志和政府意志,反正都一样)随便改变的、偶然产生和变化的、机械的个人结合体的观点,探明了作为一定生产关系总和的社会经济形态这个概念,探明了这种形态的发展是自然历史过程,从而第一次把社会学放在科学的基础之上。"② 但同时,社会发展也是一个有规律的、辩证的历史发展过程,具有客观规律性,因而历史主体的选择活动必须遵循社会发展的客观规律,只有符合社会发展规律,历史主体的创造性选择才能实现。另一方面马克思主义又强调,人类社会是在人的实践活动基础上生成的有机体,社会有机体的变化和发展虽然遵循自然历史过程,但它与自然界的变化和发展有着根本不同,是人们有意识地参与的过程。恩格斯在《路德维希·费尔巴哈和德国古典哲学的终结》中指出:"在社会历史领域内进行活动的,是具有意识的、经过思虑或凭激情行动的、追求某种目的的人;任何事情的发生都不是没有自觉的意图,没有预期的目的的。"③ 也就是说,人与自然界动物不一样,可以依据一定的历史环境和社会条件,通过自身的能动性创造性活动,按照自己的历史认识改造世界,这就使人具有了对历史活动进行选择的可能性。需要指出的是,人的有理性有目的地参与和选择社会历史发展道路的活动,只能在社会发展的客观规律下发挥作用,进而推动社会有机体向前发展。这就告诉我们,人类社会的发展具有客观规律性,从低级到高级、从简单到复杂,最终走向社会主义,但这一客观规律和发展趋势只是揭示了社会有机体整体的总体性的发展方向,世界上不同民族、国家走向社会主义最终目标的路径却是多元的。在特定历史条件下,历史主体依据一定的社会条件而做出的能动选择可以使一个民族、国家跨越某种社会形态,通过不同的道路向着更高的社会形态迈进。因此,社会有机体发展的规律性并不排斥不同民族、国家在发展秩

---

① 《马克思恩格斯文集》第 5 卷,人民出版社,2009,第 10 页。
② 《列宁专题文集·论辩证唯物主义和历史唯物主义》,人民出版社,2009,第 162~163页。
③ 《马克思恩格斯文集》第 4 卷,人民出版社,2009,第 302 页。

序上的独特性，并不排斥处在同类社会形态的不同国家具有不同特点，在这个意义上，社会有机体发展是历史规律的决定性与历史主体的选择性的统一，反映了一切社会有机体发展变化的一般规律与特定历史时期社会有机体发展变化的特殊规律的统一。中国经过新民主主义走上社会主义道路，既是近代中国历史发展的必然，又是中国人民的自觉选择。

1840年以来，面对民族危难，试图变革旧中国、改造社会有机体的努力一直未曾停止过。人们以各种方案来探索和选择中国未来的发展道路。中国洋务运动的推动者，企图在不根本改变封建制度的条件下，通过学习西方的声光电化等先进科技，以摆脱积贫积弱、落后挨打的局面的愿望，因中日甲午战争的炮火而破灭了。以康梁为代表的资产阶级维新派在反思洋务运动失败的基础上，力求通过大幅度的、自上而下的制度体制创新来变革旧政体，走自我改良和立宪维新之路，但很快为戊戌的喋血所惊醒，发现制度体制的创新需要有相应的国民文化素质和坚实的物质基础。以孙中山为代表的资产阶级革命派以无所畏惧的气概荡涤一切阻碍革命前进的旧势力，希望中国走民族独立的资本主义道路，达到振兴中华的目的，但也以失败告终。

中国的出路究竟在哪里？就在这时，十月革命一声炮响，给中国送来了马克思主义。中国先进分子从俄国社会主义革命的伟大胜利中，看到了马克思主义真理光芒的力量，经过深思熟虑、反复比较和探求，最后决定走俄国人的路，并在众多的思想流派中选择了马克思主义，把它与中国工人运动相结合，成立了中国共产党，从而改变了中国的命运，开创了中华民族革命发展的历史新纪元。李大钊曾说，十月革命所开始的，"是世界革命的新纪元，是人类觉醒的新纪元。我们在这黑暗的中国，死寂的北京，也仿佛分得那曙光的一线，好比在沉沉深夜中得一个小小的明星，照见新人生的道路"[①]。在中国共产党的领导下，中国人民经过28年的艰苦奋斗，终于实现了国家的独立和民族的解放，为中国独立探索国家发展道路奠定了扎实稳固与相对安定的国内环境基础。

新中国成立后，鉴于当时复杂的国际国内形势和苏联社会主义工业化道路的成功实践，以及最广大人民群众的强烈愿望，为了把中国从一个落

---

① 中国李大钊研究会编注《李大钊全集》第2卷，人民出版社，2006，第268页。

后的农业国变为一个先进的工业国，实现国家的工业化，中国最终选择了社会主义的发展道路。这是在中国社会发展的多种可能性中所作出的最佳选择，体现了社会有机体具体发展道路的特殊性选择性，是一次合规律性的自觉的科学选择。

党的十一届三中全会后，中国实行改革开放，走自己的道路，建设中国特色社会主义，这既是历史的必然，也是中国人民的自觉选择。在中国道路这一探索发展阶段，正是新科技革命和全球化浪潮席卷世界各地的时期，世界历史呈现出前所未有的大变革。为了有效应对新科技革命和全球化浪潮可能对各民族国家经济社会发展所造成的巨大冲击和带来的巨大机遇，中国道路开始冲破长期禁锢的思想障碍和陈旧观念，自觉走从封闭半封闭到全方位开放的改革开放之路，成功实现了从高度集中的计划经济到充满活力的社会主义市场经济体制的历史转折，极大地调动和激发了中国人民中蕴藏的创造活力，大大积聚和释放了全社会的发展能量。在40多年改革开放的接力探索中，我们党坚定不移地高举中国特色社会主义伟大旗帜，以巨大的政治勇气，锐意推进改革，不断扩大开放，决心之大、变革之深、影响之广前所未有，成就举世瞩目。在这一历史进程中，我们既不走封闭僵化的老路，也不走改旗易帜的邪路，而是走我们自己独创的中国特色社会主义道路，这是近代中国历史百年上下求索的科学选择，是党和人民经过长期实践探索出来的正确道路，它是立足近代中国特殊的国情、特定的时代环境，特别是中国的社会制度、民族历史文化传统、当代中国社会主义初级阶段现实的发展道路，体现了马克思主义基本原理与中国实际和时代特征相结合的统一、科学社会主义理论逻辑与近代以来中国社会发展的历史逻辑相结合的统一，是社会有机体发展合规律性与合目的性的统一。

可以说，中国道路是中国人民和中国共产党人依据近代中国历史演进与时代发展不同阶段的基本特征，以及国家发展的根本任务做出的正确选择。这条人间正道从根本上改变了中国人民和中华民族的前途命运，也让其他发展中国家看到了民族复兴、国家富强的道路并非只有资本主义一条，必须遵循本国实际来探寻自己的发展道路。毛泽东曾在修改党的八大政治报告时提出："不可能设想，社会主义制度在各国的具体发展过程和表现形式，只能有一个千篇一律的格式。我国是一个东方国家，又是一个大国。因此,我国不但在民主革命过程中有自己的许多特点,在社会主义改造和社会主义建设的过程中也带有自己的许多特点,而且在将来建成社会主义社会以后还会继续存在自己的许多特点。"① 习近平总书记也指出:"站立在九百六十万平方公里的广袤土地上,吸吮着中华民族漫长奋斗积累的文化养分,拥有十三亿中国人民聚合的磅礴之力,我们走自己的路,具有无比广阔的舞台,具有无比深厚的历史底蕴,具有无比强大的前进定力。"②

二 中国道路坚持以经济建设为中心与社会有机体生存发展的物质基础

社会有机体的生成和发展根源于物质资料的生产,没有一定的经济实力和物质基础作保证,人类社会就不可能从一个形态向另一个形态发展。因为,"人们首先必须吃、喝、住、穿,然后才能从事政治、科学、艺术、宗教等等;所以,直接的物质的生活资料的生产,从而一个民族或一个时代的一定的经济发展阶段,便构成基础,人们的国家设施、法的观点、艺术以至宗教观念,就是从这个基础上发展起来的。"③ 这表明,物质生产实践是整个现存社会有机体的基础,"物质生活的生产方式制约着整个社会生活、政治生活和精神生活的过程"④,并决定着其他社会领域乃至整个社会历史的变化。因此,社会是人类在物质生产实践活动中创造的存在方式,其发展的历史归根到底是以物质生产为基础的历史。对此,恩格斯明确指出:"每一历史时代主要的经济生产方式和交换方式以及必然由此产生的社会结构,是该时代政治的和精神的历史所赖以确立的基础,并且只有从这一基础出发,这一历史才能得到说明。"⑤

当然,在物质资料生产方式的矛盾运动过程中,生产力作为人类利用自然和改造自然、并从自然界获得社会需要的物质力量,在生产方式的矛

---

① 《建国以来毛泽东文稿》第 6 册,中共中央文献出版社,1992,第 143 页。

② 习近平:《在纪念毛泽东同志诞辰 120 周年座谈会上的讲话》,人民出版社,2013,第 20 ~ 21页。

③ 《马克思恩格斯文集》第 3 卷,人民出版社,2009,第 601 页。

④ 《马克思恩格斯文集》第 2 卷,人民出版社,2009,第 591 页。

⑤ 《马克思恩格斯文集》第 2 卷,人民出版社,2009,第 14 页。

盾运动中处于主导地位，不仅直接决定着社会的物质生活，而且规定和制约着人们的政治关系、思想关系等全部社会关系。因此，生产力的发展是社会有机体全面进步发展的决定性因素，无论社会经济水平的提高，人民生活需要的满足，还是政治制度的完善，思想文化的进步，以及人的本质力量的发展等，最终都取决于生产力发展的水平。生产力是推动人类社会发展最终起决定性作用的因素。一部人类社会发展史，就是先进生产力不断取代落后生产力的历史。斯大林指出："社会发展史首先是生产的发展史，是各种生产方式在许多世纪过程中依次更迭的历史，是生产力和人们生产关系的发展史"。① 正是由于"历史过程中的决定性因素归根到底是现实生活的生产和再生产"②，所以，无产阶级在夺取资产阶级的全部资本和生产资料以后，要"尽可能快地增加生产力的总量"③。列宁也说道："无产阶级取得国家政权以后，它的最主要最根本的需要就是增加产品数量，大大提高社会生产力。"④ 从这个意义上说，中国道路坚持以经济建设为中心，不断解放和发展生产力，对于我国全面建成小康社会、早日实现中华民族伟大复兴的中国梦，具有特别重要的价值。只有生产力高度发展了，才能为社会主义制度的建立提供坚实的物质基础，才能巩固无产阶级政权，才能充分显示社会主义制度的优越性和生命力，才能防止资本主义制度的复辟，更好地抵御帝国主义列强的侵略。如果没有"生产力的巨大增长和高度发展"，"那就只会有贫穷、极端贫困的普遍化；而在极端贫困的情况下，必须重新开始争取必需品的斗争，全部陈腐污浊的东西又要死灰复燃"。⑤ 毛泽东说得更为鲜明："中国一切政党的政策及其实践在中国人民中所表现的作用的好坏、大小，归根到底，看它对于中国人民的生产力的发展是否有帮助及其帮助之大小，看它是束缚生产力的，还是解放生产力的。"⑥ 正是在深刻总结世界社会主义实践经验教训和我国发展的阶段性特征的基础上，邓小平明确指出："社会主义阶段的最根本任务就是发展生产力。"⑦

① 《斯大林选集》下卷，人民出版社，1979，第443页。
② 《马克思恩格斯文集》第10卷，人民出版社，2009，第591页。
③ 《马克思恩格斯文集》第2卷，人民出版社，2009，第52页。
④ 《列宁专题文集·论社会主义》，人民出版社，2009，第301页。
⑤ 《马克思恩格斯文集》第1卷，人民出版社，2009，第538页。
⑥ 《毛泽东选集》第3卷，人民出版社，1991，第1079页。
⑦ 《邓小平文选》第3卷，人民出版社，1993，第63页。

1. 中国道路坚持以经济建设为中心，不断解放和发展生产力，这是发展中国特色社会主义的客观要求

中国社会主义建设是在经济文化比较落后的基础上开始的，毛泽东在新中国成立初期曾感慨道："现在我们能造什么？能造桌子、椅子，能造茶碗、茶壶，能种粮食，还能磨成面粉，还能造纸，但是，一辆汽车、一架飞机、一辆坦克、一辆拖拉机都不能造。"① 这就决定了中国社会主义基本制度确立后将长期处于社会主义初级阶段，这一阶段国内的主要矛盾是人民日益增长的物质文化需要同落后的社会生产之间的矛盾。只有坚持以经济建设为中心，不断解放和发展生产力，才能从根本上解决这个主要矛盾。因此，对于我们这样一个处在社会主义初级阶段的发展中大国来说，最根本的任务是发展生产力。人民生活水平的提高、经济和社会生活中各种利益矛盾的解决、社会秩序的维护与稳定、两个百年目标的实现、中华民族的伟大复兴等，都要依赖生产力的发展，发展是解决中国所有问题的关键。习近平总书记指出："只要国内外大势没有发生根本变化，坚持以经济建设为中心就不能也不应该改变。这是坚持党的基本路线100年不动摇的根本要求，也是解决当代中国一切问题的根本要求。"② 正是基于此，党的十八届三中全会通过的《中共中央关于全面深化改革若干重大问题的决定》强调要以经济建设为中心、发挥经济体制改革的牵引作用，要"让一切劳动、知识、技术、管理、资本等要素的活力竞相迸发，让一切创造社会财富的源泉充分涌流"，③ 大力解放和发展社会生产力，这既是马克思主义社会有机体理论关于物质生产实践对人类社会生存发展具有决定作用的凸显，也是中国特色社会主义现代化建设的必然抉择。

2. 中国道路坚持以经济建设为中心，不断解放和发展生产力，这是发展中国特色社会主义的本质要求

邓小平指出："社会主义的本质，是解放生产力，发展生产力，消灭剥削，消除两极分化，最终达到共同富裕。"④ 在这里，解放和发展生产力体现的是社会有机体发展的一般规律，而消灭剥削、消除两极分化、实现

① 《毛泽东文集》第6卷，人民出版社，1999，第329页

② 《习近平谈治国理政》，外文出版社，2014，第153页。

③ 《中共中央关于全面深化改革若干重大问题的决定》，人民出版社，2013，第3页。

④ 《邓小平文选》第3卷，人民出版社，1993，第373页。

共同富裕体现的则是社会有机体的高级形态社会主义发展的价值目标，这也是全体中国人民共同的追求。中国特色社会主义只有坚定不移地向着消灭剥削、实现共同富裕这一价值目标前进，才能保持社会主义有机体的发展方向。而要实现这一目标，就必须以生产力的巨大进步和发展为前提。只有坚持以经济建设为中心，不断解放和发展生产力，才有可能消灭剥削、消除两极分化，达到共同富裕。马克思曾指出："任何一个民族，如果停止劳动，不用说一年，就是几个星期，也要灭亡，这是每一个小孩子都知道的。"①

3. 中国道路坚持以经济建设为中心，不断解放和发展生产力，这是中华民族创造巨大物质财富贡献人类社会文明的必然要求

马克思主义社会有机体理论不但揭示了生产力决定生产关系、经济基础决定上层建筑的客观历史规律，而且深刻说明了人类社会文明的物质财富是社会有机体赖以存在的最终根基。因此，判断一种发展道路有没有对人类社会文明做出贡献以及贡献究竟有多大，主要是看这一发展道路有没有增加人类社会文明的物质财富，有没有增加其经济实力以及究竟增加了多少。② 中国道路经过改革开放 40 年的历史实践发展，"我国国内生产总值由 3679 亿元增长到 2017 年的 82.7 万亿元，年均实际增长 9.5%，远高于同期世界经济 2.9% 左右的年均增速。我国国内生产总值占世界生产总值的比重由改革开放之初的 1.8% 上升到 15.2%，多年来对世界经济增长贡献率超过 30%。我国货物进出口总额从 206 亿美元增长到超过 4 万亿美元，累计使用外商直接投资超过 2 万亿美元，对外投资总额达到 1.9 万亿美元"。"现在，我国是世界第二大经济体、制造业第一大国、货物贸易第一大国、商品消费第二大国、外资流入第二大国，我国外汇储备连续多年位居世界第一，中国人民在富起来、强起来的征程上迈出了决定性的步伐！"③ 中国道路的开辟无论是对全球经济实力的增长，还是对世界减少贫困人口都做出了巨大的贡献，为人类社会有机体的进步发展提供巨大的物质基础。

---

① 《马克思恩格斯文集》第 10 卷，人民出版社，2009，第 289 页。

② 陈学明：《论中国道路对人类文明的历史性贡献》，《上海师范大学学报》（哲学社会科学版）2013 年第 3 期。

③ 习近平：《在庆祝改革开放 40 周年大会上的讲话》，人民出版社，2018，第 12 页。

4. 中国道路坚持以经济建设为中心，不断解放和发展生产力，这是把党的先进性与先进生产力有机结合起来的现实要求

社会有机体的发展状况，归根到底取决于先进生产力的发展程度。在当代中国，发展生产力最重要的是发展先进生产力。在复杂多变的国际国内环境中，中国共产党人深刻认识到，当代中国社会有机体的发展必须建立在发达的生产力基础之上，要以是不是符合先进生产力的发展要求做标准，来衡量检查各方面的工作，符合的就毫不动摇地坚持，不符合的就实事求是地纠正。只有这样，"才能充分体现共产党人的先进性和时代精神。"① 因此，中国共产党要始终代表中国先进生产力的发展要求，使"党的理论、路线、纲领、方针、政策和各项工作，必须努力符合生产力发展的规律，体现不断推动社会生产力的解放和发展的要求，尤其要体现推动先进生产力发展的要求，通过发展生产力不断提高人民群众的生活水平"②。把党的先进性与先进生产力有机结合起来，把生产力推至为"先进生产力"，其实质是进一步强调在推动社会有机体发展的历史合力中，真正起决定作用的不是一般的生产力，而是社会中的先进生产力，是先进生产力的发展要求生产关系与之相适应从而推动人类社会前进。因此，中国共产党作为一个先进的无产阶级政党，要始终站在时代前列，引导历史前进的潮流，就不能代表一般生产力的要求，只能是始终代表中国先进生产力的发展要求。这不仅是对我国社会主义建设历史经验的深刻总结，而且是结合我国实际和时代特征对马克思主义社会有机体发展动力理论内涵的深化，更加明确了中国共产党在新的历史条件下所肩负的光荣而艰巨的任务。

三　中国道路坚持人民群众是历史的创造者与社会有机体发展的创造活力

社会是一个处在不断变化着发展着的活的有机整体，之所以如此，最根本的原因在于"全部社会生活在本质上是实践的"③，在于人的生产实践

---

① 江泽民：《论党的建设》，中央文献出版社，2001，第500页。
② 《十五大以来重要文献选编》下，人民出版社，2003，第1902页。
③ 《马克思恩格斯文集》第1卷，人民出版社，2009，第501页。

活动和人的主体能动性的充分发挥。因此，社会有机体的生成与发展实际上就是人的主体能动性实践活动在不同历史发展阶段的不断展开。这为我们在新的历史时空条件下认识中国道路提供了重要的哲学依据。

1. 中国道路真正坚持以人为本，发挥了人民群众创造历史的主体能动性，找到了推进社会有机体发展的根本动力和源泉

马克思、恩格斯指出，物质生产的历史实践活动是人类社会发展的根本动力，以不同形式从事和促进生产实践活动的人民群众的自觉能动性在特定的条件下具有决定性作用。社会历史是人民群众创造的，人民群众是社会发展的主体动力，社会规律的发生作用必须通过人民群众的实践活动表现出来，离开人民群众的自觉实践活动，社会规律绝不会自发地形成和实现。因此，充分发挥人民群众的自觉能动性和创造性，就能克服必然、获得自由，就能更加有效地推动社会发展的历史进程。但在资本主义发展方式下，人仅仅是一种普通的生产要素，是一个追求自身利益最大化的"经济动物"，资产阶级无视对人的主体能动性的关注，"把人贬低为一种创造财富的'力量'"，"资产者把无产者不是看作人，而是看作创造财富的力量。"① 在社会主义条件下，中国共产党人以马克思主义社会有机体理论为指导，提出并真正坚持以人为本的发展理念，强调人的主体能动性在特定条件下对社会有机体发展具有决定性作用，从而找到了经济发展的根本动力和源泉。这是人的本质力量的充分展现，也是唯物辩证法的生动体现。正是人民群众的不断实践活动创造着历史，推动着社会前进，并最终决定着社会有机体发展的历史进程。中国道路最大的优势就在于把全体人民的主体能动性极大地调动了起来，集中精力从事经济社会建设，并用中华民族伟大复兴的中国梦凝聚共识，从而实现了社会有机体发展动力的最大效用。

2. 中国道路坚持人民群众是变革社会的实践主体，相信群众，依靠群众，尊重人民群众的首创精神，汇成了人民群众推动社会有机体发展的历史合力

马克思主义认为，人是创造社会历史的主体，人们自己创造自己的历史，"无论历史的结局如何，人们总是通过每一个人追求他自己的、自觉

---

① 《马克思恩格斯全集》第42卷，人民出版社，1979，第262页。

预期的目的来创造他们的历史，而这许多按不同方向活动的愿望及其对外部世界的各种各样作用的合力，就是历史"。① "人民，只有人民，才是创造世界历史的动力。"② 正是依据历史唯物主义这一基本原理，中国道路始终坚持一切为了人民、一切依靠人民、尊重人民群众首创精神的发展理念，认为最广大人民群众不仅是中国道路的利益主体、支持主体，而且是变革社会有机体的实践主体，是决定中国前途和命运的决定力量，因而不断从亿万群众中汲取智慧、凝聚改革共识、激发民力，最大限度地发挥社会合力的整体效用，这将使中国道路始终有众志成城的民意支撑，始终有破浪前行的民众动力。

3. 中国道路坚持人民群众是社会的价值主体，把发展的成果惠及人民，极大地满足了不同阶级、阶层和群体的利益诉求，激发了人民群众推进社会有机体发展的创造活力

马克思认为，人不仅是社会有机体的实践主体，也是社会有机体发展的价值主体，社会有机体的一切发展最终目标是促进人的自由全面发展。没有人的自由全面发展，社会有机体本身也得不到发展和进步。因此，社会有机体发展既是生产力的发展历史，也是每个人本身力量发展的历史。中国道路始终坚持人民利益至上的发展之路，尊重人民的价值主体地位，把人民拥护不拥护、赞成不赞成、高兴不高兴、答应不答应作为谋划改革思路、制定改革举措的出发点和落脚点，把是否有利于发展社会主义社会生产力、是否有利于增强社会主义国家综合国力、是否有利于提高人民生活水平这"三个有利于"作为判断改革的得失成败的根本标准，把实现人民群众的整体利益和局部利益、长远利益和当前利益有机结合起来，全力解决好群众最现实最关心最直接的利益，并统筹兼顾、妥善处理好各个方面的利益关系，真正做到发展为了人民、发展依靠人民、发展的成果由人民共享，极大地满足了社会不同阶级、阶层与利益群体的自身价值诉求，凝聚了人心，汇聚了共识，调动了一切积极因素，激发了全社会的创造活力，使中国特色社会主义发展获得了最广泛最可靠的群众基础和最深厚的力量源泉。

---

① 《马克思恩格斯文集》第 4 卷，人民出版社，2009，第 302 页。
② 《毛泽东选集》第 3 卷，人民出版社，1991，第 1031 页。

总之，社会有机体的发展与变革，是生产力与生产关系、经济基础与上层建筑矛盾运动的结果，是人民群众创造性活动的结果。正是当代中国人民的巨大创造活力与激情，推动着中国道路不断前进，并最终决定着中国特色社会主义发展的历史进程。

四 中国道路坚持"五位一体"总体布局与社会有机体内部结构的有效运行

社会作为一个有机整体，其内部结构的各个部分、要素之间，包括经济、政治、文化等社会生活领域既相对独立，又相互依存、相互影响、相互作用。"任何机体的有差别的方面，都处于由机体的本性所产生的必然的联系之中。"[1] 虽然这些结构和要素在社会有机整体中都有各自的位置和发挥独特的作用，但都是社会有机整体中的分系统，任何一个分系统或部分都不能脱离社会有机整体和其他分系统或部分而单独存在和发挥作用。因此，社会有机体的发展不是单一的经济发展，而是经济、政治、文化、社会、生态文明等各个领域的全面、协调、可持续发展，只有经济、政治、文化、社会和生态文明共同发展才是真正的社会发展和进步。马克思主义社会有机体理论强调社会及其发展的整体性、系统性和协同性，为中国道路坚持"五位一体"总体布局提供了理论依据。当然，在一定的历史阶段，社会有机体内部各构成要素或领域的发展并不是同步发展或平均发展，经济发展在社会有机整体中仍具有基础性地位，这是人类生存与发展所必需的物质基础，也是社会历史活动的第一要义。因此，无论哪一种社会有机体形态，都必须以经济发展为前提和基础，但经济发展不能以牺牲其他构成要素或领域的发展为代价，特别是以牺牲生态环境为代价，否则，社会有机体内部结构的平衡以及与外部世界的联系就会遭到破坏，进而影响社会的整体进步与发展。改革开放40多年来的历史实践证明，中国道路走的是一条经济、政治、文化、社会、生态文明等"五位一体"有机统一的全面建设、全面发展的道路，从而实现了社会整体发展合力的最大化。

---

① 《马克思恩格斯全集》第3卷，人民出版社，2002，第15页。

1. 发展是当代中国和世界的潮流，是解决中国所有问题的关键

中国道路坚持以经济建设为中心，强调经济体制改革是当代中国社会有机体全面深化改革的重点，紧紧围绕使市场在资源配置中起决定性作用深化经济体制改革，充分利用国际国内各种有利条件，促进经济长期平稳较快发展，为中国社会的进一步发展提供了强大的物质基础。一方面，中国道路坚持以公有制为主体、多种所有制经济共同发展的社会主义基本经济制度，坚持以按劳分配为主体、多种分配方式并存的分配制度，坚持以信息化带动工业化、以工业化促进信息化的新型工业化道路，转变经济发展方式，调整经济结构，全面认识工业化、信息化、城镇化、农业现代化的新形势新任务，促进国民经济又好又快地发展；另一方面，又积极吸纳西方近代工业社会中逐渐成熟的市场经济成果，努力促进社会主义基本制度与市场经济的有机结合，充分发挥社会主义制度的优越性和市场配置资源的决定性作用，以创造一种全新的社会主义现代化发展道路和经济制度，让全社会充满改革发展的创造活力，最终使建立和完善社会主义市场经济体制成为我国经济体制改革选择的目标模式。这是我们党和中国人民对马克思主义社会有机体发展理论的历史性贡献。

2. 政治是经济的集中表现，社会有机体的政治发展反映着经济基础的要求和发展，并能动地积极地反作用于经济基础

中国道路坚持党的领导、人民当家作主、依法治国有机统一，坚持和完善人民代表大会制度、中国共产党领导的多党合作和政治协商制度、民族区域自治制度以及基层群众自治制度，又在这一历史进程中坚决有效地防范和打击一切国际敌对势力对我国的渗透、分化和颠覆的图谋，同时有分析有批判地吸收和借鉴西方资产阶级政治社会中一些有益的概念、形式和方法，以不断推进我国社会主义政治制度的自我完善和发展。改革开放以来，随着经济社会的发展，中国政治领域的建设取得了巨大成就，人民群众的政治权利和利益得到了充分的尊重和切实的保障，极大地调动了亿万人民坚持和发展中国特色社会主义的积极性。历史证明，在中国推进政治体制改革，既不走封闭僵化的老路，也不走改旗易帜的邪路，而是立足社会主义初级阶段的基本国情，同时借鉴人类政治文明的有益成果，坚定不移地走中国共产党和中国人民自己选择的政治发展道路。只有探索适合本国国情的政治发展道路，加快推进社会主义民主政治制度化、规范化、

程序化，建设社会主义法治国家，发展更加广泛、更加充分、更加健全的人民民主，中国的政治体制改革才能取得成功。

3. "一定的文化是一定社会的政治和经济在观念形态上的反映"①，并反作用于社会和政治

文化是民族的血脉和民族创造力的重要源泉，是人民的精神家园。作为社会有机整体中的文化建设和发展是衡量社会是否全面发展的重要指标，也是一个国家综合实力的象征。中国道路以建设社会主义文化强国、增强国家文化软实力为目标，坚持社会主义先进文化的前进方向，以马克思主义为指导，着眼于世界科学文化发展的前沿，培育有理想、有道德、有文化、有纪律的公民，努力发展面向现代化、面向世界、面向未来的民族的科学的大众的社会主义新文化，培育和践行社会主义核心价值观，不断加强思想道德建设和教育科学文化建设，增强中华民族的凝聚力，同时又立足中国现实，充分吸收借鉴国外文化的有益成果和合理因素，尊重差异，包容多样，有力抵制各种错误和腐朽思想的影响，以形成优越于资本主义的中国特色社会主义新文化，为社会有机整体的发展提供强大的智力支持。

4. 保障和改善民生、促进社会公平正义是社会有机体发展和进步的重要目标

马克思主义认为，社会有机体的发展应当是整体的、综合的、协调的发展，不仅是经济的增长、民主的进步、文化的繁荣，还包括与此相适应的社会自身建设。这里的社会，是从狭义上理解的"社会"，包括人口、家庭、组织、阶层、社区、就业、社会保障、收入分配、卫生健康、科技教育、社会管理等微观层面的社会建设和社会发展的内容。只有构建协调发展、健康成长、充满活力的社会主义和谐社会机体，社会有机体内部的生产、分配、交换、消费、交通、通信、管理和教育等诸多系统才能有序性存在和发展。中国道路既坚持以改善民生和促进社会公平正义为价值取向，强调实现社会公平正义是我国社会主义制度的本质要求，必须把最广大人民群众的根本利益作为制定和贯彻党的方针政策的基本着眼点，正确兼顾不同部门、不同地区、不同方面群众的利益，正确处理人民内部矛盾，妥善处理各种利益矛盾，改革创新社会治理体制，着力改善民生，切实

---

① 《毛泽东选集》第 2 卷，人民出版社，1991，第 694 页。

保障人民在经济、政治、文化等方面的权益，使全体人民共享改革发展的成果，同时又根据我国生产力发展水平和地区发展水平不平衡的特点，允许和鼓励让一部分人和地区先富裕起来，并通过解放和发展生产力，最终消灭阶级、消灭剥削，达到共同富裕，以消除资本主义社会因生产资料个人所有制所造成的贫富不均、劳动异化和个人畸形发展的现象，使全体人民学有所教、劳有所得、病有所医、老有所养、住有所居，真正实现社会有机体各要素、结构的整合效力的有效发挥和在动态运行中的和谐发展。

5. 自然界是社会有机体产生、存在和发展的基础和前提，构建人与自然、自然与社会和谐的生态环境是发展中国特色社会主义和实现中华民族伟大复兴中国梦的重要组成部分

2013 年 9 月 7 日，习近平总书记在哈萨克斯坦纳扎尔巴耶夫大学谈到环境保护问题时指出："我们既要绿水青山，也要金山银山。宁要绿水青山，不要金山银山，而且绿水青山就是金山银山。"① 建设生态文明是人类文明发展的必然结果，也是人类文明进一步发展的必然要求。马克思主义认为，人和人类社会都是自然界长期发展的产物，都是以一定的自然环境为前提，两者相互联系、相互依存、相互制约的。因此，人类在发挥主观能动性利用自然、改造自然、获得自身生存所需要的生活资料时，必须尊重自然规律，不能凌驾于自然之上，否则会遭到大自然的惩罚。因为，"动物仅仅利用外部自然界，简单地通过自身的存在在自然界中引起变化；而人则通过他所作出的改变来使自然界为自己的目的服务，来支配自然界……但是我们不要过分陶醉于我们人类对自然界的胜利。对于每一次这样的胜利，自然界都对我们进行报复。每一次胜利，起初确实取得了我们预期的结果，但是往后和再往后却发生完全不同的、出乎预料的影响，常常把最初的结果又消除了……因此我们每走一步都要记住：我们决不像征服者统治异族人那样支配自然界，决不像站在自然界之外的人似的去支配自然界——相反，我们连同我们的肉、血和头脑都是属于自然界和存在于自然之中的；我们对自然界的整个支配作用，就在于我们比其他一切生物强，能够认识和正确运用自然规律"。② 因此，中国道路不仅要大力推进经

---

① 《习近平关于社会主义生态文明建设论述摘编》，中央文献出版社，2017，第 21 页。
② 《马克思恩格斯文集》第 9 卷，人民出版社，2009，第 559~560 页。

济建设、政治建设、文化建设、社会建设，还要努力进行生态文明建设。只有保持人、社会和自然环境的和谐发展，社会有机体才能实现可持续的良性发展。中国道路紧紧围绕建设美丽中国深化生态文明体制改革，加快建立生态文明制度，牢固树立保护生态环境就是保护生产力、改善生态环境就是发展生产力的观念，优化国土空间开发格局，全面促进资源节约，加大生态环境保护力度，加快形成人与自然和谐发展的社会主义现代化建设新格局。一方面，促进经济社会发展与人口资源环境相协调，形成节约能源资源和保护生态环境的空间格局、产业结构、增长方式、消费模式，努力建设资源节约型、环境友好型社会，使人民在良好生态环境中生产生活，实现社会经济系统和自然生态系统的良性循环，以达到经济社会的永续发展和人的全面发展的目标。另一方面，实现最严格的生态环境保护制度，因为建设生态文明是一场涉及生产方式、生活方式、思维方式和价值观念的革命性变革，"只有实行最严格的制度、最严密的法治，才能为生态文明建设提供可靠保障。"在这里，"最重要的是要完善经济社会发展考核评价体系，把资源消耗、环境损害、生态效益等体现生态文明建设状况的指标纳入经济社会发展评价体系，建立体现生态文明要求的目标体系、考核办法、奖惩机制，使之成为推进生态文明建设的重要导向和约束。"①同时，对领导干部建立生态环境损害责任终身追究制，并建立健全资源生态环境管理制度，以确保生态文明建设目标的实现。

在全面深化改革的历史新时期，当代中国社会有机体应更加注重改革中各个领域之间的有机联系和整体逻辑，发挥改革的综合效应。我们只有以深化经济体制改革为重点，协同推进其他各方面的改革，努力营造各领域改革互动并进的态势，才能凝聚强大改革合力，顺利推进中国特色社会主义经济建设、政治建设、文化建设、社会建设和生态文明建设。

五　中国道路坚持"摸着石头过河"和加强顶层设计相统一与社会有机体发展的稳步推进

社会有机体的变革和发展是社会内部生产力与生产关系，以及由此决

---

① 《习近平关于全面深化改革论述摘编》，中央文献出版社，2014，第104页。

定的经济基础与上层建筑这一社会基本矛盾运动的结果，但社会基本矛盾在社会发展的不同历史阶段、不同社会条件下，其表现形式、解决方法是不一样的。在存在剥削和压迫的社会里，社会基本矛盾运动主要表现为阶级矛盾和阶级斗争。当旧的生产关系严重阻碍生产力发展、旧的上层建筑垂死地维护旧的经济基础时，代表新的生产力的阶级就会以阶级斗争并通过社会革命的形式，推翻旧的统治阶级，改变旧的生产关系和上层建筑，解放生产力，从而推动社会的进步和发展。因此，任何社会有机体形态的变更和发展，都是历史上先进的阶级用暴力革命手段推翻顽固的腐朽的没落的阶级的反动统治的质变过程。从这个意义上说，阶级斗争是阶级社会发展的直接动力。恩格斯在《共产党宣言》1888 年英文版序言中所说："人类的全部历史（从土地公有的原始氏族社会解体以来）都是阶级斗争的历史。"① 毛泽东也指出："阶级斗争，一些阶级胜利了，一些阶级消灭了。这就是历史，这就是几千年的文明史。"② 在社会主义社会，虽然社会的基本矛盾仍然是生产关系和生产力之间的矛盾，上层建筑和经济基础之间的矛盾，但由于生产资料公有制的确立，从根本上解决了资本主义社会生产资料私有制与生产社会化的矛盾，使社会主义社会的基本矛盾"同旧社会的生产关系和生产力的矛盾、上层建筑和经济基础的矛盾，具有根本不同的性质和情况罢了"③，可以通过社会主义制度的自我完善和发展，即通过社会改革来改变社会主义社会仍然存在的生产关系与生产力、上层建筑与经济基础既相适应又相矛盾的情况，其实质是通过改革社会体制以不断完善社会主义制度，促进生产力的大发展。因此，改革是社会主义社会发展的直接动力，是解决当代中国社会有机体发展进步的必由之路和根本方法。

中国道路坚持和发展中国特色社会主义，一个重要的方面就是通过改革不断调整生产关系、完善上层建筑使之适应社会生产力和经济基础的发展。然而，当代中国的社会改革是新的历史条件下进行的一项前无古人的崭新事业，在推进改革的历史进程中，必然会遇到许多交织叠加和错综复杂的问题。比如发展中不平衡、不协调、不可持续的问题，科技创新能力

---

① 《马克思恩格斯文集》第 2 卷，人民出版社，2009，第 14 页。
② 《毛泽东选集》第 4 卷，人民出版社，1991，第 1487 页。
③ 《毛泽东文集》第 7 卷，人民出版社，1999，第 214 页。

不强、产业结构不合理、发展方式依然粗放的问题，城乡区域发展差距和居民收入分配差距依然较大的问题，教育、就业、社会保障、医疗、住房、生态环境、食品药品安全、安全生产、社会治安、执法司法等关系群众切身利益较多的问题，形式主义、官僚主义、享乐主义和奢靡之风依然突出的问题等，① 这就需要我们在深入的社会实践中不断地去摸索解决之道。同时，社会有机体的变革和发展并不存在完全脱离必然的纯粹的偶然，在表面上是偶然性在起作用的地方，实际上总有必然性起着决定性作用，"这种偶然性始终是受内部的隐蔽着的规律支配的，而问题只是在于发现这些规律。"② 也就是说，偶然背后隐藏着必然，特殊性背后蕴含着一般规律。随着改革的强力而深入推进，只有"摸着石头过河"还不够，还需要在自觉把握社会历史发展规律的基础上，加强顶层设计和整体谋划，注重改革的关联性、系统性、整体性、协同性，提高改革决策的前瞻性、预见性和科学性，广泛凝聚共识，形成改革合力。

一方面，社会有机体是一个极其复杂的庞大发展系统，任何个人或政党都难以理性地把握其各个构成部分和要素的全部关系，不可能一步就形成一个非常详尽甚或尽善尽美的社会改革方案，而只能在逐步探索中不断修正完善改革方案，特别是制度创新，需要有一个从不完善到比较完善的纠错和发展过程。因此，当代中国的社会改革刚开始只能是"摸着石头过河"。因为，中国实行改革开放，发展社会主义市场经济是党在新的历史条件下领导人民进行的新的伟大革命，怎么改革、如何开放并没有现成的道路可走，也没有现成的答案可供学习。对此，邓小平曾说："我们现在所干的事业是一项新事业，马克思没有讲过，我们的前人没有做过，其他社会主义国家也没有干过，所以，没有现成的经验可学。我们只能在干中学，在实践中摸索。"③ 只能通过实践、认识、再实践、再认识的反复过程，逐步取得规律性的认识。"摸着石头过河"实际上就是脚踏实地、尊重实践、从实践中摸索经验和规律，它强调一切要从实际出发，实事求是，稳步有序地推进改革，这是一种社会实践的方法，是试点探索、投石问路的方法。比如，"对看得还不那么准、又必须取得突破的改革，可以

---

① 参见《习近平关于全面深化改革论述摘编》，中央文献出版社，2014，第 6 页。
② 《马克思恩格斯文集》第 4 卷，人民出版社，2009，第 302 页。
③ 《邓小平文选》第 3 卷，人民出版社，1993，第 258～259 页。

先进行试点，摸着石头过河，尊重实践、尊重创造，鼓励大胆探索、勇于开拓，在实践中开创新路，取得经验后再推开"。① 正是依靠"摸着石头过河"的方法，我国改革开放是先易后难、循序渐进，从农村到城市、从沿海到内地、从局部到整体不断深化的过程，从而取得了巨大成就。习近平总书记指出："摸着石头过河，是富有中国特色、符合中国国情的改革方法。"② 这一方法既符合历史唯物主义认识论对社会有机体发展客观规律的认识过程，又符合事物从量变到质变的辩证法。

另一方面，社会有机体是一个各种要素各个方面内在联系、相互作用的有机整体，"要研究这个机体，就必须客观地分析组成该社会形态的生产关系，研究社会形态的活动规律和发展规律"③。这就是说，社会作为一个有机系统，必须从整体性、总体性特征的高度，才能把握其发展的一般规律。同样，我们在推进中国道路、实施改革开放的过程中，既要运用"摸着石头过河"的方法论在人民群众不断的历史实践中摸索改革的前行路向，更要加强顶层设计，系统地具体地历史地分析中国社会运动及其规律，在认识世界和改造世界的过程中不断把握规律、积极运用规律，以开辟中国特色社会主义发展的新境界。事实上，当前中国的改革已进入攻坚期和深水区，推进改革的复杂程度、敏感程度、艰巨程度都是前所未有的，长期"摸着石头过河"无法解决当今社会有机体出现的新情况新问题，这就需要我们依据不断变化的实际情况，"在深入调查研究的基础上提出全面深化改革的顶层设计和总体规划……加强对各项改革关联性的研判，努力做到全局和局部相配套、治本和治标相结合、渐进和突破相促进"，④ 更加注重改革的系统性、整体性、协同性，统筹推进重要领域和关键环节的改革，这是"摸着石头过河"发展到今天的必然要求，也是确保社会有机体稳定发展的重要前提。

"摸着石头过河和加强顶层设计是辩证统一的，推进局部的阶段性改革开放要在加强顶层设计的前提下进行，加强顶层设计要在推进局部的阶

① 《习近平关于全面深化改革论述摘编》，中央文献出版社，2014，第33页。
② 《习近平关于全面深化改革论述摘编》，中央文献出版社，2014，第34页。
③ 《列宁专题文集·论辩证唯物主义和历史唯物主义》，人民出版社，2009，第185页。
④ 《习近平关于全面深化改革论述摘编》，中央文献出版社，2014，第32页。

段性改革开放的基础上来谋划"。① 从社会有机体发展的一般规律来看，无论是"摸着石头过河"，还是进行顶层设计，其目的是理顺或解决生产力与生产关系的矛盾、经济基础和上层建筑的矛盾，只有把这两对矛盾运动结合起来考察，把社会基本矛盾作为一个整体来考察，才能全面把握整个社会有机体的基本面貌和发展方向，才能从纷繁复杂的事物表象中把准改革脉搏，把握全面深化改革的内在规律，才能保证改革开放既具有前瞻性又具有探索性，既具有谋划性又具有突破性，才能确保中国特色社会主义社会有机体变革稳步推进。

中国道路以其独特的方式走出了一条在经济文化落后的国家实现跨越式发展的强国富民之路，这条道路深深植根于中国大地，它所展现的人类社会发展规律下各民族国家发展道路的多样性，生动阐明了中国走自己选择的道路的可能性和合理性，它以丰富的内涵结构要素、鲜明的民族发展特质、严整的内部逻辑体系，揭示了中国特色社会主义的社会结构、运行机制、发展规律和发展前景，大大丰富了马克思主义社会有机体理论的宝库。同时，马克思主义社会有机体理论又以其对人类社会发展的科学研判和预见，为我们正确认识和全面把握中国道路的内在要素、系统结构、整体面貌提供了方法论指导，也为中国道路的自我调节、自我创造、自我创新和自我完善指明了未来的发展方向。

---

① 《习近平关于全面深化改革论述摘编》，中央文献出版社，2014，第35页。

第十二章　马克思主义社会有机体思想与人类命运共同体

当今世界正处在一个重要的转折关头：一方面人类社会有机体发展已从地域性民族国家有机体迈入世界性有机整体形成的时代；另一方面这个时代人类社会有机体正面临着局部战争、恐怖主义、气候变化、海洋酸化、物种灭绝、金融危机、网络安全、贫富差距巨大等重大现实问题的挑战。正是在人们不断追问这个世界怎么了以及人类社会有机体的未来究竟走向何处的时代背景下，习近平提出了构建"持久和平、普遍安全、共同繁荣、开放包容、清洁美丽"的人类命运共同体的思想，这既是当代中国共产党人洞悉世界历史发展大势、关注人类命运前途而建构的理论谱系，也是应对人类面临许多共同挑战而提出的实践方略；这不仅是一种国际外交战略，更是一种面对资本主义占主导地位、社会主义还处在逆境中成长这一时代困境中人类社会如何最终走向"自由人联合体"而提出的一种世界发展范式革命的深层探索，充分彰显了唯物史观的理论旨归。

一　人类命运共同体的生成逻辑：人类社会有机体是一个从"地域性"生存状态走向"世界性"发展状态的历史过程

自哥伦布发现新大陆和欧洲工业革命以来，人类社会有机体的演进开始由孤立、封闭、分散走向普遍联系和整体发展。从那时起，任何一种真正具有现代意义上的社会发展理论，都必须对这一世界性历史变化的有机整体给出自己的科学解释。马克思认为，人类社会有机体在本质上是人与人之间相互交往活动的产物，人们通过形式多样的各种交互活动而形成纷繁复杂的社会关系，进而产生了人类社会这个有机共同体。同时，随着交往的不断扩大和资本主义世界市场的开辟，原先民族国家之间孤立、封闭的发展状态被消解，人类社会的历史由此进入了"世界历史"时代，整个世界发展成为一个巨大的有机体。马克思、恩格斯在《德意志意识形态》中指出，大工业"首次开创了世界历史，因为它使每个文明国家以及这些国家中的每一个人的需要的满足都依赖于整个世界"①。这样，不同民族、不同国家、不同地区之间的普遍交往和同生共存就成为人类社会生活的历史常态，此时，每个民族国家无论是先进还是落后，都是世界有机体这个超大系统中不可分割的重要组成部分，都不可能脱离它而孤立地存在与发展。这表明，当人类社会从"地域性"生存状态走向"世界性"发展状态时，各民族国家有机体也就在一个更宽广的时空界域中运行发展，进而人们对自身交往空间的认识也将超出本民族国家有机体这一特定的内涵范畴而具有了"世界性"意义。这正是"人类命运共同体"生成的历史逻辑。

第一，人类命运共同体是民族国家有机体向世界有机体发展的逻辑使然。在世界历史新时代，任何民族国家作为世界有机体的构成部分都处在紧密的相互联系之中，并且这种联系不是简单的机械联系，而是在更高层面上部分从属于整体的有机联系和生命运动。在这里，任何民族国家之间的矛盾冲突都会引起世界有机体内部秩序和平衡的破坏，因此，要推动世界有机体进步发展就必须使各民族国家携起手来共同建设一种相互联系、彼此尊重、合作共赢的新型国家关系，以抵制一味追求资本利益和剩余价值的旧理念，创造一种符合世界历史新时代变化发展要求的新理念，这是人类命运共同体生成的逻辑使然。那么，一个民族国家是否就一定要接受世界历史新时代所催生的人类命运共同体呢？答案是肯定的。因为人们自己创造自己的历史，推动社会有机体发展的主体是人，人类之所以有历史并不在于人类是孤立的个体，而在于人类的社会结合，正是这种人类社会结合的共同体保持着历史的进步发展。个体是有生有灭的，而整体则继续前行，传承着人类的一切文明成果。所以在历史走向世界历史时，更为广

---

① 《马克思恩格斯选集》第1卷，人民出版社，2012，第194页。

阔的代表人类进步发展方向的命运共同体必然逐渐生成。维科在他的《新科学》一书中指出："起源于互不相识的各民族之间"尽管在最初"彼此在时间和空间上都相隔很远"，但"必有一个共同的真理基础"① 支配着它们创造人类历史而永恒地保持下去，所以，探寻建构一种联结各民族国家命运共同体的普遍共识是有可能的。黑格尔认为："不同他人发生联系的个人不是一个现实的人，同样，不同其他国家发生关系的国家也不是一个现实的个体。"② 因而无论是个人还是民族国家都必须把发展普遍交往作为发展自身的必要条件，否则个人就不是现实的个人，国家就不是现实的国家。尽管孤立主义在一定程度上可以保护着国内的工商业发展，但终究会因徘徊于经济全球化之外而带来经济衰退和文化保守，进而逐步远离世界现代化的发展大道。因此，在世界有机体的历史语境中，各民族国家之间相互联系、相互依存日益加深，必须以积极的心态参与经济全球化，融入全球资本增值的利益纽带，在经济全球化进程中寻找机会发展自己，同舟共济，休戚与共，共同推动世界有机体朝着开放、包容、普惠、合作、共赢的方向发展。正如恩格斯所说："只要进一步发挥我们的唯物主义论点，并且把它应用于现时代，一个强大的、一切时代中最强大的革命远景就会立即展现在我们面前。"③ 人类命运共同体就是新时代世界各民族国家和人民的"革命远景"。

第二，人类命运共同体是民族国家有机体发展内在历史规律性的必然诉求。人类社会有机体虽是一个复杂的共同体，"是一个能够变化并且经常处于变化过程中的有机体。"④ 但同时又有它内在的发展规律性，其最终的结果是由无数单个意志力量相互作用而产生的力的平行四边形的一个合力，这一合力结果"作为整体的、不自觉地和不自主地起着作用的力量的产物"⑤ 是不以人们的意志为转移的。这就是说，尽管单个民族国家有机体的世界交往行为是有意识、有目的、有计划的，有着自己的利益目和特殊动机，但它们的交往行为所造成的结果却不依赖于单个民族国家有机体

① 〔意〕维科：《新科学》，朱光潜译，商务印书馆，2011，第108、159页。
② 〔德〕黑格尔：《法哲学原理》，范扬、张企泰译，商务印书馆，2011，第393页。
③ 《马克思恩格斯选集》第2卷，人民出版社，2012，第9页。
④ 《马克思恩格斯选集》第2卷，人民出版社，2012，第84页。
⑤ 《马克思恩格斯选集》第4卷，人民出版社，2012，第605页。

的意志而是具有客观规律性，是"历史合力"运动的结果，即人类社会有机体发展的总趋势是不以任何人的意志为转移，这是人类命运共同体得以提出和构建的历史必然诉求。换句话说，尽管各民族国家有机体因资本追求利益最大化而形成的矛盾、冲突和危机等负面影响，就资本逻辑本身是无法被克服的，但由于人类社会发展具有内在的客观规律性，总是从野蛮到文明、从无序到有序、从简单到复杂、从低级到高级、从地域性到世界性向前运动发展的，并且在不同的历史阶段，人类社会有机体具体的表现形态是不同的。因此，随着世界历史发展的新变化，构建一种新的更高级的有机体组织形态就成为新时代的必然诉求，而人类命运共同体就是这种新的更高级的有机体组织形态，它将彻底抛弃资本逻辑所造成的一切人的异化与分裂，克服以往以牺牲一部分人作为社会发展代价的弊端，使人类社会有机体朝着更为有序、协调、和谐、理性的趋势发展。同时，在世界历史大背景下，使各民族国家有机体之间的相互学习、相互借鉴成为可能。所以，我们在考察人类命运共同体生成时，必须把握两点：一是要把人类命运共同体作为一个世界性有机整体来分析，才能揭示其生成的理论逻辑和时代意义，它不是针对某一个民族国家有机体的历史发展提出的特殊方案，而是体现世界历史发展一般规律的理论构想。二是要充分重视世界历史语境对各民族国家发展道路的影响和制约，即在世界有机体中，每个民族国家有机体的发展都离不开世界历史大环境的影响，民族国家有机体发展一旦融入全球化世界历史进程，就不可能再退回来，就必须遵循世界性有机整体发展的内在历史逻辑。这为人类命运共同体思想理念的提出与建构提供了坚实的哲学依据。当然，世界是多元化的，人类命运共同体战略理念的提出并不是要排斥和取代各民族国家有机体发展的特殊性，相反，它强调的是要在尊重人类文明多样性的基础上积极发展各民族国家有机体的普遍交往，以彰显民族个性和特色。鲁迅先生曾说过，只有民族的才是世界的。正是不同民族国家有机体发展的共同合力推动着人类命运共同体构建的历史进程。

第三，人类命运共同体是民族国家有机体走向"自由人联合体"的现实选择。马克思在考察人类社会有机体历史演进的规律时，透过纷繁复杂的社会历史现象，通过对人的发展与社会共同体关系变化的深入剖析，将人类社会有机体发展依次划分为三个历史阶段："人的依赖关系"阶段、

"物的依赖关系"阶段和"人的自由个性"发展阶段。① 第一阶段是人的发展的最初阶段，由于生产能力所限人们只能在狭小的地域内孤立地生存发展，进而以血缘和地域关系结成一种自然共同体（地域共同体）。随着分工和交往的不断扩大，自然共同体（地域共同体）逐渐瓦解，并为一种抽象的或虚幻的共同体所取代，人的发展进入"以物的依赖性"为本质特征的第二阶段。此时，由于生产力的发展和物的交换关系的普遍，人在一定程度上不再直接地依赖于某种共同体或他人，而是依赖于商品、货币和市场等，人看似"独立"，却成为自己创造出来的物的奴隶，失去了自主性。在第三阶段，随着交往和生产力的普遍性发展，人们将不断摆脱对物的依赖，自由支配的时间将不断增加，"所有自由时间都是供自由发展的时间"，"财富的尺度决不再是劳动时间，而是可以自由支配的时间"，② 每个人的社会关系都得到全面发展，社会交往得以摆脱民族和地域的限制，人类最终挣脱资本的枷锁，实现真正自由平等的劳动者联合体。在这里，马克思深刻揭示了资本主义"虚幻共同体"与共产主义"自由人联合体"的本质区别：资本主义是以资本增值剥削为目的，共产主义是以人的全面发展为目的，这样就把人类社会有机体发展的最终目标与自由人联合体有机结合起来，辩证地阐明了两者发展的一致性。

然而，人类社会有机体不可能一下子就从以物的依赖关系步入自由人联合体的理想目标，资本逻辑造成了人们为了个人利益和特殊利益进行激烈的竞争和矛盾斗争，利己主义、拜金主义使人变成了毫无精神诉求和价值尊严而只追求物质利益的单向度的人。这表明，资产阶级按照资本逻辑为自己创造的文明世界是一个严重的畸形世界，必然走向正义的反面而为生产资料公有制的社会主义社会所代替。但资本主义社会在它所容纳的全部生产力发挥出来之前是不会自行灭亡的，新的更高级的社会到来又需要一个孕育和准备的漫长历史过程。因此，在高度发达的社会生产力、物质财富充盈奔流的"人的自由个性"阶段还未到来的时刻，就需要有一个为实现"自由人联合体"崇高目标创造现实条件的历史孕育或准备阶段，以克服人类"以物的依赖关系"生存状态中所产生的种种劳动异化、阶级剥

---

① 《马克思恩格斯文集》第 8 卷，人民出版社，2009，第 52 页。
② 《马克思恩格斯选集》第 2 卷，人民出版社，2012，第 787 页。

削、民族压迫、武力霸权等现代性难题和痛楚，而当前中国致力于推动构建"人类命运共同体"正是要摆脱人对物的依赖，为最终实现共产主义"自由人联合体"创造历史前提。从这个意义上说，构建"人类命运共同体"是在新的世界历史条件下推动人类解放和实现自由全面发展的现实选择与必经之路，这一理论构建是一个宏大的战略愿景，也是一个全新的世界性实践，它在承认世界不同民族国家、不同社会制度和发展道路、照顾世界各民族国家间正当利益和竞争，以及在尊重互信、包容开放、合作共赢等基础上，寻求人类社会发展共同体的"最大公约数"，以利于人类创造的多元文明永续发展，体现了人类社会有机体发展是合规律性与合目的性、人类整体长远利益与民族国家现实利益的有机统一，深刻揭示了人类社会有机体发展长时段历史与阶段性历史的辩证统一，科学地解决了"必然的现实世界"与"自由的未来世界"之间的有效联结。

二 人类命运共同体的时代意涵：人类社会有机体各构成要素相互联系、相互依赖，共同维护着世界历史的和谐发展

马克思在建构社会有机体理论时，总是把社会乃至世界看作一个有机体整体，强调社会不是个体的机械组合或简单叠加，"任何机体的有差别的方面，都处于由机体的本性所产生的必然的联系之中"，[①] 其内部结构各要素和组成部分，包括民族、国家、人、自然，以及其经济、政治、文化等每个社会生活领域并不是分散的、孤立的存在，它们既相对独立，又相互依存、相互影响、相互作用。虽然这些结构要素在世界有机体中都有各自的位置和发挥独特的作用，但都是这一有机整体中的分系统或部分，它们合力推动着世界有机体的发展，使世界有机体呈现出整体功能大于部分之和的特征。这表明，当代世界作为一个巨大的有机系统，必须从整体性、系统性和协同性特征的高度，才能把握其发展的客观规律，这是构建人类命运共同体的坚实理论基础。

第一，人类命运共同体坚持对话协商，以平等民主的政治理念为构建一个持久和平的世界有机体指明了新方向。作为世界有机体组成部分的各

---

① 《马克思恩格斯全集》第3卷，人民出版社，2002，第15页。

民族国家有机体特殊利益与世界人民共同利益之间的矛盾是否一定要在冲突斗争中才能解决？如果各民族国家有机体一味追求自身的特殊利益而无视世界人民的共同利益，那么凭目前发达国家的科学技术就足以破坏我们居住的星球，任何一场核战争都将是对人类社会有机体的毁灭，而我们还不具备逃离这颗星球的能力。因此，我们必须携起手来，打破民族国家有机体内部以及民族国家有机体之间的一切障碍，通过平等对话、互谅互商，寻求一种伙伴关系的共同发展旨趣来有效化解民族国家有机体特殊利益与世界人民共同利益两者之间的矛盾冲突，建设一个持久和平的世界有机体，以保护目前唯一提供我们生存延续的地球。历史地看，在世界历史形成的一定时期，资产阶级往往依靠武力、战争、殖民、剥削等手段和方式来提高社会生产力的发展，因而总是试图"使未开化和半开化的国家从属于文明的国家，使农民的民族从属于资产阶级的民族，使东方从属于西方"①。但资产阶级在给本民族国家带来巨大利益的同时，世界交往的形式也逐渐变得复杂多变和失范，给落后民族国家的人民生活带来了灾难。因此，在经济全球化、世界多极化、文明多样性时代，如何避免民族国家有机体之间的矛盾冲突，甚至战争，直接关系到世界历史发展的未来愿景。就当前世界格局来说，"人类命运共同体"的构建是唯一能避免的有效路径和发展的新方向，这是顺应世界人民共同利益和发展要求的共同体，既是对资本逻辑无限扩张所导致的国与国市场贸易的相互掠夺和零和思维的批判，也是打破民族国家地域界限，创造世界范围普遍交往新范式，将各民族国家地域历史进一步转变为相互影响、相互制约世界历史的宏大战略思考；既符合当代中国与国际社会所追求的根本利益，也彰显了人类社会的共同理想与美好追求，体现了中国作为负责任大国的历史担当，拓展了马克思主义社会有机体理论对民族国家内外部构成要素稳定有序发展问题的新理解。正如习近平所言："国家不分大小、强弱、贫富，都是国际社会平等成员，理应平等参与决策、享受权利、履行义务。"② 只有这样，各民族国家才能向着建设一个持久和平的世界有机体新方向发展。

第二，人类命运共同体坚持共建共享，以公道正义的交往方式为构建

① 《马克思恩格斯选集》第 1 卷，人民出版社，2012，第 405 页。
② 《习近平谈治国理政》第 2 卷，外文出版社，2017，第 481 页。

一个普遍安全的世界有机体提供了新思路。人类社会有机体是由众多民族国家组成的，民族国家的生存价值总是在自身与整个世界历史的普遍联系中显现出来，一方面民族国家是世界有机体中的民族国家，是"社会存在物"，从它作为价值客体来说，需要其对整个世界有机体这一价值主体做贡献，必须承担国际社会责任，遵守国际社会规则，维护国际社会秩序，为人类社会的共同利益做出更多的贡献，这样世界有机体才能前进和发展；另一方面民族国家作为价值主体要求世界有机体这一客体满足其自身的特殊利益需求，这是民族国家作为个体从整体中获得价值，是共同利益的享有者。因此，人类命运共同体坚持共建共享，强调每个民族国家首先要对世界有机体的共同利益发展负责任、做贡献，要共同参与国际社会利益财富的创造和积累，这是世界有机体利益成果实现每个民族国家共享的必要前提。只有在这个基础上，世界有机体成员才能在共建中实现共享，并且创造和贡献的财富利益越多，其享用的成果和权益就越多。因此，建设一个普遍安全的人类命运共同体是各民族国家的共同利益追求，它所倡导的共建共享、公道正义的安全格局是习近平在总结世界有机体形成中解决国际安全秩序经验教训后提供的新思路。一方面，中国作为发展中的大国将继续发挥大国应有的责任，支持联合国在处理各种国际事务中的积极作用，与广大发展中国家一道积极参与全球治理体系的改革和建设，并在这一落实进程中不断贡献"中国智慧"。另一方面，希望各民族国家依据自身的实际通力合作，特别是发达国家应抛弃"弱肉强食"的"丛林法则"，与世界人民一起共建人类美好家园。因为，在全球化时代，"没有一个国家能凭一己之力谋求自身绝对安全，也没有一个国家可以从别国的动荡中收获稳定"①，民族国家有机体只有树立共同、综合、合作、可持续的国际安全观，才能建设一个普遍安全的世界有机体。

第三，人类命运共同体坚持合作共赢，以宽阔开放的博大情怀为构建一个共同繁荣的世界有机体打开了新格局。世界是一个普遍联系的有机整体，各民族国家的发展离不开世界有机整体的发展，不同民族国家有机体之间在通过不断交往谋求自身发展的同时，需要团结一致共同应对整个世界面临的问题、风险和挑战。历史和实践都证明，封闭保守导致落后，开

---

① 《习近平谈治国理政》第 2 卷，外文出版社，2017，第 523 页。

放合作带来进步。在孤立的状态下，社会有机体延续过程中容易出现生产方式、生活方式、思维方式和管理方式的定型和僵化，往往会窒息生产力的发展。因此，为了保持世界有机体的发展活力，各民族国家有机体必须秉承合作共赢的开放精神，积极推进互帮互助、互利互惠，从其他民族国家有机体中汲取发展的智慧、养分，同时也用自身的发展促进世界的繁荣。近年来，中国着力推动二十国集团加强合作、推进"一带一路"建设和筹建亚投行等，搭建了许多合作共赢的发展平台，不断推动经济全球化朝着更加开放包容、普惠互利、合作共赢的方向发展，这不仅顺应了时代要求与各国合作发展的愿望，有利于各国的经济发展，还有助于加强不同文明交流互鉴，促进世界各国的繁荣发展。习近平强调："当今世界，各国相互依存、休戚与共。我们要继承和弘扬联合国宪章的宗旨和原则，构建以合作共赢为核心的新型国际关系，打造人类命运共同体。"① 这表明，以习近平为代表的中国共产党人已经自觉站在世界历史的高度来构思在资本主义经济还占世界经济主导地位的情况下如何促成一种新的世界格局来推进发达国家与发展中国家之间、资本主义国家与社会主义国家之间的交流合作，推动全球经济的新发展。事实证明，"各国经济，相通则共进，相闭则各退。"② 当今世界是全球化深入发展、各国经济加速融合的时代，各民族国家有机体之间的相互联系、相互依存、相互合作、相互促进的程度空前加深，国际社会日益成为一个你中有我、我中有你的命运共同体，任何一个国家都难以置身事外、独善其身，也难以在封闭的环境中谋求发展，必须顺应经济全球化潮流，走合作共赢的发展道路，才能建设一个共同繁荣的世界有机体。

第四，人类命运共同体坚持交流互鉴，以和而不同的文明视野为构建一个开放包容的世界有机体拓宽了新道路。开放性、多样性是人类社会有机体的重要特性之一，各民族国家有机体存在于一定的世界环境之中，它不是封闭的、自给自足的，而是开放的、处在与其他民族国家有机体持续不断的普遍交往中，通过与外界的普遍交往而增强自身发展的空间和活力，呈现出越来越多的全球性特征。因此，世界历史形成以来，任何一个

---

① 《习近平谈治国理政》第 2 卷，外交出版社，2017，第 522 页。
② 《习近平谈治国理政》，外文出版社，2014，第 337 页。

民族国家有机体都无法脱离其他民族国家有机体而独立存在。虽然各民族国家有机体发展的动力来自其社会的内部，但不同民族国家有机体之间的交往能够为自身发展带来新的思想、观念、知识、信息、技术等，在一定程度上丰富了各民族国家有机体的物质生活和文化生活，使世界有机体处于不断的运动发展变化之中。但同时，不同民族国家由于自身的历史传统、风俗习惯、社会环境不同而呈现出独特性，进而使人类文明又呈现出多样性特征。人类社会有机体发展所体现的开放性、多样性特征告诉我们，在构建人类命运共同体的历史进程中，要以开放包容的心态，在尊重世界文明多样性的前提下，以和而不同的文明视野开辟新道路，摆脱文明冲突论的言说，使不同文明之间的交流互鉴成为推动世界有机体发展进步的动力。习近平认为，"不同文明凝聚着不同民族的智慧和贡献，没有高低之别，更无优劣之分"①，有的只是特色和地域之别。在人类社会有机体发展的漫长历史长河中，各民族国家人民用勤劳的双手创造了丰富多彩、各具特色的世界多样文明，篆刻下一幅幅波澜壮阔的文明画卷，谱写了一曲曲动人心弦的文明乐章，因此，任何民族国家的文明成果都应得到尊重和传颂，而每一个人都应享受人类共同创造的文明成果。"人类命运共同体"的提出就是要让世界不同文明之间平等相待、取长补短、包容互鉴、兼收并蓄的思想认识成为人类社会的共同价值而植入人心，不断推动人类文明实现创造性发展。

第五，人类命运共同体坚持绿色低碳，以尊崇自然的红线思维为构建一个清洁美丽的世界有机体创造了新模式。人类社会是从自然界中演化而来，人与自然的关系是社会有机体最基本的关系，也是其存在和发展的前提性要素，因而一部人类社会发展史就是一部人与自然相互交流、互动的演进史。马克思指出："自然界是人为了不致死亡而必须与之处于持续不断的交互作用过程的、人的身体。所谓人的肉体生活和精神生活同自然界相联系，不外是说自然界同自身相联系，因为人是自然界的一部分。"② 因此，要使人类社会有机体保持和谐、持久的运行状态，就必须批判在资本逻辑主导下生产生活方式所造成的反生态性与逆自然性，自觉地将自然融

---

① 《习近平谈治国理政》第 2 卷，外文出版社，2017，第 524 页。
② 《马克思恩格斯选集》第 1 卷，人民出版社，2012，第 55～56 页。

入历史和社会之中，从而寻找破解资本主义制度下人与自然异化的钥匙，确立尊重、顺应和保护自然的生态红线思维，像对待生命一样对待自然环境，自觉推动绿色、循环和低碳发展，促进人与自然的和谐相处。进一步说，就是任何时代的经济社会发展都不能以破坏和牺牲资源环境为代价，必须充分考虑资源和环境的承受能力，当代人应该为下一代人的更好生存和发展留下空间和条件，最终实现人、社会与自然环境的和谐发展。从这个意义上说，习近平所倡导的绿色、低碳、循环、可持续的生产生活新模式，建设一个清洁美丽的世界有机体，既是对马克思"人的自然化"思想的继承发展，又是当下"人类命运共同体"构建的内在要求。可以说，"人类命运共同体"战略理念既包含着对资本主义工业文明所带来的人与自然异化矛盾的关切，也蕴含着将这种矛盾转化为人与自然和谐共生的价值主旨，更蕴含着整个世界有机体可持续发展与人的全面发展的宏伟远景。为此，一方面我们要用绿色发展的理念来破解发展是硬道理与生态保护是红线的"两难"困境，坚持生态环境保护优先，在推进经济社会发展时不能超出生态自我修复能力范围，进而把生态保护优势转化为经济发展优势，达到坚持经济发展为中心与有效保护生态环境的辩证统一。另一方面世界各民族国家都应充分认识建设生态文明关乎人类社会有机体发展的未来，应该携手同行，从尊崇人与自然和谐统一的辩证思维出发，共寻人类永续发展之道，共谋全球生态文明建设之路，保护好人类赖以生存的地球家园。

三 人类命运共同体的实践路径：人类社会有机体发展需要历史合力推动才能保持稳定有序前进

如前所述，"生产力的普遍发展和与此相联系的世界交往"[①] 推动了世界有机体的形成，这为构建人类命运共同体创造了历史条件，提供了理论依据。但有了基础性前提和历史条件，并不一定就能真正构建起人类命运共同体，换言之，人类命运共同体的构建不可能一蹴而就。客观上讲，它还处在起步阶段，还面临诸多方面的严峻挑战，因而其构建是一个渐进的

---

① 《马克思恩格斯选集》第 1 卷，人民出版社，2012，第 166 页。

长期的复杂的历史过程，需要各民族国家同心打造，形成历史合力推动才有可能实现。

第一，积极推动世界各民族国家尽可能形成共同的思想意识和价值目标。当今世界有机体发展中面临的时代困境和普遍性问题，已经唤起了世界各民族国家携手构建人类命运共同体的时代需求，这是民族国家有机体间有可能结成新的时代共同体具有决定性的思想因素和内生动力。因为人类命运共同体本质上是一个价值和利益共同体，离开某种程度的价值和共同利益，离开各民族国家的思想意志，就不可能有结成共同体的强烈呼唤。对此，习近平提出："和平、发展、公平、正义、民主、自由，是全人类的共同价值。"① 因为这一共同价值体现了世界不同民族、不同国家、不同群体的共性利益诉求，这是构建人类命运共同体的核心价值。由于当代世界政治格局多极化影响，各民族国家有机体的国家利益诉求的差异是客观存在的，若不能在事关人类命运前途的终极价值关怀上达成基本共识，人类命运共同体的形成将是不现实的。因此，在构建人类命运共同体的过程中，需要针对现实世界客观存在的挑战和困难提出现实可行的具体方案，努力创造条件逐步推进，特别是在处理各种复杂的国际关系时，需要本着"君子和而不同"的原则，从维护人类共同利益和长远利益的目标出发，寻求各民族国家最大限度的思想价值共识。同时，由于政治多极化时代不同于以往冷战时代的意识形态思维，不同民族国家可以在尊重各自政治制度和意识形态差异的基础上，超越政治制度和意识形态的两极思维，为获得更多的共同利益目标而有效避免国际政治冲突。这是人类命运共同体得以建构的政治动力。在这里，一是要有效批判西方发达国家极力推行的所谓文化西方中心论的普世价值观，以及防止发展中国家因抵抗西方文化殖民侵略走上经济文化建设自我封闭和保守的极端道路，进而构建起一种符合世界有机体进步发展和全人类认可的共同价值。二是要把这种共同价值不断推向民族国家的具体实践和现实行动：一方面就当前世界物质财富的创造来说，首先要满足世界各国人民共同的基本生存需求，在此基础上，通过大力发展社会生产力，不断丰富人类的普遍交往，最终迈向自由人联合体；另一方面就新时代坚持和发展中国特色社会主义来说，要

---

① 习近平：《习近平在联合国成立70周年系列峰会上的讲话》，人民出版社，2015，第15页。

以人民为中心把我国的经济社会发展好，自觉坚定"四个自信"，不断创新广大发展中国家走向现代化的新途径，为解决现时代人类遭遇的深刻危机提供中国方案。

第二，努力促进世界各民族国家通过现代生产力发展方式的深刻变革形成共同的利益纽带。马克思主义认为，人类社会有机体发展的根本动力来自物质生产方式的运动变化，它制约着整个社会生活、政治生活和精神生活的过程。因此，推动人类命运共同体建构首要重视现时代生产力发展方式的深刻变革，如果现时代生产力发展方式的转换和变革能够支撑人类命运共同体生成的物质利益需求，那么这一构建任务的实现就有希望。现实的困境是，由于各民族国家发展需求的无限性和全球资源条件的有限性，民族国家就不得不在有限的世界资源环境下为本国的物质利益而与他国进行激烈的争夺，甚至不惜诉诸武力和战争，这必然带来一个不可忽视的严峻问题，如果一个共同体成员国在大家庭集体利益中得不到有效的回报，就必然会反对或退出这一共同体。因此，世界各民族国家共同追求一种新的促进大工业发展和提高社会生产力的发展方式就势在必行，这将从根本上改变人类社会有机体的生存和发展方式。就现时代生产力革命来看，由于以新科技、互联网为标志的先进生产力的普遍发展，社会生产力发展方式出现了新的变化和赢得了新的拓展空间，逐渐从传统地理学意义上的空间生产向网络虚拟空间生产发展。比如网络信息化的飞速发展，使世界迅速联成一个巨大的利益整体，为构建人类命运共同体创造了无限的空间平台。它一方面有利于社会主义发展中国家实现弯道超车，迅速利用云计算、大数据、人工智能等最新科学技术重构生产要素，加快转变经济发展方式，推动经济结构转型升级，加速推进现实社会生产力的发展，为社会主义最终战胜资本主义积聚巨大的物质财富；另一方面网络空间的开放性和无限扩展改变了现时代社会物质生产方式和生活方式、引起了世界各国生产关系的极大变革，改变了世界各国人民政治、经济和文化社会生活的理念和模式，不断消解着原先由资本主义国家主导的国际政治经济秩序，给发展中国家追求自由、平等、和谐的生产和生活空间带来了新契机新希望，大大推动了世界有机体向更加普遍更高层次的方向发展。这样，互联网信息技术的发展，使现代社会生产力发展方式摆脱了原先受地理空间的局限，从而获得了更加开放和广阔的发展前景，它所产生的物质效益使世界各民族国家人民普遍感受到了实实在在的利益实惠，这将有力促进世界各民族国家人民对构建人类命运共同体的感知认识和坚定的价值信念。

第三，在充分尊重世界不同民族国家文明发展道路存在客观差异的基础上实现共同发展。马克思在考察人类社会有机体发展的一般规律时，明确指出，如果有人试图将他"关于西欧资本主义起源的历史概述彻底变成一般发展道路的历史哲学理论"确定为"一切民族，不管它们所处的历史环境如何，都注定要走这条道路"，那将会给他带来"过多的侮辱"。① 按照马克思的理解，尽管人类社会有机体从世界历史总体发展趋势来看，最终都将走向现代化、走向人类真正共同体——"自由人联合体"，但由于世界各民族国家的具体历史境况和文化传统不尽一致，它们在走向更高级的社会有机体时其发展道路是不一样的，存在路径的多种可能性。因此，我们在把握人类社会有机体发展秩序和线索时，既要看到世界文明发展大道的统一性，又要看到具体民族国家文明发展道路的多样性，把握两者的辩证关系：一方面，人类社会有机体更替发展的统一性是通过不同民族国家不同的发展道路体现出来的，世界历史发展的一般规律并不排斥不同民族国家发展道路的特殊性；另一方面，人类社会有机体发展的多样性不能否定世界历史发展最终走向"自由人联合体"的总体趋势。这一辩证关系充分体现了人类解决自身矛盾和问题的能力以及具有的创造性。因此，在当下构建具有历史阶段性特征的人类命运共同体时，必须充分尊重和维护不同民族国家自主选择发展现代化道路与建构社会制度的权利，取长补短，相互借鉴，在尊重差异的基础上实现共同发展。一定意义上讲，实现现代化是当今世界各民族国家发展的核心问题，无论是资本主义现代化道路还是社会主义现代化道路，从世界历史发展的总趋势来说，社会主义现代化必然代替资本主义现代化。同时，世界历史时代决定经济文化相对落后的民族国家选择社会主义现代化道路，可以避免资本主义现代化道路"卡夫丁峡谷"的苦难。这就是说，发展中国家完全可以站在现有人类文明成果的基础上，大大缩短工业化和工业文明的进程，快速走上一条可持续发展的生态文明道路，并减轻甚至跳过现代性造成的困境，加入人类命

① 《马克思恩格斯选集》第3卷，人民出版社，2012，第730页。

运共同体的行列之中，在其中实现自身的跨越发展。

　　第四，不断增强中国特色社会主义制度巨大优势和现代化道路成功实践的示范效应。世界历史形成和发展的错综复杂性表示着人类命运共同体的构建并不会一帆风顺，西方列强的怀疑、阻挠，甚至拒绝在所难免，一些发展中国家也会从各自国家利益从发，采取观望态度。如何改变这一现实状况？一个重要途径就是要充分展示新时代中国特色社会主义制度的巨大优势和光明前景，以及中国特色社会主义现代化道路成功实践的示范效应和由此激发的内生动力。一方面，科学社会主义作为人类社会有史以来最先进的社会制度，从诞生起就代表着人类社会的历史趋势和美好未来，始终坚持主张人与人之间、民族国家之间一律自由、平等、民主、公平、正义的人类共同价值，反对一切阶级剥削、民族压迫和霸权殖民行为，并通过民族国家间的平等合作、交流互惠来促进人的解放和达到全人类的共同发展，从而形成真正意义上的人类命运共同体。可以说，科学社会主义的发展历程是与人类命运共同体的生成发展紧紧联系在一切的。另一方面，尽管当下还是资本主义经济占世界主导地位，主导着经济全球化，但资本主义生产资料私有制所造成的劳动异化、少数人剥削多数人、相对贫困人口比例增加、经济周期性停滞和危机、政党竞争内耗剧增、抢劫贩毒活动猖獗、恐怖袭击事件频发等无法解决的痼疾，使西方资本主义国家面临着一系列经济、政治、文化、社会的生存危机，这种资本主义的世界性危机与危害，时刻警醒着人们必须更加理性地反思资本主义发展的历史轨迹，认清资本主义制度的本质，促使人类更加迫切地选择和建构一种脱离资本主义危机，真正带来自由、平等、公正和正义的人类命运共同体。事实上，当今世界面临的诸如恐怖主义、宗教冲突、金融危机、环境污染、疾病传播、毒品走私、难民潮等不仅威胁着世界各国人民的和平安全，而且也深深威胁着发达资本主义国家的政治统治，它们也不能幸免，不能独善其身。因而世界各民族国家必须携起手来探寻一种新的命运共同体才能共同应对世界性危机的挑战，这将有力推动着世界各国人民对构建人类命运共同体认知水平的提升和现实条件的形成。特别是中国特色社会主义现代化的成功实践，向世界展示了中国特色社会主义制度的巨大优势和强大生命力，世界各国人民有力见证了中国特色社会主义制度下人民共建共享改革成果的历史画卷。同时，经过中国人民长期艰辛探索而开辟成功的中国特色社会主义现代化道路充分体现了人类社会有机体发展一般规律和特殊规律的有机统一，给广大发展中国家进行现代化事业提供了弥足珍贵的实践观照和时代价值，使他们越来越认识到西方发达国家政治制度理念和经济发展模式所谓"唯一性"的苍白乏力，增强了他们学习和借鉴中国道路、中国模式、中国方案的信心。这一切告诉我们，虽然当代世界社会主义还处在弱势，但中国特色社会主义开创了世界社会主义的新时代，代表了人类社会有机体发展的新前途，它所倡导的不同民族、不同国家、不同阶层共建共享全球发展成果的"中国方案"将获得越来越多世界各国人民的普遍赞许和拥护，人类命运共同体建构的内生动力将不断增强，现实基础将加快形成，其前景将更加辉煌、更加光明。

　　人类命运共同体是世界历史新时代民族国家有机体从地域性走向世界性有机整体的逻辑使然，是马克思主义社会有机体理论合乎逻辑的运用、创新与发展，是新时代习近平中国特色社会主义思想的重要理论成果，深刻体现了以习近平为代表的中国共产党人对人类社会发展规律的最新体悟和科学阐释，以及对中国发展道路和经验的高度凝练，大大丰富了21世纪马克思主义的理论内涵。这一原创性概念和理想蓝图，与一切资产阶级仅仅把"共同体"看作追求某种特殊阶级利益的群体不同，它摒弃了民族国家有机体作为个体特殊利益与全世界人民共同利益之间、资本主义利益与社会主义利益之间的矛盾，蕴含着人类对美好社会生活共同价值利益的执着追求，揭示了当今世界历史新时代克服现代性危机走向未来理想社会的思想自觉和基本路径，彰显了当代中国共产党人推动人类社会有机体发展的历史担当。当然，人类命运共同体要从战略构想转化为现实生活、从"中国话语"转化为"世界话语"，没有现成的经验和模式可供学习和借鉴，是人类一种全新的实践创新，不可能一帆风顺、一蹴而就。因此，我们必须面对世界各民族国家现代化发展道路和社会制度客观存在的差异、面对世界资本主义还占主导地位和社会主义还在逆境中成长的客观现实，以自觉的理论力量和务实的科学态度，在尊重人类文明多样性的基础上，积极推动人类共同价值的追求和现代生产方式的变革，充分发挥中国特色社会主义成功实践对世界的示范效应，通过全球治理体系的不断改革和建设，使人类命运共同体一步一步变成美好现实。

结　语

　　社会有机体思想是马克思主义唯物史观的重要组成部分，是正确分析人类社会结构、功能、动力、交往、机制、运行和发展规律的科学理论，对揭示人与自然、人与社会、自然与社会相互关系具有直接的阐释力。然而，长期以来我们在理解社会发展理论时，往往忽略或遮蔽了马克思的社会有机体思想，这也造成了一些人把本来十分鲜活生动的社会历史运动教条化地理解为一般的社会形态更替，而没有看到人类社会发展的多样性和复杂性。同时，马克思之后的俄国和中国马克思主义者都对社会有机体的相关范畴进行了探索和论述，从而构成了马克思主义社会有机体思想的动态发展历程，并彰显了各自的时代特征和价值意涵，这为我们深化这一思想研究提供了广阔的学术空间和发展前景。

　　从马克思主义社会有机体思想的历史发展来看，可以体现在以下几个方面。

　　第一，马克思社会有机体思想实现了对以往哲学家有关社会有机体思想在社会历史领域的革命性变革，因而在历史唯物主义理论体系中占据重要的地位与作用。在马克思之前，古希腊哲学家柏拉图就提出社会内部各成员因分工而相互联系、相互作用，并结成一种功能互补的有机系统，亚里士多德则认为城邦共同体是满足人类需要结成的各自相对独立又保持整体和谐的社会机体。近代哲学家康德较早从目的性的因果联结中对自然物的有机体特性进行了分析，黑格尔则进一步把有机体作为一个分析范式应用于对国家范畴的理解上，认为国家是一个机体。孔德第一次将有机体概念引入社会学领域以阐释社会秩序、社会稳定和社会变迁，斯宾塞则提出社会是一个自我调节自我发展的有机系统，与生物有机体具有相似性和异质性。所有这些在一定程度上阐释了社会作为一个有机体所具有的整体性和协调性功能，但它们要么是建立在唯心主义或思辨哲学基础之上，要么是把复杂的社会机体与生物机体进行简单、庸俗或机械类比，因而都未能科学揭示社会有机体的本质内涵、发展动力和规律。马克思以开放的理论视野，批判地继承了前人的思想，通过对典型资本主义社会的剖析，将社会发展置于人的实践活动基础之上，从而科学地揭示了人类社会有机体的生成机理、内部结构、本质特征和发展规律，实现了社会历史领域的根本性变革。

第二，以列宁为代表的俄国无产阶级革命家，包括普列汉诺夫和布哈林，在领导俄国革命和社会主义建设的历史实践中，结合俄国具体实际，对苏维埃社会有机体的生成基础、内涵结构和运行规律等进行了深入阐述，形成了具有俄国时代特色和丰富历史辩证法的社会有机体思想。列宁认为任何社会有机体的发展都不是一成不变的，它是一个"处在不断发展中的活的机体"，呈现出一般与特殊、统一与多样的有机结合；苏维埃共和国有机体的健康发展离不开阶级斗争和无产阶级专政；党的纲领是无产阶级政党这个有机体的旗帜与灵魂。普列汉诺夫在社会有机体结构方面创造性地提出了"五项因素公式"，即生产力、经济关系、政治关系、社会心理、思想关系，指出社会有机体五个因素之间存在"等级序列"和"因果关系"，社会意识自身有其变化发展的必然规律。布哈林则指出自然界是社会有机体的"培养基"，而劳动联系是社会凝结成一个有机整体的必要条件，并从"平衡——平衡的打破——平衡在新的基础上恢复"动态原理提出了人类社会有机体发展的动力和规律，这对我们维护社会的平衡、协调和稳定具有重要的启示意义。

第三，在中国革命的历史进程中，以毛泽东为代表的中国共产党人依据近代以来中国社会形态变革的时代特征和国内外错综复杂的历史环境，对近代中国社会有机体的主要矛盾运动、系统结构、阶级与阶级斗争、本质特征、历史主体等都做了系统而深刻的研究和阐释，用以解答近代中国革命的性质、特点、动力、规律等问题，指导中国革命实践，因而具有强烈的时代性、实践性和革命性。

第四，在推进中国特色社会主义现代化建设的历史进程中，当代中国马克思主义者在反思中国社会主义现代化建设经验教训的基础上，从坚持以经济建设为中心大力发展生产力、解决社会主义社会基本矛盾的有效形式和根本途径、人与自然生态关系、以人民为中心改革各种不合理的体制机制以保持社会有机体高效稳定和有序运行、实现共享发展目标等方面进行了艰辛的探索，形成了具有鲜明民族特色和改革精神的社会有机体思想，丰富和发展了马克思主义社会有机体理论。

第五，当人类社会有机体从"地域性"生存状态走向"世界性"发展状态时，一种新的更高级更复杂的社会有机体必然呈现在人们的视野之中，这是当代中国提出构建人类命运共同体思想的时代语境。习近平这一关注人类解放和未来发展命运的原创性概念和理想蓝图是对人类社会有机体发展规律的最新认识，蕴含着人类对未来美好社会生活共同价值利益的执着追求，揭示了当今世界克服资本逻辑无限扩张所造成的现代性危机而走向"人类命运共同体"的思想自觉和基本路径，为建设一个和谐、稳定、有序的世界有机体获得了崭新的理论价值，更为广大发展中国家在世界有机体中探索本国特色的发展道路提供了全新选择，彰显了当代中国共产党人推动世界有机体发展的历史担当。同时，中国道路的成功开辟、"五位一体"总体布局、"四个全面"战略布局、新发展理念等伟大实践都凝结着马克思主义理论家社会有机体思想的理论光辉，这是我们在新的历史条件下重新解读和认识社会有机体思想的动力之源。

通过研究，我们可以看到，马克思主义理论家在分析考察人类社会有机体发展时是以现实的人为基点，以物质资料的生产实践为基础，以回答和解决重大理论与现实问题为导向，以人的解放和自由全面发展为目标，把它作为一个有机系统来把握，进而反对一切离开社会有机整体性来孤立地认识和解释个别社会现象的观点，充分显示了这一思想的系统性、继承性、发展性和创新性。他们认为，物质资料的生产与再生产是人类社会有机体存在和发展的前提和基础，因而始终坚持以经济建设为中心，不断解放和发展生产力是社会主义的根本任务；社会有机体是一个从野蛮到文明、从简单到复杂、从低级到高级逐步演进的自然历史过程，也是人类有意识有目的地参与的不断进步的过程，具有内在的客观规律性；在构成人类社会政治、经济、文化这个巨大有机系统中，生产力与生产关系、经济基础与上层建筑的矛盾运动是推动其发展前进的根本动力，它制约着整个社会生活、政治生活和精神生活的过程；在阶级社会中，阶级斗争是客观存在的，是推动人类社会有机体发展的重要动力；人民群众是历史的创造者，是推动人类社会有机体发展的主体力量，必须坚持以人民为中心，从人民实践创造和发展要求中获得前进动力；人类社会有机体的更替往往通过各个民族不同的发展道路表现出来，社会发展的一般规律并不排斥不同民族在发展次序上的独特性，因而它是一个统一性与多样性、决定性与选择性、前进性与曲折性的辩证发展过程，近代以来中国走上社会主义道路是历史和人民的选择；人类社会是一个具有自我意识、自我革新和生命特征的有机体，处在一个生生不息、革故鼎新的持续进程中，因而改革是社会主义社会发展的强大动力，是解决中国特色社会主义社会有机体发展进步的必由之路和根本方法；由于资本主义生产资料的私有制与社会化大生产之间矛盾的无法克服，资本主义社会有机体必然为更高级的社会主义社会有机体所代替，"人类命运共同体"则是走向未来"自由人联合体"的逻辑使然，等等。总之，马克思主义社会有机体思想从根本上改变了以往一切历史唯心主义从意识、观念、思想、政治中寻找历史变动终极原因的观点，实现了社会历史观的根本性变革，充分揭示了人类社会有机体内部结构、更新机制、发展动力和普遍规律，展现了其运动发展的总体趋势与美好愿景，为推进人类社会发展进步事业提供了科学的世界观和方法论。

参考文献

一 文献著作

《马克思恩格斯文集》第 1～10 卷，人民出版社，2009。
《马克思恩格斯选集》第 1～4 卷，人民出版社，2012。
《马克思恩格斯全集》第 1 卷，人民出版社，1995。
《马克思恩格斯全集》第 2 卷，人民出版社，2005。
《马克思恩格斯全集》第 3 卷，人民出版社，2002。
《马克思恩格斯全集》第 10 卷，人民出版社，1998。
《马克思恩格斯全集》第 11 卷，人民出版社，1995。
《马克思恩格斯全集》第 12 卷，人民出版社，1998。
《马克思恩格斯全集》第 13 卷，人民出版社，1998。
《马克思恩格斯全集》第 14 卷，人民出版社，2013。
《马克思恩格斯全集》第 19 卷，人民出版社，2006。
《马克思恩格斯全集》第 21 卷，人民出版社，2003。
《马克思恩格斯全集》第 25 卷，人民出版社，2001。
《马克思恩格斯全集》第 30 卷，人民出版社，1995。
《马克思恩格斯全集》第 31 卷，人民出版社，1998。
《马克思恩格斯全集》第 32 卷，人民出版社，1998。
《马克思恩格斯全集》第 33 卷，人民出版社，2004。
《马克思恩格斯全集》第 34 卷，人民出版社，2008。
《马克思恩格斯全集》第 35 卷，人民出版社，2013。

《马克思恩格斯全集》第 44 卷，人民出版社，2001。

《马克思恩格斯全集》第 45 卷，人民出版社，2003。

《马克思恩格斯全集》第 47 卷，人民出版社，2004。

《马克思恩格斯全集》第 48 卷，人民出版社，2007。

《列宁专题文集》第 1～5 卷，人民出版社，2009。

《列宁选集》第 1～4 卷，人民出版社，2012。

《列宁全集》第 1 卷，人民出版社，1984。

《列宁全集》第 2 卷，人民出版社，1984。

《列宁全集》第 4 卷，人民出版社，1984。

《列宁全集》第 20 卷，人民出版社，1989。

《列宁全集》第 27 卷，人民出版社，1990。

《列宁全集》第 31 卷，人民出版社，1985。

《列宁全集》第 32 卷，人民出版社，1985。

《列宁全集》第 33 卷，人民出版社，1985。

《列宁全集》第 34 卷，人民出版社，1985。

《列宁全集》第 41 卷，人民出版社，1986。

《列宁全集》第 42 卷，人民出版社，1986。

《列宁全集》第 43 卷，人民出版社，1987。

《列宁全集》第 47 卷，人民出版社，1990。

《列宁全集》第 48 卷，人民出版社，1987。

《列宁全集》第 55 卷，人民出版社，1990。

《列宁全集》第 59 卷，人民出版社，1990。

《列宁全集》第 60 卷，人民出版社，1990。

《马克思恩格斯列宁论意识形态》，人民出版社，2009。

《斯大林选集》上下卷，人民出版社，1979。

《斯大林文集》，人民出版社，1985。

《毛泽东选集》第 1～4 卷，人民出版社，1991。

《毛泽东文集》第 1～8 卷，人民出版社，1993～1999。

《毛泽东早期文稿》，湖南出版社，1990。

《建国以来毛泽东文稿》第 1～13 册，中央文献出版社，1987～1998。

《毛泽东书信选集》，人民出版社，1983。

中共中央文献研究室编《毛泽东论文艺》，中央文献出版社，2002。

中共中央文献研究室编《毛泽东著作专题摘编》上下册，中央文献出版社，2003。

《周恩来选集》上下卷，人民出版社，1980～1984。

《刘少奇选集》上下卷，人民出版社，1981～1985。

《邓小平文选》第1～3卷，人民出版社，1994、1993。

中共中央文献研究室编《邓小平建设有中国特色社会主义论述专题摘编》，中央文献出版社，1995。

《邓小平文集》上中下卷，人民出版社，2014。

《江泽民文选》第1～3卷，人民出版社，2006。

中共中央文献研究室《江泽民论有中国特色社会主义（专题摘编）》，中央文献出版社，2002。

江泽民：《论"三个代表"》，中央文献出版社，2001。

江泽民：《论党的建设》，中央文献出版社，2001。

《毛泽东邓小平江泽民论科学发展》，中央文献出版社、党建读物出版社，2008。

《胡锦涛文选》第1～3卷，人民出版社，2016。

《习近平谈治国理政》，外文出版社，2014。

《习近平谈治国理政》第2卷，外文出版社，2017。

习近平：《论坚持推动构建人类命运共同体》，中央文献出版社，2018。

《习近平重要讲话文章选编》，党建读物出版社、中央文献出版社，2016。

《习近平关于全面深化改革论述摘编》，中央文献出版社，2014。

《习近平关于全面依法治国论述摘编》，中央文献出版社，2015。

《习近平关于协调推进"四个全面"战略布局论述摘编》，中央文献出版社，2015。

《习近平关于党风廉政建设和反腐败斗争论述摘编》，中央文献出版社，2015。

《习近平关于严明党的纪律和规矩论述摘编》，中央文献出版社，2016。

《习近平关于全面从严治党论述摘编》，中央文献出版社，2016。

《习近平关于科技创新论述摘编》，中央文献出版社，2016。

《习近平关于社会主义经济建设论述摘编》，中央文献出版社，2017。

《习近平关于社会主义政治建设论述摘编》，中央文献出版社，2017。

《习近平关于社会主义文化建设论述摘编》，中央文献出版社，2017。

《习近平关于社会主义社会建设论述摘编》，中央文献出版社，2017。

《习近平关于社会主义生态文明建设论述摘编》，中央文献出版社，2017。

《习近平新时代中国特色社会主义思想学习纲要》，学习出版社、人民出版社，2019。

《建党以来重要文献选编》第1~26卷，中央文献出版社，2011。

《建国以来重要文献选编》第1~20卷，中央文献出版社，2011。

《三中全会以来重要文献选编》上下，中央文献出版社，2011。

《十二大以来重要文献选编》上中下，中央文献出版社，2011。

《十三大以来重要文献选编》上中下，中央文献出版社，2011。

《十四大以来重要文献选编》上中下，中央文献出版社，2011。

《十五大以来重要文献选编》上中下，中央文献出版社，2011。

《十六大以来重要文献选编》上中下，中央文献出版社，2011。

《十七大以来重要文献选编》上中下，中央文献出版社，2009、2011、2013。

《十八大以来重要文献选编》上中下，中央文献出版社，2014、2016、2018。

《中国共产党第十九次全国代表大会文件汇编》，人民出版社，2017。

《圣西门选集》第1~3卷，商务印书馆，1979~1985。

《傅立叶选集》第1~3卷，商务印书馆，1979~1982。

《欧文选集》第1~3卷，商务印书馆，1979~1984。

《普列汉诺夫哲学著作选集》第1~5卷，三联书店，1959~1984。

《布哈林文选》（上中下），人民出版社，1981。

〔苏〕尼古拉·布哈林：《历史唯物主义理论》，人民出版社，1983。

〔苏〕尼古拉·布哈林：《过渡时期经济学》，三联书店，1981。

任建树主编《陈独秀著作选编》第1~6卷，上海人民出版社，2009。

《陈独秀文集》第1~4卷，人民出版社，2013。

《李大钊全集（修订版）》第1~5卷，人民出版社，2013。

《瞿秋白文集（政治理论篇）》第1~8卷，人民出版社，2013。

《李达文集》第1~3卷，人民出版社，1980~1984。

中共中央文献研究室编《毛泽东年谱（1893—1949）》上中下卷，人民出版社、中央文献出版社，2013。

中共中央文献研究室编《毛泽东年谱（1949—1976）》第1~6卷，人民出版社、中央文献出版社，2013。

中共中央文献研究室编《周恩来年谱（1949—1976）》上下卷，中央文献出版社，2007。

中共中央文献研究室编《邓小平年谱（1975—1997）》上下卷，中央文献出版社，2004。

中共中央文献研究室编《毛泽东思想年编（1921—1975）》，中央文献出版社，2011。

中共中央文献研究室编《江泽民思想年编（1989—2008）》，中央文献出版社，2010。

金冲及主编《毛泽东传（1893—1949）》，中央文献出版社，1996。

逄先知、金冲及主编《毛泽东传（1949—1976）》，中央文献出版社，2003。

中共中央文献研究室编《邓小平传》上下，中央文献出版社，2014。

薄一波：《若干重大决策与事件的回顾》上下卷，中共中央党校出版社，1991、1993。

李秀林等主编《辩证唯物主义和历史唯物主义原理》，中国人民大学出版社，2004。

王沪宁主编《政治的逻辑——马克思主义政治学原理》，上海人民出版社，2004。

中共中央宣传部理论局：《马克思主义哲学十讲》，学习出版社、党建读物出版社，2013。

北京大学哲学系外国哲学教研室编译《西方哲学原著选读》上下卷，商务印书馆，1981~1982。

苗力田主编《古希腊哲学》，中国人民大学出版社，1989。

《马克思主义哲学史》编写组：《马克思主义哲学史》，高等教育出版社、人民出版社，2012。

《马克思主义发展史》编写组：《马克思主义发展史》，高等教育出版社、人民出版社，2013。

《马克思恩格斯列宁历史理论经典著作导读》编写组：《马克思恩格斯列宁历史理论经典著作导读》，高等教育出版社、人民出版社，2012。

《马克思恩格斯列宁哲学经典著作导读》编写组：《马克思恩格斯列宁哲学经典著作导读》，高等教育出版社、人民出版社，2012。

《科学社会主义概论》编写组：《科学社会主义概论》，高等教育出版社、人民出版社，2011。

《中国哲学史》编写组：《中国哲学史》上下册，高等教育出版社、人民出版社，2012。

《西方政治思想史》编写组：《西方政治思想史》，高等教育出版社、人民出版社，2011。

《中国政治思想史》编写组：《中国政治思想史》，高等教育出版社、人民出版社，2012。

徐大同总主编《西方政治思想史》第 1～6 卷，天津人民出版社，2006。

王伟光主编《社会主义通史》第 1～8 卷，人民出版社，2011。

顾海良总主编《马克思主义中国化史》第 1～4 卷，中国人民大学出版社，2015。

陈先达等：《马克思主义基础理论若干重大问题研究》，经济科学出版社，2009。

陈先达：《马克思主义哲学十五讲》，人民出版社，2016。

孙伯鍨：《探索者道路的探索》，南京大学出版社，2002。

孙伯鍨、张一兵主编《走进马克思》，江苏人民出版社，2001。

张一兵：《回到列宁》，江苏人民出版社，2008。

刘林元、姚润皋主编《中国马克思主义哲学》上下卷，江苏人民出版社，2007。

尚庆飞：《国外毛泽东学研究》，江苏人民出版社，2008。

杨耕：《马克思主义历史观研究》，北京师范大学出版社，2017。

俞吾金：《邓小平：在历史的天平上》，上海人民出版社，1994。

宋进：《邓小平理论的风格》，河南人民出版社，2000。

任平：《当代视野中的马克思》，江苏人民出版社，2003。

何汉文：《俄国史》，东方出版社，2013。

姚海：《俄国革命》，人民出版社，2013。

郑异凡：《新经济政策的俄国》，人民出版社，2013。

徐天新：《斯大林模式的形成》，人民出版社 3013。

陈晓红：《斯大林的执政党理论与实践研究》，学习出版社，2014。

戴隆斌等：《斯大林模式若干问题研究》，中央编译出版社，2014。

程恩富主编《马克思主义经济思想史·苏联俄罗斯卷》，东方出版中心，2006。

陆南泉等主编《苏联兴亡史论》，人民出版社，2002。

俞良早：《马克思主义东方社会理论研究》，中共中央党校出版社，2006。

俞良早：《经典作家东方学说的当代发展》，人民出版社，2013。

李慎明主编《马克思主义国际问题基本原理》上中下卷，社会科学文献出版社，2013。

靳辉明主编《社会主义历史、理论与实现》，安徽人民出版社，2000。

张雷声：《马克思主义基本原理专题研究》，中国人民大学出版社，2015。

侯惠勤等：《马克思主义意识形态论》南京大学出版社，2011。

黄楠森等编著《列宁哲学思想的产生和发展》，广西师范大学出版社，1987。

袁贵仁：《马克思主义人学理论研究》，北京师范大学出版社，2017。

赵敦华：《西方哲学简史》，北京大学出版社，2001。

陶德麟、石云霞主编《马克思主义基本原理概论》，武汉大学出版社，2006。

张一兵、胡大平：《西方马克思主义哲学的历史逻辑》，南京大学出版社，2003。

衣俊卿：《西方马克思主义概论》，北京大学出版社，2008。

郑杭生、刘少杰主编《马克思主义社会学史》，高等教育出版社，2006。

赵家祥：《东方社会发展道路与社会主义的理论和实践》，商务印书馆，2017。

丰子义：《现代化的理论基础——马克思现代社会发展理论研究》，北京师范大学出版社，2017。

俞可平主编《全球化时代的"马克思主义"》，中央编译出版社，1998。

叶险明：《马克思的世界历史理论与现时代》，清华大学出版社，1996。

贾高建：《当代社会形态问题导论》，中共中央党校出版社，1993。

张凌云：《马克思的社会形态理论与当代社会主义》，武汉大学出版社，1999。

孙承叔：《亚细亚生产方式与当代社会主义形态》，东方出版社，2000。

陈小鸿：《论人的自由全面发展》，人民出版社，2004。

刘建新：《马克思现代性批判视阈中的人的全面发展》，人民出版社，2009。

谢晓娟：《文化多样性与当代中国软实力建设》，人民出版社，2015。

姜建成：《科学发展观：现代性与哲学视域》，江苏人民出版社，2008。

王永贵：《经济全球化与社会主义意识形态》，人民出版社，2005。

方世南：《马克思环境思想与环境友好型社会研究》，上海三联书店，2014。

彭大成：《湖湘文化与毛泽东》，湖南出版社，1991。

李君如：《毛泽东与近代中国》，福建人民出版社，1994。

李君如：《毛泽东与当代中国》，福建人民出版社，1991。

李君如：《毛泽东与毛泽东后当代中国》，福建人民出版社，1997。

顾肃、张凤阳：《西方现代社会思潮史》，山东教育出版社，2004。

阎孟伟：《论社会有机体的性质、结构和动态》，天津人民出版社，1995。

曾红宇：《马克思社会有机体思想研究》，中国社会科学出版社，2013。

朱聪明：《总体性与和谐发展——马克思社会有机体理论的历史考察与当代观照》，中国社会出版社，2013。

田洪星：《马克思社会有机体理论与当代实践》，山东人民出版社，2016。

韩庆祥、亢安毅：《马克思开辟的道路：人的全面发展发展研究》，人民出版社，2005。

金冲及：《二十世纪中国史纲》第 1～4 卷，社会科学文献出版，2009。

中共中央党史研究室：《中国共产党历史》第一卷（上下）、第二卷（上下）中共党史出版社，2011。

中共中央党史研究室编《中国共产党的九十年》（三卷本），中共党史出版社、党建读物出版社，2016。

胡绳主编《中国共产党的七十年》，中共党史出版社，1991。

庄福龄主编《马克思主义中国化研究》（第一、二卷），人民出版社，2009。

秦宣：《科学社会主义基础理论研究》，北京师范大学出版社，2017。

当代中国研究所：《中华人民共和国史稿》序卷、第 1～4 卷，人民出版社、当代中国出版社，2012。

林尚立：《当代中国政治形态研究》（第 2 版），天津人民出版社，2017。

林尚立：《当代中国政治：基础与发展》，中国大百科全书出版社，2017。

石仲泉：《毛泽东的艰辛开拓》（增订本），中共党史出版社，1992。

陈金龙等：《近代中国社会思潮与马克思主义中国化》，人民出版社，2013。

梅荣政主编《马克思主义中国化史》，中国社会科学出版社，2010。

胡键：《理解中国的改革——当代中国社会主义现代化理论与实践研究》，学林出版社，2015。

刘同舫：《马克思人类解放思想史》，人民出版社，2019。

任剑涛：《除旧布新：中国政治改革发展侧记》，中央编译出版社，2014。

章开沅、罗福惠主编《比较中的审视：中国早期现代化研究》，浙江人民出版社，1993。

许纪霖、陈达凯主编《中国现代化史》，上海三联书店，1995。

张乐天：《告别理想——人民公社制度研究》，东方出版中心，1998。

张静如：《中国共产党和中国现代化》，湖南出版社，1991。

罗荣渠：《现代化新论》，北京大学出版社，1993。

于海：《西方社会思想史》（第三版），复旦大学出版社，2016。

童星：《发展社会学与中国现代化》，社会科学文献出版社，2005。

尹宝云：《什么是现代化——概念与范式的探讨》，人民出版社，2001。

李泽厚：《中国现代思想史论》，三联书店，2008。

张琢、马福云：《发展社会学》，中国社会科学出版社，2001。

周积明：《最初的纪元：中国早期现代化研究》，高等教育出版社，1996。

谢立中、孙立平主编《20世纪西方现代化理论文选》，上海三联书店，2002。

虞和平主编《中国现代化历程》第1~3卷，江苏人民出版社，2001。

胡福明主编《中国现代化的历史进程》，安徽人民出版社，1994。

钱乘旦总主编《世界现代化历史》第1~10卷，江苏人民出版社，2015。

叶南客：《中国人的现代化》，南京出版社，1998。

王正毅：《世界体系论与中国》，商务印书馆，2000。

马仲良主编《世界现代化进程中的中国社会主义》，同心出版社，1997。

陈旭麓：《近代中国社会的新陈代谢》，上海社会科学院出版社，2006。

艾四林、王明初：《社会主义主流意识形态与当今中国社会思潮》，人民出版社，2014。

〔古希腊〕柏拉图：《理想国》，郭斌和、张竹明译，商务印书馆，2009。

〔古希腊〕亚里士多德：《政治学》，吴寿彭译，商务印书馆，2009。

〔意〕托马斯·康帕内拉：《太阳城》，陈大维等译，商务印书馆，1980。

〔意〕马基雅维里：《君主论》，潘汉典译，商务印书馆，1985。

〔英〕培根：《新工具》，许宝骙译，商务印书馆，1984。

〔法〕笛卡尔：《第一哲学沉思集》，庞景仁译，商务印书馆，1986。

〔英〕霍布斯：《利维坦》，黎思复、李廷碧译，商务印书馆，1985。

〔英〕洛克：《政府论》，叶启芳、瞿菊农译，商务印书馆，1981。

〔法〕孟德斯鸠：《论法的精神》上下册，张雁深译，商务印书馆，1961。

〔法〕卢梭：《论人与人之间不平等的起因和基础》，李平沤译，商务印书馆，2007。

〔法〕卢梭：《社会契约论》，何兆武译，商务印书馆，2003。

〔德〕康德：《历史理性批判文集》，何兆武译，商务印书馆，1990。

〔德〕黑格尔：《哲学史演讲录》第1～4卷，贺麟、王太庆译，商务印书馆，1959～1978。

〔德〕黑格尔：《法哲学原理》，范扬、张企泰译，商务印书馆，1982。

〔德〕费尔巴哈：《费尔巴哈哲学著作选集》上下卷，荣震华、李金山等译，商务印书馆，1984。

〔英〕罗素：《西方哲学史》上下卷，何兆武、李约瑟译，商务印书馆，2018。

〔法〕奥古斯特·孔德：《论实证精神》，黄建华译，商务印书馆，1996。

〔英〕赫伯特·斯宾塞：《社会静力学》，张雄武译，商务印书馆，1996。

〔英〕赫伯特·斯宾塞：《社会学研究》，张宏晖、胡江波译，华夏出版社，2001。

〔法〕蒲鲁东：《贫困的哲学》第一册，徐公肃、任起莘译，商务印书馆，1961。

〔英〕罗素：《西方哲学史》，何兆武、李约瑟译，商务印书馆，2011。

〔苏〕罗森塔尔、尤金编《简明哲学辞典》，中共中央马恩列斯著作编译局译，三联书店，1973。

〔苏〕费·瓦·康斯坦丁诺夫主编《马克思列宁主义哲学原理》，袁任达、伊尔哲译，人民出版社，1976。

〔匈〕卢卡奇：《历史与阶级意识》，杜章智、任立、燕宏远译，商务印书馆，2018。

〔意〕葛兰西：《狱中札记》，曹雷雨等译，中国社会科学出版社，2000。

〔美〕菲利普·克莱顿、贾斯廷·海因泽克：《有机马克思主义——生态灾难与资本主义的替代选择》，孟献丽、于桂凤、张丽霞译，人民出版社，2015。

〔美〕马尔库塞：《单向度的人》，张峰、吕世平译，重庆出版社，1993。

〔德〕马克斯·韦伯：《新教伦理与资本主义精神》，于晓、陈维纲等译，三联书店，1987。

〔德〕马克斯·韦伯：《经济与社会》上下卷，林荣远译，商务印书馆，1997。

〔美〕塞缪尔·P. 亨廷顿：《变革社会中的政治秩序》，李盛平、杨玉生等译，华夏出版社，1988。

〔美〕西里尔·布莱克：《现代化的动力：一个比较史的研究》，景跃进、张静译，浙江人民出版社，1989。

〔德〕尤尔根·哈贝马斯：《交往行动理论》，曹卫东译，上海人民出版社，2004。

〔美〕伊曼纽尔·沃勒斯坦：《现代世界体系》（第1~4卷），郭方等译，社会科学文献出版社，2013。

〔美〕塔尔科特·帕森斯：《现代社会的结构与过程》，梁向阳译，光明日报出版社，1988。

〔美〕吉尔伯特·罗兹曼主编《中国的现代化》，国家社会科学基金"比较现代化"课题组译，江苏人民出版社，1988。

〔英〕安东尼·吉登斯：《社会理论与现代社会学》，文军、赵勇译，社会科学文献出版社，2003。

〔美〕乔纳森·H. 特纳：《社会学理论的结构》，吴曲辉等译，浙江人民出版社，1987。

〔法〕埃米尔·迪尔凯姆：《社会分工论》，渠东译，三联书店，2000。

〔法〕弗朗索瓦·佩鲁：《新发展观》，张宇、丰子义译，华夏出版社，1987。

〔法〕费尔南·布罗代尔：《文明史纲》，肖昶等译，广西师范大学出版社，2003。

〔德〕斐迪南·滕尼斯：《共同体与社会》，林荣远译，北京大学出版社，2010。

〔英〕齐格蒙特·鲍曼：《共同体》，欧阳景根译，江苏人民出版社，2007。

〔英〕弗雷德里希·奥古斯特·哈耶克：《通向奴役之路》，王明毅、冯兴元等译，中国社会科学出版社，1997。

〔美〕斯塔夫里阿诺斯：《全球通史——1500年以前的世界》，吴象婴、梁赤民译，上海社会科学出版社，1988。

〔美〕丹尼尔·贝尔：《资本主义文化矛盾》，赵一凡等译，三联书店，1989。

〔美〕彭慕兰：《大分流——欧洲、中国及现代世界经济的发展》，史建云译，江苏人民出版社，2010。

〔美〕罗伯特·古丁、汉斯-迪特尔·克林格曼：《政治科学新手册》上下，钟开斌、王洛忠、任丙强等译，三联书店，2006。

〔英〕杰弗里·霍金斯：《俄罗斯史》第1～3卷，李国庆、宫齐、周佩虹、郭燕青译，南方日报出版社，2013。

〔美〕尼古拉·梁赞若夫斯基、马克·斯坦伯格：《俄罗斯史》（第8版），杨烨、卿文辉、王毅主译，人民出版社，2013。

〔俄〕亚·维·菲利波夫：《俄罗斯现代史（1945—2006）》，吴恩远等译，中国社会科学出版社，2009。

〔美〕斯蒂芬·F.科恩：《布哈林政治传记（1888—1938）——布哈林与布尔什维克革命》，徐葵等译，东方出版社，1988。

〔美〕弗拉季斯拉夫·祖博克：《失败的帝国——从斯大林到戈尔巴乔夫》，李晓江译，社会科学文献出版社，2014。

〔美〕约翰·贝拉米·福斯特：《马克思的生态学：唯物主义和自然》，

刘仁胜、肖峰译，高等教育出版社，2006。

〔美〕奥康纳：《自然的理由：生态学马克思主义研究》，唐正东、臧佩洪译，南京大学出版社，2003。

〔俄〕亚历山大·潘佐夫：《毛泽东传》（上下），卿文辉、崔海智、周益跃译，中国人民大学出版社，2015。

〔美〕傅高义：《邓小平时代》，冯克利译，三联书店，2013。

二　期刊论文

李秀林：《简论社会有机体》，《哲学研究》1980 年第 5 期。

赵成文：《布哈林"平衡运动论"简介》，《社会科学》1981 年第 4 期。

周继旨：《论"社会有机体"的三种再生产》，《齐鲁学刊》1982 年第 4 期。

赵成文：《布哈林的平衡论与系统论》，《国内哲学动态》1983 年第 2 期。

罗贵秋：《谈"社会经济形态"、"社会形态"、"社会有机体"概念》，《哲学动态》1984 年第 3 期。

孙承叔、王东：《论马克思社会有机体学说的理论地位》，《学术月刊》1986 年第 8 期。

赵新文：《布哈林"平衡论"的实质是非平衡论》，《外国问题研究》1989 年第 1 期。

王叔武、赵成文：《布哈林的平衡论社会学述评》，《社会科学》1989 年第 3 期。

陈志良、杨耕：《论马克思的社会有机体理论》，《哲学研究》1990 年第 1 期。

李澄：《评普列汉诺夫的社会有机体学说》，《河北学刊》1990 年第 2 期。

商志晓：《社会有机体研究与社会哲学学科建设》，《山东社会科学》1991 年第 4 期。

杨思基：《社会有机体理论新论》，《齐鲁学刊》1991 年第 5 期。

林坚：《马克思的社会有机体理论与现代社会运行》，《中国人民大学学报》1992 年第 5 期。

张曙光：《社会的总体性和人的主体性——对马克思"社会有机体"思想的再研究》，《中州学刊》1993 年第 5 期。

农必胜：《体现社会系统特征的姓"资"姓"社"判断标准——邓小平对马克思社会有机体理论的发展》，《广西大学学报》（哲学社会科学版）1995 年第 2 期。

孙承叔：《关于历史单位的哲学思考——兼论马克思的社会有机体学说》，《东南学术》1999 年第 5 期。

曾天雄：《布哈林平衡论的唯物辩证法思想述评》，《湘潭大学学报》（社会科学版）2000 年第 2 期。

韩震：《怎样理解社会是一个有机体》，《教学与研究》2001 年第 1 期。

贺祥林：《略论马克思社会有机体理论的构成内容》，《学术研究》2001 年第 6 期。

商志晓：《在马克思主义经典作家行列中——论邓小平与马克思、恩格斯、列宁、毛泽东在思想上的继承与发展关系》，《山东社会科学》2002 年第 3 期。

孟庆仁：《论社会有机体及其本质特征》，《齐鲁学刊》2003 年第 2 期。

刘海龙：《社会有机体理论思考》，《理论与改革》2005 年第 6 期。

王瑛、高静文：《社会系统论是和谐社会的理论基础》，《新疆社科论坛》2005 年第 5 期。

高天琼、贺祥林：《论马克思社会有机体范畴的形成及其意义》，《重庆社会科学》2005 年第 8 期。

郭湛、王文兵：《构建和谐的社会有机体》，《中国人民大学学报》2006 年第 4 期。

黄海东：《论马克思的社会有机体理论与社会主义和谐社会的构建》，《理论月刊》2006 年第 2 期。

贺祥林：《马克思社会有机体理论与全面构建和谐社会》，《江汉论坛》2006 年第 1 期。

高天琼、贺祥林：《论马克思关于社会有机体内容的基本构成及其现实启示》，《重庆社会科学》2006 年第 2 期。

方世南：《马克思社会有机体理论对于构建和谐社会的方法论价值》，《学术论坛》2006 年第 11 期。

孙国徽：《布哈林经济哲学思想的核心——平衡论再认识》，《社会科学辑刊》2006 年第 4 期。

孙承叔：《历史单位和社会有机体》，《北京行政学院学报》2007 年第 3 期。

魏伟：《马克思社会有机体理论视阈中的和谐社会构建的路径探讨》，《理论与改革》2007 年第 1 期。

刘怀玉：《马克思哲学中的社会有机体概念》，《学术研究》2007 年第 10 期。

葛贤平：《和谐社会视域中的社会有机体自我调节及其实现路径》，《当代世界与社会主义》2009 年第 4 期。

林坚：《马克思的社会有机体理论及其对社会建设的启示意义》，《首都师范大学学报》（社会科学版）2010 年第 5 期。

朱聪明、陈凡：《马克思对社会有机体学说的根本性变革——基于实践观点与实证主义的比较分析》，《东北大学学报》（社会科学版）2011 年第 3 期。

杨煌：《布哈林的平衡论及其对构建社会主义和谐社会的启示》，《当代世界与社会主义》2011 第 6 期。

夏东民、罗健：《中国特色社会主义科学发展模式的结构要素及其优化——基于马克思社会有机体理论的视域》，《江苏社会科学》2012 年第 5 期。

宋进：《南方谈话与邓小平的批判性、开创性思维》，《思想理论教育》2012 年第 5 期。

曾红宇：《论马克思社会有机体思想在唯物史观中的地位》，《中南民族大学学报》（人文社会科学版）2013 年第 5 期。

朱建田、谭希培：《马克思主义经典著作和经典作家界定标准探讨》，《理论与改革》2013 年第 2 期。

商志晓：《以社会有机体理论深化理解中国特色社会主义》，《山东师范大学学报》（人文社会科学版）2013 年第 2 期。

何建华：《布哈林与马克思主义哲学形态的建构》，《理论视野》2014 年第 11 期。

杜秀娟：《布哈林的生态思想探析》，《社会科学辑刊》2014 年第 5 期。

朱聪明：《论胡锦涛对马克思社会有机体理论中国化的历史贡献》，《求实》2014 年第 8 期。

吴恒：《列宁的社会有机体思想及其当代价值》，《江西社会科学》2014 年第 11 期。

刘勇：《马克思社会有机体理论的历史生成和当代延展》，《理论与改革》2015 年第 6 期。

王学荣：《马克思"社会有机体"理论畛域下国家治理现代化再探》，《理论与现代化》2016 年第 1 期。

李其庆：《〈读《资本论》〉导论》，《世界社会主义研究》2017 年第 3 期。

毕文锐、马俊峰：《马克思社会有机体理论研究述评》，《教学与研究》2017 年第 3 期。

田鹏颖、张晋铭：《人类命运共同体思想对马克思世界历史理论的继承与发展》，《理论与改革》2017 年第 4 期。

曹绿：《以马克思世界历史理论审视人类命运共同体》，《思想理论教育》2017 年第 3 期。

陈曙光：《超国家政治共同体：何谓与何为？》，《政治学研究》2017 年第 5 期。

曹永鑫：《世界历史、中国道路和人类命运共同体》，《马克思主义研究》2017 年第 9 期。

张华波、邓淑华：《马克思发展共同体思想对构建人类命运共同体的启示》，《马克思主义研究》2017 年第 11 期。

付泽宇：《历史辩证法与马克思社会有机体思想》，《甘肃社会科学》2019 年第 2 期。

后　记

　　马克思主义社会有机体思想博大精深，意涵深刻。认真挖掘梳理和深入研究这一丰厚的思想宝藏并用于指导新时代中国特色社会主义伟大实践，推动人类社会有机体不断走向美好未来，具有十分重要的理论意义和实践意义。

　　要从浩瀚的文献资料中探寻马克思主义理论家的社会有机体思想的本真含义，并清晰梳理出一幅思想动态发展的历史画卷，是一项十分艰辛的劳动。因而本书只是重点阐述了马克思、恩格斯、列宁、普列汉诺夫、布哈林、瞿秋白、李达、毛泽东、邓小平、习近平等马克思主义理论家的社会有机体思想，以及运用马克思主义社会有机体思想阐释当代中国一些重大现实问题，当然像"三个代表"重要思想、科学发展观、"四个全面""中国道路""人类命运共同体"，其本身就蕴含着马克思主义理论家丰富的社会有机体思想。因此，笔者深知，要全面系统地研究和展现马克思主义理论家的社会有机体思想，必须要有宏观整体的研究视野和扎实的理论功底，从这个意义上说，本书的研究才刚刚开始，一些马克思主义理论家的社会有机体思想还没有论及，特别是习近平新时代中国特色社会主义思想中像"以人民为中心""生态文明建设""新发展理念""供给侧结构性改革""国家治理体系和治理能力现代化"所蕴含的丰富的社会有机体思想还没有做深入的专题阐述，这些仍需要我们在今后的研究中继续拓宽和加深，以弥补不足。在这里，恳请得到各位专家和读者朋友们的谅解和批评指正，笔者愿同学术界同人一起将这一富有时代意义的课题继续耕耘下去，以期获得更高质量的特色成果并奉献给读者，这也是新时代马克思主义理论研究工作者义不容辞的神圣职责。

　　需要说明的是，本书的主要内容先期已经以论文的形式作为阶段性学术成果在《马克思主义研究》《当代世界与社会主义》《教学与研究》《社会科学》《毛泽东邓小平理论研究》《社会主义研究》《江海学刊》《江苏社会科学》《南京社会科学》《广西社会科学》《扬州大学学报》（人文社会科学版）等国内重要学术期刊上发表了，有的被中国人民大学复印报刊资料《毛泽东思想研究》《马克思主义、列宁主义研究》《中国特色社会主义理论》全文转载。在此，对所有这些学术杂志与责任编辑表示诚挚的感谢！这次成书时，对已发表过的有些章节在许多地方进行了增补或修改。另外，本书第三章和第六章是与我指导的博士后、扬州大学马克思主义学院吴恒副教授合作完成的，第四章、第十章是与我指导的硕士研究生李欢合作完成的，他们作出了努力和重要贡献，这里一并真诚感谢！

　　本书出版得到了国家社会科学基金项目"马克思主义经典作家社会有机体思想研究"（14BKS004）和江苏省优势学科第三期工程建设项目（扬州大学马克思主义理论学科）的资助。在本书出版之际，谨向所有评审项目的专家和领导表示衷心的感谢！我还要特别感谢社会科学文献出版社社会政法分社王绯社长和本书责任编辑黄金平老师，黄老师认真地审阅了书稿，并对书稿提出了许多宝贵的修改意见，为本书得以出版付出了辛劳，在此表示衷心的感谢和深深的敬意！

周建超

2019 年 10 月 1 日于扬州春江花园

图书在版编目（CIP）数据

马克思主义社会有机体思想研究／周建超著 . --北京：社会科学文献出版社，2020.1（2023.9 重印）
ISBN 978 - 7 - 5201 - 5946 - 3

Ⅰ.①马… Ⅱ.①周… Ⅲ.①马克思主义—社会学—有机体—理论研究 Ⅳ.①A811.64

中国版本图书馆 CIP 数据核字（2020）第 012404 号

马克思主义社会有机体思想研究

著 者／周建超

出 版 人／冀祥德
责任编辑／黄金平
责任印制／王京美

出 版／社会科学文献出版社·政法传媒分社（010）59367126
　　　　地址：北京市北三环中路甲 29 号院华龙大厦 邮编：100029
　　　　网址：www. ssap. com. cn
发 行／社会科学文献出版社（010）59367028
印 装／三河市龙林印务有限公司

规 格／开 本：787mm×1092mm 1/16
　　　　印 张：18 字 数：293 千字
版 次／2020 年 1 月第 1 版 2023 年 9 月第 2 次印刷
书 号／ISBN 978 - 7 - 5201 - 5946 - 3
定 价／98.00 元

读者服务电话：4008918866